新版

スポーツの歴史と文化

新井 博 編著

井上洋一
榎本雅之
及川佑介
清原泰治
楠戸一彦
後藤光将
田端真弓
都筑 真
藤坂由美子
山田理恵
山脇あゆみ
吉田勝光
和田浩一

道和書院

はじめに

　本書は，これからスポーツ史とスポーツ文化を学ぶ若い人たち，そしてスポーツの歴史や文化に関心のある一般の方たちのために編纂されました。

　従来の歴史の入門書・概説書は，古代・中世・近代・現代という時代区分に沿って，各時代のスポーツを丹念に紹介することが一般的でした。たとえば古代であればギリシャを中心に行われた古代オリンピックなどを，中世ならばヨーロッパの騎士や庶民のスポーツを紹介するといった具合です。本書はそのような構成法を一新し，現代という時代の視点からスポーツの歴史を見直し，理解しておきたいポイントを整理することを目指しました。

　本書のタイトルにはもう一つ，「スポーツの文化」という言葉が入っています。これまでスポーツ文化を論じた本は，ややもすると抽象的・概念的で，当該研究者によるスポーツ文化論を懇々と説明するような内容が多かったように思われます。その背景には，戦後のスポーツ文化の研究者たちが，親学問といわれる既存の歴史学や文化論から学んだ研究法や枠組みを基に，体育やスポーツの研究を進めてきた状況がありました。しかしその後，スポーツと社会の関係は目まぐるしく進化・発展しており，すこし前の書物であっても，とくに現代を論じた箇所は古いと感じさせられます。

　日々進化するスポーツ界で，ますます強調されているのは何か。それは，スポーツの価値です。スポーツにはどのような価値があるのか，われわれは改めて明確に理解する必要があります。そのために，スポーツ史やスポーツ文化に関する具体的でシンプルな説明が求められるようになったと言えるでしょう。

　本書はこのような理解に基づき，スポーツの価値を考えるうえで特に重要と思われるテーマをいくつか設定し，それに沿って歴史や文化を論じるという構成法を採りました。具体的には，スポーツの起源，スポーツと社会，日本と外国のスポーツの関係，さまざまな種目とスポーツの技術・戦略の変遷，現代の政治・経済・社会との関わりと現代スポーツの課題，といったテーマです。また，より文化的な側面として，スポーツ教育，スポーツの倫理，スポーツ政策，世界平和

とスポーツ，スポーツ産業といったテーマも取り上げています。

　本書の執筆に携わった研究者たちはいずれも，現代的な視点に立った新鮮な感覚で各テーマに取り組んでいます。そして，日常生活のなかでは聞きなれない，スポーツの専門用語や抽象的な事柄についても，わかりやすく丁寧な説明を心がけています。

　皆さんもご存知のように，近年，中学校・高等学校の「保健体育」教科の体育理論領域で，スポーツ史やスポーツ文化について学習することが加えられました。教員養成課程ではスポーツ史を学ぶことが必修となり，教員採用試験ではスポーツ史の問題が出題されるようになりました。本書はこうした状況に対応し，学習指導要領に盛り込まれた「体育史」の内容にも充分に配慮しています。

　以上のような本書の編纂の意図と叙述の特徴をご理解いただき，本書を十分に活用していただけるよう，著者一同心より願っております。

新井 博

目次

はじめに　i

序　なぜスポーツ史を学ぶのか……………………………………………1
1　現代のスポーツ　2
2　スポーツの歴史　4
3　スポーツ文化について　7

第1章　スポーツの起源………………………………………………13
1　先史時代の豊かな生活　14
2　先史時代にみるスポーツの起源　15

第2章　時代と社会との関わり……………………………………19
1　古代　20
2　中世　23
3　近代スポーツの誕生　30

第3章　さまざまな種目 誕生と変容………………………………39
1　古代から行われてきたスポーツ　40
2　近代に誕生したスポーツ　47
3　ニュースポーツ　49

第4章　欧米から日本へ，日本から世界へ………………………57
1　開国〜明治初期　58
2　明治後半　61
3　大正・昭和初期　64
4　日本の武道　69

第5章　体操・体育からスポーツ教育へ…………………………75
1　先史時代における体育　77
2　古代ギリシャの体育から近代の体育へ　77
3　近代体育の制度化　78
4　市民体育の成立　79

5　市民体育から国民体育へ　81
　　　6　近代体育改革とスポーツの台頭　85
　　　7　トゥルネンとスポーツ　90

第6章　スポーツの技術，戦術，ルールの変遷 ……………………………97
　　　1　技術発展の3段階　98
　　　2　テニス　99
　　　3　フットボール　105
　　　4　冬季スポーツ　108

第7章　スポーツと世界平和 ……………………………………………………117
　　　1　近代の戦争と体育・スポーツ　118
　　　2　日本の戦争と体育・スポーツ　128
　　　3　オリンピック・ムーブメントと世界平和　139

第8章　現代のスポーツと政治・経済・社会 ………………………………157
　　　1　日本のスポーツ振興政策とスポーツ基本法　158
　　　2　日本の学校教育とスポーツ　172
　　　3　「みんなのスポーツ」から「生涯スポーツ」へ　175
　　　4　スポーツ産業の歴史的発展　184

第9章　現代スポーツの課題 …………………………………………………197
　　　1　スポーツ倫理とドーピング　198
　　　2　女性スポーツの現在・過去・未来　205
　　　3　スポーツとメディア　215
　　　4　環境問題とスポーツ　220
　　　5　アダプテッド・スポーツとパラリンピック　225

引用・参考文献　230

執筆分担　235

序

なぜスポーツ史を学ぶのか

　私たちが，スポーツの歴史と文化を学ぶことの意味とは
何か？
　ここではまず，現代のスポーツを概観し，高まる関心，
スポーツ産業界の発展，「生涯スポーツの時代」と言われ
る今日の状況を概観する。そして，スポーツ史研究がいつ
どのように始まったのか，スポーツ史についての認識の変
遷，必要性と発展に触れる。さらに，スポーツの存在を文
化の概念で把握し，構造的な発展を歴史的に見ることで，
スポーツの特徴を考えてみよう。そのためにまず，文化と
は何か，スポーツの文化とその生成基盤（スポーツ観，ス
ポーツ技術・戦術，スポーツ規範，スポーツ物的事物）に
ついて述べてみよう。

1 現代のスポーツ

高まる関心

スポーツへの人々の関心は非常に高い。新聞・テレビ・ラジオ・雑誌などのメディアには，スポーツ関連の話題が毎日あふれている。新聞では毎日，躍動する選手の写真と活字が躍り，テレビではスポーツ番組がゴールデンタイムに放映され，野球・サッカー・テニス・バレーボール・バスケットなど多くのスポーツ雑誌が書店に並ぶ。一般雑誌にもスポーツ関連の記事はたびたび掲載されている。

メディアに登場する内容は，極めて多岐にわたる。プロ選手やトップ選手たちの国内外での活躍から，一般市民のスポーツや，各種のイベントについての報道，さらにスポーツ観，スポーツ政策，スポーツ指導に至るまで多種多様である。

スポーツメディアは，私たちの観たい，聞きたい，読みたい記事を提供することが仕事であり，登場する頻度は関心の高さに比例している。また，関心の高さは，今日スポーツをする人や観る人の多さ，スポーツ活動を「支える」人の多さもまた物語っている。

生活と関わり発展したスポーツ産業界

1960〜70年代のスポーツ産業界は，ゴルフ，野球，スキーなどの人気のあるスポーツに関係した用具や衣類の製造と販売が主で，大きな業界ではなかった。ところが，1980年以降，スポーツ・レジャー・健康に関連した第三次産業界が急成長した。1990年以降になると，スポーツ・イベントや健康産業と結びつき，スポーツ産業界は，国内トップ10以内に入る産業に成長している。

スポーツ情報産業では，世界で活躍する日本人選手を見るためスポーツ衛星放送が一般化した。スポーツ・ツアー業界では，外国チームに所属する日本のサッカー選手や野球選手の活躍を観戦するために海外に出かけることが日常化し，また，パウダースノーを求めて北半球と南半球を行き来するスキーヤーたちも現

れている。

　健康産業の成長も著しい。日常生活では便利な施設や用具がそろい，移動の際には車や，エスカレーター，エレベーターを使うなど，以前と比較にならない便利な社会となった。半面，便利さは人体に栄養過多・運動不足の状況をもたらす。さらに，高度化した社会では職場などでストレスをかかえやすく，身体と精神の健康を害しやすい。人々はストレス解消・健康増進のために，サプリメントや健康器具ほか一連の健康産業との関係を深めている。

生涯スポーツの時代に生きる

　今日は，人々にとって「生涯スポーツ」の時代である。明治・大正・昭和初期には，一部の富裕階層だけがスポーツを楽しんでいたが，現代は子どもから老人，障害を持つ人々まで，生涯を通してスポーツを楽しむ時代となった。

　1960年代後半，ノルウェーの「トリム運動」，西ドイツの「第二の道」の取り組みが始まった。勝敗にこだわらずにゲームを楽しむ「みんなのスポーツ」運動（スポーツ・フォー・オール）が世界的に広まって日本にも波及した。1970年代に入ると，ゲートボール，ボウリング，スキーなどの爆発的なブームが起こっている。

　さらに，1975年以降になると，ヨーロッパ・スポーツ・フォー・オール憲章が，各国首脳を集めた欧州評議会で採択された。スポーツをする権利を保障したこの憲章は，スポーツへの人々の参加意欲をさらに高めた。日本では1986（昭和61）年に，日本体育協会がアマチュア規定を改正したスポーツ憲章を制定している。これは明らかに，行政のスポーツに対する考えや取り組みに変化をもたらした。国・県・市町村の行政は，スポーツを市民生活に必要なものと位置づけて推進するようになり，スポーツが人々の生活に根づきはじめた。

　2000年以降には，行政によるスポーツの位置づけが具体性を帯びてきた。バブル経済の崩壊により企業によるスポーツ育成（企業スポーツ）が衰退し，さらに学校の運動部が衰退したことから，政府は地域に根ざしたスポーツの振興をめざし，総合型スポーツクラブを中心とした振興策を推進している。

2　スポーツの歴史

スポーツ史研究の始まり

　スポーツ史の本格的な研究が始まるのは，第二次世界大戦以後のことである。日本史や世界史に比べれば新しい学問分野であり，それは諸外国においても同様である。

　1960年以降，世界的にスポーツが盛んになるころから，スポーツや体育の有効性や本質について，歴史学，哲学，社会学，生理学，運動学，心理学などの分野で，体系的な学術研究が始まった。当時は，その体系を体育学と呼び，体育やスポーツについて歴史的に研究するスポーツ史が誕生してきたのである。

　しかし1980年ごろまで，スポーツへの学問的な関心は低く，スポーツ史研究も十分に行われていなかった。図書館や書店に，スポーツ史に関する書籍は並んでいなかった。また，スポーツ史に関する内容が，テレビ・ラジオに取りあげられることもほとんどなかった。

　しかし1980年代中ごろから，経済の発展やスポーツ人気の高まりによって，スポーツに関する研究が飛躍的に発展し，スポーツ史の研究も進んだ。2000年ごろよりスポーツ史に関わる話題がメディアに登場するようになり，テレビの歴史番組や出版物でスポーツ史が取りあげられるようになった。

スポーツ史に対する認識の低さ

　現代の社会において，スポーツ史の認識は残念ながら低い。ある大学のスポーツ史の授業で，内容について学生にコメントを求めたところ，「スポーツに歴史があることを，初めて知りました」と返ってきた。もちろん，その意味は，「スポーツの歴史は知っていたが，系統的に授業として教えられると思っていなかった」ということである。珍しいことではない。たとえば「スポーツに関する歴史は，いろいろあって深いですね」，「メジャーでないスポーツにも，歴史があるのですね」といった具合である。

　これは中学・高校の教科書にスポーツの歴史が紹介されていないからであり，

多くの人々がスポーツ史を知らないのは当然である。スポーツや体育の専門大学，あるいはスポーツ・体育の学科・コースを持ったスポーツ系大学では，スポーツ史の授業も開講されている。だが，一般の大学でスポーツ史の授業はほとんど開講されていない。つまり，スポーツ史について授業を受けたことのある人々は，ごく少数なのである。

学ぶ機会の少なさ

スポーツ史を学ぶ重要性とはなにか。その問いに答えるのは難しい。「なぜ，スポーツの技術を学ぶのか？」と聞かれれば，多くの人が即座に「上手になりたいから！」と答える。ところが，「なぜ，スポーツ史やスポーツ文化を学ぶのか？」と聞かれても，簡単には答えられない。逆に「学ぶ必要があるのだろうか？」と聞き返されるかもしれない。

ふだんからスポーツを楽しみ，歴史や文化について興味を持つ人であれば，自分の好きなスポーツくらいは，どのような歴史があるのかと興味を持つかもしれない。しかし関心のない人たちには，歴史・文化を学ぼうという意欲がわかないであろう。

一般の人々は，そもそもスポーツ史を学ぶ機会が少ない。わずかな時間，あるいは断片的に，歴史的事象に触れても，さらに学んでみようと思うほど興味を抱くことは難しいだろう。だが，いくつかの事象に直面して，「ああ，そうか！」と思える瞬間を体験すれば，違ってくる。

スポーツ史の基礎学問としての必要性

スポーツは，人間の果てしない能力を引き出す力を持つ。そのためスポーツに関する研究はさらに進められていくだろう。しかしながら，同じ学問分野においても，実学的性格の強い研究と基礎的性格の強い研究では，特徴に違いがある。

実学的研究は，その結果が，直接的な効果に結びつくことが多い。それに比べると，基礎的研究の場合は，ただちに効果につながらない傾向がある。

内容にもよるが，スポーツに関する研究も同じことが言える。実験系のトレーニングやバイオメカニクス的研究に比べれば，スポーツ史は基礎的研究の性格が強いと考えられている。たとえばドーピングに関する研究であっても，歴史研

究であれば，ドーピングのある事柄について歴史的にひもとき，理論的に，その危険性や不合理さを示すであろう。一方，実験系の研究であれば，ドーピングが人体に及ぼす危険を実験によって具体的な数値で示すことになり，直接的な危機感を感じやすい。しかし実際には，古代から存在したドーピングなどの難問の解決のためには，粘り強い，歴史的な側面からの研究も必要なのである。

スポーツ文化発展の基礎としての歴史研究

スポーツ史研究の発展は，スポーツ文化全体の発展に貢献してきた。戦後スポーツの普及にともなって体育学の構築が進み，スポーツの歴史研究がスタートした。

スポーツ史は，歴史学の枠組みで古代・中世・近代・現代と時代区分を行い，研究を進めた。年々研究の幅を広げ，学校体育史，スポーツ史，各国の学校体育史，各国のスポーツ史，用具史，種目史，人物史，制度史，産業史，特殊史など研究を構築し，成果を積みあげてきた。そして，他の研究分野と影響を及ぼし合ってきたのである。

今日は，人々にスポーツをする権利が保障され，国が生涯スポーツを進める政策を進めている。この時代を積極的に生きるためには，必然的に，これまでに蓄積されてきたスポーツ史に関する成果に触れ，フルに活用する必要が生まれてこよう。

スポーツの本質の歴史的解明

スポーツ史を学ぶ必要性について，学問的な特徴から考えてみよう。スポーツ史研究は人間が行うスポーツの歴史について，人類学的研究をはじめ多くの研究を学びながら，人間が約1万年も前に誕生したころから今日までの様子を考えてきた。

人間は，原始社会から獲物を捕らえるために，素早く走ること，斧や槍を正確に使うことを身につけてきた。時に，人間はその動作を互いに競争し，あるいは娯楽として楽しんできた。

その後，人間が一定地域に集団で住み，農耕や牧畜を始めると，狩猟や採集の動作は，集団を結束・維持するものとして，また儀式や祭りといった行事として，定着・発展した。さらに，生活の変化・発展とともに工夫が施され，楽しみ

や娯楽となり，一方で封建的にもなった。今日に近づくにつれ，人間の尊厳や社会性を基として，ルールをもち競技化され，広く統一されたルールのもとに行われるスポーツとなっていった。

　今日では，スポーツが文化性の高い価値を持つことが認識され，国々の政策となり，また人間の権利として保障されるまでになった。スポーツ史は，スポーツが，人間らしくあろうとする長い歴史を経て作られてきた営みであることを，明らかにしてきたのである。

　評価や判断は分かれるだろうが，スポーツ史が「人間にとってスポーツとは何であり，どのような意味を持つものか」を明らかにしてきたといえよう。同時に，スポーツ史は，歴史の反省に立って，私たちにスポーツの将来像を提供してきたともいえよう。人間がスポーツを続けるかぎり，スポーツ史研究は継続されるのである。

3　スポーツ文化について

文化とは何か

　「文化」とは一体なにか。文化という言葉は，たとえば，「日本文化とヨーロッパ文化を比較する」というように，日常的によく使われる。しかし，その意味や内容にあまりこだわらずに使われているかもしれない。厳密に，文化という言葉の意味をとらえようとすると，たいへん難しい。『広辞苑』では，「人間が自然に手を加えて形成してきた物心両面の成果。衣食住をはじめ技術・学問・芸術・道徳・宗教・政治など生活形成の様式と内容を含む」と紹介されているが，極めてわかりにくい。

　わかりにくいが，ここですこし整理しておこう。現在，世界で使われている文化の概念は，大きく二つに分けられる。一つは，ドイツ的なロマン主義によるヒューマニズムの立場に立った概念で，「ある種において，人間が作りだした最も崇高な事柄」としている。また他方では，欧米などの多くの社会学者や文化人類学者などが使っている概念がある。クレーバー（Alfred Louis Kroeber, 1876-

1960) とクラックホーン（Clyde Kluckhohn, 1905-1960）は,「文化は作られたもの, 歴史的なもの, 観念・パターン・価値をふくんだもの, 選択されたもの, 学習されるもの, シンボルに基礎をもつもの, 行動と行動の産物を抽象したもの」（1952年）としている。ドイツ的な崇高な意味に比べ, 欧米の社会学者や文化人類学者らの使う概念は, 歴史, 観念・パターン・価値, 学習, 行動と行動の産物を抽象したものなど, 幅広い意味をもつ。

　スポーツ文化の概念は, 欧米の社会学者や人文学者たちの概念で捉えられていることが多い。また, スポーツ界でよく使われる「スポーツ文化」「体育文化」「運動文化」「身体文化」といった概念も, 欧米の社会学者や文化人類学者が使う概念と同じである。

「スポーツ文化」という言葉

　スポーツ文化という言葉は, 1960年代から使われだした。日本では,「文化」という言葉はすでに明治時代から盛んに使われていたが,「スポーツ」が使われるようになったのは昭和初期である。

　1960年代に, 体育, スポーツ, 運動といった言葉が盛んに使われるようになると, 言葉の内容を厳密に問うスポーツ術語学研究が, オーストリアのグロル（Hans Groll）らにより始まった。グロルは「身体文化（Leibeskultur）」という言葉を, 続くドイツのエッペンシュタイナー（F. Eppensteiner）は「スポーツ文化（Sportkultur）」という言葉を使いはじめたのである。

　同じころスポーツは世界的に定着し, 1968年のオリンピック・メキシコ大会の際に開催された国際スポーツ科学会議で, スポーツに関する明確な定義がなされた。スポーツとは「プレーの精神を持ち, 自分自身や他人との闘争, あるいは自然との競争のことである」。

　日本でもこのころになると, スポーツを文化として積極的にとらえるようになった。1965年刊行の竹之下休蔵他編『スポーツ社会学』, 1968年の岸野雄三他編『序説運動学』, 1972年の竹之下休蔵他編『体育社会学』などが, 先駆をなすものである。1977年に今村浩明は『文化としてのスポーツ』の中で, スポーツ文化は「スポーツ技術やルール, スポーツマンシップなどのスポーツ規範はもとより, トレーニングや練習の方法, スポーツ施設, 用具, ユニホーム, スポーツ雑誌, 新聞, テレビやラジオでのスポーツ番組, 子どもの鬼ごっこのやりかたな

どのすべてがスポーツ文化の範疇に属する」としている。今村の定義からも，欧米などの多くの社会学者や文化人類学者などの概念が使われていることがわかる。

スポーツの文化生成の基盤

上記の事柄を簡単にいえば，文化とは，人間が自分たちの人生を豊かにするために，多くの先人たちが残した経験や英知を基に，価値ある何がしかを創造してきたものである。

その点で，人間が作りあげてきたスポーツ文化とは，多くの人々の欲求を満たしてくれる（人生を豊かにしてくれる）共通の文化と言えよう。

ここでは，人間が作りあげてきた価値あるスポーツ文化を，スポーツ社会学の分野で研究が進んでいるが，スポーツ観，スポーツ技術・戦略，スポーツ規範，スポーツ物的事物の四つに集約して，スポーツ文化の成果につなげていこう。

スポーツ観

「～観」とは，ある事柄についての考え，あるいは気持ち・感覚のことである。たとえば「日本観」ならば，「古い伝統と近代的な文化が融合した国だ」というように，日本についてのだれかの考え，あるいは気持ちのことである。スポーツ観とは，スポーツについてのだれかの考えかたとなる。

スポーツ観，いわゆるスポーツに対する考えや気持ちは，する人，観る人，支える人によってさまざまである。しかし，スポーツを対象とした「観」である点で，ほかにはない独自の特徴が存在する。当然，古くから今日まで，さまざまなスポーツ観が持たれ，主張されてきた。

スポーツ観の内容は，手段論と目的論の二つの側面にわけて考えることができる。手段論の場合，スポーツの効用や効果から，スポーツのもつ価値を評価・正当化するものである。たとえば，企業がスポーツを促進することは，一般に，企業の内外の人々に良いイメージを与える。そのことから，スポーツは企業に良い効果をもたらすから価値があると，正当化すること等である。対して目的論は，スポーツ体験自体が目的となる場合である。たとえば，スポーツをすることは楽しく，友達ができるなど，本人に価値が認められることから，正当化をする等である。

スポーツ技術・戦略

スポーツの技術・戦略とは，スポーツ活動において使われる非日常的な（日常的に使われない）スポーツ特有の技術や戦略のことである。

スポーツ技術は，スポーツ規範の枠の中で，目標達成のために選択され，大変長期にわたって磨かれた，系統的な運動のしかたのことである。たとえば，サッカーではボールを相手ゴールに蹴りこむために，長年の練習や実践により培われてきた高い技術（インサイド，アウトサイド，ヒールなどのキックやヘディング等）を用いる。

スポーツ戦略は，勝利するための短期・長期の細かな方法を含めた，合理的な努力の計画のことである。具体的には，相手を分析し，弱点を突き，勝利をたぐりよせる的確な方法を探り，その方法をより高いレベルにするために練習を重ねることが求められる。たとえば，サッカーでは，かつては単純な繰り返し練習と根性によってボールを団子状態で追いかけたが，今日では，相手の情報を集め，分析し，合理的な方法を見つけだし，それに備えた練習を計画的に実施している。

スポーツ規範

スポーツ規範とは，スポーツにおける行動様式の基準のことであり，一般社会の法律と違う。法律は，国で決められた憲法をはじめ強制力を持つため，社会的に強い力をもっている。

スポーツ規範には，法的規範と道徳的規範の二つの場合がある。法的規範とは「参加資格規定」や「競技規則」等に照らし合わせて，違反が具体的な罰として規制される場合である。たとえば，選手が国籍・性別・年齢・地域で参加資格既定に違反している場合，大会への参加は認められない。また競争やゲーム中に，競技で決められた規則に違反した場合，退場や警告を命ぜられる。

道徳的規範は，スポーツのマナーやエチケットのことで，違反により品位を疑われ，非常識な者として，相手チームや観客から軽蔑される。たとえば，試合中の粗暴な態度や，コートにつばを吐くといった行為がそれにあたる。

スポーツ物的事物

スポーツ物的事物とは，スポーツにおける安全の確保，競争の平等性の保証，

運動の合理化のために工夫された物のことである。それらには，大きな物として
スポーツ施設，小さな物であれば，設備，用具，衣服などがある。

　スポーツに用いられる施設や設備は，各種目の規範に見合う競技の環境をア
スリートに平等に提供するため，一定の基準を満たすことが求められる。たとえ
ば，バレーボールやテニスなどのボールやラケット，ネット，コート，体育館，
アリーナといった，直接的あるいは間接的に使用するさまざまな施設・器具・道
具である。スポーツの用具と衣服の改良はめざましく，スポーツの技術体系を変
え，スポーツ規範の変更を迫るまでになっている。

　スポーツに必要な事物は，その種目や，何をするかといった用途・規模によ
って変わってくる。たとえば，二人でテニスを楽しむ場合でも，ラケット，ボー
ル，コート，ネットが必要である。しかし，クラブ等の集団での練習となれば，
複数のコートや多くのラケット，ボールが必要になる。さらに，テニス大会とも
なれば，選手の控室や観客が観戦する場所も必要となる。小さな町内の大会か
ら，オリンピックのような大会まで，必要とされる事物が変わっていく。

スポーツ文化による生成物

　このように，スポーツ文化は，スポーツ観，スポーツ技術・戦略，スポーツ
規範，スポーツ事物といったさまざまな側面で生まれるが，その過程で，関連す
る分野に発展をもたらしている。スポーツ政策，スポーツ・メディア，スポーツ
教育，スポーツ産業，スポーツ医学，ジェンダーなどである。

　スポーツは，昔は純粋な遊びであり自主的なものとされてきた。だが今日で
は，国の政策として，国民の生活や満足のために，たとえば，生涯スポーツなど
のスポーツに関する施策が，さまざまな形で実施されてきている。

　スポーツ・メディアは，今日スポーツが国民的な関心となったことから，ス
ポーツ情報を求める人々に対して，情報提供のために生成してきた。メディア
は，選手たちのパフォーマンスやそれに関連した情報を，見たい・聞きたい・読
みたい人々に，テレビ・ラジオ放送，新聞，雑誌，本といった媒介物を通して提
供する。

　スポーツ教育は，スポーツ自体がモラルやフェア・プレーの上に成り立つ身
体活動であることから，青少年の教育に優れた不可欠なものとして位置づけられ
ている。

スポーツ産業は，スポーツが盛んとなっていく過程で発展してきた。人々がスポーツをするには，前述のように，関連する用具，衣服，施設などの事物が必要となる。さらに，スポーツが盛んになるためには，それらの事物が豊富に出回らなければならない。そこで，それらを製造・販売・流通するスポーツ産業が生成してくる。1970年代以降，スポーツが盛んになっていく過程で，スポーツに必要な物品の製造販売を中心とする企業が増加してきた。

スポーツ医学は，人々がスポーツを楽しみ，高度な技術に挑戦をする上で生じる身体上の疾患を治療するために発展してきたものである。

第1章

スポーツの起源

　われわれの祖先たちは，一体いつからスポーツを始めたのだろうか。まず，スポーツの起源について考えてみよう。

　驚くべきことに，スポーツの始まりは，紀元前7～8世紀から始まる古代文明（メソポタミヤ，エジプト，インダス，黄河）よりも前，先史時代（10～20万年前から6千年ほど前の文字の無い，記録の残されていない時代）にさかのぼる。さらに驚かされるのは，そこで行われていたスポーツの形態は，ほぼ現在のスポーツの原型（以下，スポーツ）を形作っていたと考えられることである。

　この第1章では，現代スポーツの起源となる，先史時代における人間のスポーツについて，人類学の成果を参考にのぞいてみよう。

1 先史時代の豊かな生活

人間＝ホモ・サピエンスの誕生

　これまで，われわれ人間（ホモ・サピエンス）は，猿から進化して，二足歩行を始め，石器を作り，現在の人間のように進化したと考えられてきた。しかし最近の研究では，われわれ人間は，霊長類（ゴリラやチンパンジーなどの類人猿など）や，霊長類の中のヒト科と呼ばれる原人，あるいはネアンデルタール人を祖先とするのではなく，今から10～20万年前に，突如としてアフリカで誕生したということがわかってきた。猿やゴリラとは同類でないことが判明してきたのである。

　10～20万年前にアフリカで誕生した人間は，長い先史時代を経て，ようやく今から 6 千年ほど前に，いわゆる古代文明を築いた。そして，この長い先史時代に，われわれの祖先はスポーツを始めていたのである。

　ただし，当時のスポーツは，今日のサッカー，ベースボール，テニスといった，複雑なルールのもとで勝敗を競うスポーツのことではない。木や竹を投げたり，地面に置かれた木や石を跳んだり，遠くまで走ったり，川や沼で泳いだり，仲間同士で組みあったりといった，人間が行う，きわめて基本的な身体運動であった。

先史時代の生活

　これまで私たちは，先史時代の人間の生活について，厳しい暑さや寒さといった自然環境の中で，簡単な衣類を身にまとい，岩陰や，木や葉っぱで組んだ屋根の下で寝起きをし，食事は，大変な危険を伴う狩によって中型・小型の動物を捕まえて食べていたと想像してきた。まさに「厳しい」生活を想像していたわけである。ところが近年，研究が進み，アメリカの経済人類学者マーシャル・ディヴィッド・サーリンズ（Marshall David Sahlins, 1930-）は，先史時代とは，人類が経験した「初めの豊かな社会」であったとして，その特徴を述べている。

　サーリンズによると，当時，人間が食料を得るための狩猟や採集に当てた時

間は，平均して1日に2〜3時間程度であった。そして食料を得る方法は，従来考えられてきたような身体的な危険の大きな狩猟や採集ではなく，実際は，全体の7割が，危険の少ない植物の採集で占められていたこともわかってきたのである。

　祖先たちの食物は，植物が多く，食物の狩猟採集や調理にかける時間も多くなく，しかも身体的な危険もそれほど大きなものではなかった。となると，彼らはそれ以外の多くの時間を，運搬・移動など，身のまわりの行動に費やしていたことが想像される。つまり，余暇や遊びのための時間も多かったと推測されるのである。

ペルーのトケパラ洞穴の壁画
(Heyd & Clegg, *Aesthetics and Rock Art*, Ashgate, 2005)

バンド社会

　先史時代の初めから後半までの10〜20万年にわたる長期間，われわれの祖先（ホモ・サピエンス）は，基本的に10〜30人ほどの数家族の集団，または，数十家族による「バンド」＝小集団をつくって狩猟や採集を行い，獲物や植物を求めて野営をしながら，移動生活を繰り返していたと考えられている。豊富に食物を得られる場所では，大きな集団となって生活することもあった。だが，やがて再び小集団に分かれての移動が繰り返されたのである。

　しかし，先史時代の末頃になると，バンドは移動を止めて，比較的住みやすい場所で定住生活を始めるようになる。定住することによって，バンドは100人を超える大人数の集団へと膨れ上がっていった。さらに，定住した場所で農耕を始め，家畜を飼うことを始めるのである。

2　先史時代にみるスポーツの起源

　先史時代に描かれた壁画や岩絵を見ると，この頃から人間は，歩く，走る，跳ぶ，投げる，あるいは他者との押し合い・引き合い，物の投げあい，さらに大勢の人間によるボール（役をする物）を使った遊び（ゲーム），戦いなど，さまざまなスポーツを始めていることが理解できる。
　では，人間はなぜスポーツを始めたのだろう？　その起源について考えてみよう。

労働を起源とする考え

　旧東ドイツ時代の研究者ゲルハルト・ルーカス（Gerhard Lukas, 1914-1998）やヴォルフガング・アイヒェル（Wolfgang Eichel）は，スポーツの起源は「人間の労働に由来する」と主張する。人間は道具を作り，道具を使って働いた。そのことから，チンパンジーやゴリラといった類人猿とは別の進化の道を歩んだ，とする考え方である。さらに人間は，労働のために道具の使い方を練習することが習慣化し，多くの道具を使いこなし，使用の範囲を広げていった。労働による道具を使用する練習やその習慣化といったものは，「初めの豊かな社会」と言われる先史時代に，多くの時間を費やして続けられ，スポーツが主な目的となるまでの長い時間を費やすようになったとしている。

　狩猟の道具であった槍は，人間が扱う練習を続けるうちに，本来の獲物を取る役割から離れて，槍を的に当てることや，遠くに投げることを楽しむ遊戯になった，とされている。その説を裏づける例が，オーストリアの原住民のスポーツの中に残っている，円盤の槍突きである。20cmほどの円い的（木や皮で作られた円盤）を地面の上に転がして，葦で作られた槍を投げ，その的に当てるスポーツである。
　また，メキシコのタラウマラ族は，鹿や動物の狩をする時に，獲物が疲れて走れなくなるまで追い続

弓を手にするタラウマラ族の男性(by Carl Lumholtz, 1892)

けた。それが彼らの狩猟方法であった。その狩猟方法が長く続けられるうちに，スポーツとしての長距離走になったとされている。

同様に，獲物や敵に石を投げる・弓を射る，海や川・池・沼で舟をこぐ，といったことが，遊戯になっていったと考えられる。

遊びと闘争を起源とする考え

文化人類学者グレゴリー・ベイトソン（Gregory Bateson, 1904-1980）は，「遊び」と「闘争」の根源を，動物の行為に求めている。遊び・闘争は人間だけに固有なことではなく，人間のスポーツの起源は，動物の遊びや闘争とも重なり合う，としているのである。

動物界では，「なわばり争い」や「メスをめぐる争奪」などの場面に，動物同士が激しく闘い合う一面が見られる。動物のそうした本能的行動として，闘いが存在するのである。しかし，そうした闘いは，延々と継続されるわけではない。相手が敗北を認めての敗走や威嚇をすると，闘いは終わる。相手が死ぬまで闘い続けるわけではない。闘いの目的である縄張り争い，メスの獲得，獲物の獲得などを獲得する側（勝者）が判明すると，闘いは速やかに終わる。あくまで，殺すことは目的ではない。

人間によるスポーツの起源は，この「なわばり争い」や「メスをめぐる争奪」に類する，根源的な行為から生じる，本能的な遊びや闘争にあるのである。

儀礼を起源とする考え

民俗学研究では，スポーツの起源は儀礼であると捉えられている。先史時代のバンド社会では，儀礼によって人間は，超自然的な神や霊魂と繋がり，それによって大きな力を持つと考えた。勇敢な戦士であった人間や，獰猛な野獣の肉を儀礼的に食することは，新たに，勇敢で強い魂が人間に乗り移ることを意味していた。また，儀礼的な性的活動は，バンドの繁栄，獲物としての動物の繁殖，耕地の豊かさに関係していた。これらの儀礼を含んだ基本的な形式が，舞踊となったのである。

さらに先史時代の末頃になると，人間はバンド社会から，定住して農耕を始めた。農耕生活は大きな部族の形成をもたらし，同時に，共同作業を行うことによって，集団内に仲間意識をもたらしていった。

定住して農耕で生きるようになった祖先たちは，毎年その土地の豊作と，大雨・嵐・日照り・地震などの災害から守られることを，天や神に祈った。その祈りの行為が，儀礼としてのスポーツが誕生するきっかけとなったのである。
　また，動物が家畜として飼われるようになると，動物を使ったスポーツが始まった（下にあげた岩絵には，動物に乗る人間が描かれている）。
　例えば，さまざまな神を強く意識して，神話が生まれたのである。その神話の中にも，スポーツと関係したものが存在する。今日の相撲の起源も，神話に由来するものと言えよう。第十一代天皇の時代の出雲に，ノミノスクネ（野見宿禰）という，山を片手で持ち上げるほどの力自慢がいた。「垂仁7年7月7日」（年代不詳），彼は大和に呼び寄せられ，天皇の御前で，やはり力自慢のトウマノケハヤ（当麻蹴速）と相撲を取り，圧勝したのである。天皇はその強さに感激し，彼を召し抱えたのである。彼は人格的にも優れ，殉死を止めさせるために，埴輪（はにわ）を考案していた。その後，相撲節会（すもうせちえ）という祭りが，ノミノスクネの逸話に因んで，天平6（734）年の7月7日から，相撲が正式に行われるようになったのである。
　また，部族内外で，なにか決め事をする際にはスポーツが用いられ，その勝敗によって決め事の内容が決定された。今日の綱引きのような，1本の綱を左右に分かれて引き合い，力比べをすることも，それを表すものである。

　ニューギニアのダニ族は，超自然として霊魂と死者の魂である精霊が存在すると考えており，儀礼を重んじる。彼らは仲間の死に対して，殺されたままでは仲間の霊が浮かばれず，霊魂の怒りをかうと信じ，罪滅ぼしのために相撲を取るのであった。互いに組み合い，相手の頭，背中，などを地面に突けたら勝負は勝ちである。
　私たちの祖先は，すでに先史時代において，生きるために働くことを通して，また本能である遊びと闘争を通じて，また人間のバンド生活を通じて，身体活動を磨きながらスポーツの原型となる形を作り上げていったと考えられる。

カザフスタン タムガリ渓谷の岩絵
(by Jonas Satkauskas)

第2章

時代と社会との関わり

　長い先史時代を経て，人間は古代において，ギリシャを
中心に，オリンピア信仰のもとで簡易なルールにしたがっ
た競技として，古代スポーツを行うようになる。当時のス
ポーツは現代のスポーツとはまったく違うが，今日の我々
のスポーツの原型であるといえる。

　ここでは，古代から近代へ，時代とともにスポーツが変
容を遂げていく様子を眺めてみよう。そのプロセスを把握
することによって，今日のスポーツをどう評価するかが見
えてくることだろう。

1 古代

　古代とは，紀元前8世紀ごろより5世紀ごろまでの時代を指している。また，古代文明とは，精神的な産物の意味の文化ではなく，物質的な側面の発達が始まった時代の文化であると理解しておこう。古代文明が発達した地域は，①エジプトやバビロニアなどの中近東地域，②ギリシャ，ローマ，スパルタなどのエーゲ海を中心とした地域，③中国の黄河流域の3地域ほどに限られていた。そのうちスポーツが最も盛んだったのは，エーゲ海を中心とした地域であった。ここでは，この地域のスポーツについて見ていくことにしよう。

a　ギリシャのオリンピック競技

前776年〜前724年　ギリシャ

　古代のスポーツといえば，なんといってもギリシャ地方のオリンピア競技（古代オリンピック）が代表的である。当時のギリシャは，都市ごとにポリスと呼ばれる小さな国家を形成していたが，各ポリスは慢性的な戦争状態にあった。

　そんななか，前776年から，4年に1度の開催として古代オリンピックが始まったのである。きっかけは，勇者を弔う葬送競技であったとされている。競技者は各ポリスの重要な戦士で，自由市民（貴族）であった彼らは，優勝賞品ではなく，鍛えぬかれた身体と精神を評価されることを名誉としていた。彼らは優れた戦士である気概をもってトレーニングに励み，競技に参加していたのである。

　彼らが名誉をかけて参加した，初期の競技種目は，直線（1スタディオン＝198m）を走るスタディオン走，1スタディオンを10往復するドリコス走，兜やすね当て，または楯を持って走る武装競走，古代の五種競技（紀元前708年の古代オリンピック第18回大会から実施。走幅跳，円盤投，スタディオン走，やり投，レスリングの5種目からなる），ボクシング，パンクラチオン（相手を倒すためにはどのような方法を使ってもよいとされる粗暴な競技で，現在のボクシングとレスリングはこれから派生したものと考えられている），戦車競走，馬の競走などであった。優勝者にはオリーブの冠が贈られ，その冠が，彼らにとっては優れた身体と精神の証であった。

古代オリンピア聖域　復元想像図
(作者不詳, The New York Public Library Digital Collections)

前576年〜前431年　ギリシャ

　前6世紀頃になると，古代オリンピックへの参加は，自由民（貴族）ばかりでなく，戦争に歩兵として活躍した市民たちにも認められるようになった。ところが，新たに参加した市民たちは，自由民たちのように，古代オリンピックに名誉や気高さを求めて参加したわけではなかった。結果的に，この参加意識の違いは，気概をもって臨んでいた自由民の参加を減らすことになった。

　その背景としてあったのは，古代オリンピックが，勝者にオリーブの冠ではなく，家畜などのたくさんの褒美を与えるというように変質していったことである。名誉や気高さとは関係なく，賞金を目当てに参加するプロ競技者（下層市民）も現れはじめ，古代オリンピックには当初の崇高さが薄らいでいった。

前168年〜393年　ヘレニズム時代

　ローマ帝国は，当初は小さな領土であったが勢いが増し，前2世紀にはギリシャまで支配下においた。ローマ帝国はギリシャ人をまとめるために，支配後も古代オリンピックを開催させていた。しかしこのころになるとギリシャ以外からの賞金目当てのプロ競技者が多く流入し，当初のように，優れた競技者であり戦士である証を求めて人々が参加した古代オリンピックの姿は，薄れてしまった。

　ローマで行われていた残忍な剣闘士競技や野獣狩に人々の関心が向けられていき，古代オリンピックは見世物と化していった。それでもギリシャ人たちにとっては長いあいだ心の支えとなっていた古代オリンピックであったが，テオドシ

ウス帝（在位379-395）がローマ帝国を統治すると，キリスト教以外の異教徒による祭典は禁止され，393年の開催が最後となったのである。

b　ローマ帝国のショーとしてのスポーツ

　ローマ帝国は前3世紀頃にイタリア半島を支配し，前2世紀頃にギリシャやスペイン南部，アフリカの一部まで領土を拡大し，前1世紀には地中海全体を支配するまでになった。先に紹介したギリシャ時代のスポーツは，古代オリンピックに参加して名誉のために競う，「するスポーツ」であった。対するローマ帝国時代のスポーツは，ひとことでいえばスポーツを観て楽しむ，「観るスポーツ」であったといえよう。ローマ帝国時代を通して，大勢の人々が競技場（キルクス）に足を運び，競技を観戦して熱狂していたのである。

　ローマ人たちは一部を除き，大半が農民層であったが，戦争になると兵士として戦わねばならなかった。ローマ人にとっての身体的な訓練とは戦闘訓練だけで，ギリシャのようにスポーツ訓練により純粋に肉体や精神を鍛えることはなかった。そして，長く戦争が繰り返されるうちに，兵士の中心はローマ人から職業軍人（傭兵）に代わり，一般人には軍事訓練の必要もなくなっていった。一般の人々はますますスポーツ競技の崇高さから離れ，刺激として残忍さを求めるようになった。

　競車競技，剣闘競技，野獣狩，裸体運動競技が実施されたが，参加したのは一般的なローマ人ではなく，戦争での捕虜，奴隷，罪人たちであった。前3世

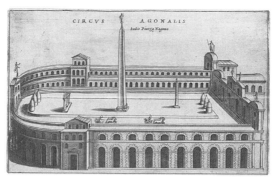

ドミティアヌス競技場(ローマ時代の陸上競技場の想像図)
(Giacomo Lauro, 1610. Houghton Library)

紀の剣闘競技や野獣狩は，人間同士，人間と野獣との死闘が人々の前でショーとして行われた。最も人気を博したキルクスでの戦車競走は，馬に引かせた戦車が競技場を勢いよく回り，死を賭したスピード競技であった。剣闘競技は，競技者が命がけで生き残るために闘い続け，相手を討ち果たすことを常に求められた。ローマ皇帝は競技を主催し，観戦するローマ市民は熱狂したのである。

　当時のキルクスは英語のサーカスの語源にあたり，「見る競技（娯楽）」の意味である。また当時の競技場は「砂が敷かれたアレナ」と呼ばれたが，今日の体育館内もまたアリーナと呼ばれている。

2　中世

　8世紀から16世紀のヨーロッパにおける中世社会は，封建制度を基盤とする身分社会であった。社会のさまざまな分野で大きな変化が見られる「革新の12世紀」には，「祈る人，戦う人，耕す人」（聖職者，騎士，農民）という身分が確立する一方で，城壁に囲まれた中世都市が成立し，「市民」身分が成立した。14世紀以降，農村に基盤をおく封建制度は衰退に向かい，都市が経済的・社会的に重要な役割をになうようになった。16世紀はルターによる宗教改革やコロンブスによる新大陸の発見など激動の時代であり，新しい時代の幕開けでもあった。このようなヨーロッパの中世社会において，近代スポーツの祖型が醸成されていった。

a　騎士のスポーツ

　12世紀に登場した騎士（貴族）は，甲冑に身を固め，長槍と剣を所持し，騎馬で戦う職業的戦士であった。騎士にとって最も代表的なスポーツは，「騎馬競技」（トーナメントとジュースト）であった。このほかに，彼らは狩猟を行い，球戯館でテニスを楽しんだ。狩猟は，鳥獣の害を取り除き，食料を確保するという実用的な目的を有する一方で，貴族の特権的なスポーツでもあった。彼らは槍や弓で鳥獣を狩ったが，もっとも貴族的な方法は鷹狩りであった。

騎馬競技

　現代では「勝ち抜き戦」を意味するトーナメントは，ヨーロッパ中世においては騎士による「騎馬競技」であった。11世紀に始まった騎馬競技には，集団同士が戦う「トーナメント」と，1対1で戦う「ジュースト」があった。また，勝敗を競うのではなく，武装した騎士が行う「ブフルト」と呼ばれる騎馬演武もあった。騎馬競技では参加資格が厳しく問われ，参加者は4代にさかのぼって貴族であることを証明しなければならなかった。

　騎馬競技会では，通常は，午前中にジューストが，午後にトーナメントが実施された。ジュースト（図2-1）では，競技者は左手に楯と手綱を，右手に長槍を抱え持って，たがいに馬を疾駆させながら接近し，すれちがいざまに相手の楯あるいは鎧を槍で突く。落馬したほうや，槍が折れたほうが負けであった。この競技では，馬・鞍・脚への攻撃は禁止されており，双方の槍が折れた場合は引き分けであった。

　他方，あらかじめ決められた組に分かれて戦うトーナメント（図2-2）では，騎馬の騎士は鎧と兜に身を固め，槍や剣で戦った。彼は競技の前に，主催者の式部官から競技上の諸注意を受けた。たとえば，①落馬した者を攻撃してはならない，②複数が一人を攻撃してはならない，③負けた騎士は勝った騎士に鎧と馬を渡すべきである，など。競技のあいまには，走跳投や競馬なども実施された。夕方に競技の終了が告げられると，「闘いぶりが良い」と判断された騎士たちの名前が式部官から知らされた。彼らは高貴な婦人から指輪などの身のまわり品を賞品として得た。このように，トーナメントでは，勝者の名誉と名声，そして婦人からの愛が重要であった。競技が終わると，酒宴と舞踏会が開催された。

　中世後期になると，馬上競技はさまざまな点で変質していった。騎士のからだ全体をおおう金属製の鎧が登場し，多額の金品である賞品を稼ぐ騎士が登場した。また，トーナメントを開催するトーナメント団体が結成された。こうして，騎馬競技は軍事的な模擬戦から見せ物になっていった。さらに，都市貴族が騎馬競技に参加するようになり，参加資格が曖昧になっていった。

図 2-1　ジュースト(右)
図 2-2　トーナメント(下)
(東京教育大学体育学部体育史研究室『図説　世界体育史』新思潮社, 1964, 57, 59頁)

球戯館でのテニス

　貴族たちは球戯館でのテニスを楽しんだ（図2-3）。15世紀には「ネット」が登場し，パリにはラケットやボールなどの用具を作成する手工業者のツンフトが存在した。テニスを行うための建物の内部は，長さが20〜34m，幅が6.5〜11mであり，中央に相手の足が見える高さのネットが張られた。当時のテニスには2種類のゲームがあった。一方のゲームは1対1でボールが床に触れないように打ち合うゲームであり，一方が完全に疲れるまで行われた。他方のゲームはより複雑であり，二人または四人の組が，定められた相手のコートにボールを打ち込まなければならなかった。点数の数えかたも複雑であり，15・30・45・60と数えられ，ジュースの決まりもあった。

図 2-3　球戯館でのテニス
(東京教育大学体育学部体育史研究室, 前掲書, 62頁)

b　都市住民のスポーツ

　城壁に囲まれた中世都市の住民は，市民権を有する都市貴族や手工業の親方たちの市民と，市民権を有さない手工業の職人や徒弟あるいは日傭労働者たちの庶民から構成されていた。都市貴族たちは貴族の生活を模倣し，騎馬競技（ジュースト）に参加し，球戯館でのテニスに興じた。また，都市防衛の重要な武器であった弩と銃の射撃訓練に励み，射手団体を結成した。他方，市民権を有さない手工業の職人や下男・下女たちは，安息日の日曜日には剣術や格闘を楽しみ，聖霊降臨祭などの宗教的祭日には，走跳投の民族的運動やダンス，そしてさまざまな球戯を楽しんだ（図2-4）。

図2-4　走跳投・格闘・剣術など
（東京教育大学体育学部体育史研究室，前掲書，62頁）

公開射撃大会

　中世都市におけるスポーツを語る際に忘れてはならないのは，射撃競技と球技である。都市における弩あるいは銃による射撃競技には三つのタイプがあった。①5月祭や聖霊降臨祭の際に実施され，長い柱の上に取りつけられた鳥（生きたカッコウあるいは木製の鳥）を標的にした弩による「鳥射撃大会」，②都市当局の後援を得て射手団体が主催し，市民権を有する射手だけが参加でき，射撃の王様を決定する弩や銃による「射手王射撃大会」，③都市当局が開催し，

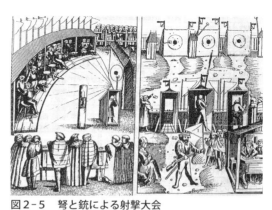

図2-5　弩と銃による射撃大会
（楠戸一彦『ドイツ中世後期のスポーツ』不昧堂出版，1998，185頁）

他の都市の射手を招待し、しかも参加費を支払えば誰でも参加が可能であった弩や銃による「公開射撃大会」。なかでも、公開射撃大会には高額かつ多数の賞品が用意され、近隣の都市だけでなく、遠方の都市からの参加者もあった。大規模な大会では、走跳投の民族的運動・競馬・剣術・格闘などの競技も実施され、庶民や市民だけでなく貴族も参加した（図2-5）。

フットボール

　都市に住む人々は、さまざまなボールゲームを楽しんだ。都市貴族は、球戯館でのテニスを楽しんだ。庶民はフットボール、ホッケー、ゴルフ、ナイン・ピン（ボーリング）、素手でボールを打ち合うハンドボールなどを楽しんだ。特にフットボール（図2-6）は、庶民が最も愛好する球戯であった。イギリスでは、住民が射撃訓練よりもフットボールに熱中し、国王からたびたび禁止令が出された。フットボールには「野原でのフットボール」と、「ゴールへのフットボール」の二つのタイプがあった。フィレンツェで実施されていた「カルチョ」（ゴールへのフットボール）のコートは「約100×50m」であった。双方27名の競技者が、約1時間ゲームを行った。この間、「ボールを投げる・手で運ぶ・蹴る」が許された。もちろん、得点の多いチームの勝ちであった。

図2-6　フットボール
(寒川恒夫編『図説スポーツ史』朝倉書店, 1991, 75頁)

c　農民のスポーツ

　12世紀のヨーロッパでは、三圃農法の導入などによって農業生産力が飛躍的に増大した。とはいえ、農民の生活は厳しかった。彼らの労働時間は、原則として、都市の手工業者と同様に、日の出から日没までであった。こうした生活のなかの彼らの楽しみは、復活祭や聖霊降臨祭や教会開基祭そして降誕祭などの宗教

的な祝祭や，豊作祈願祭や収穫祭などの土着的な祝祭であった。

　こうした祝祭では，徒競走・障害競争・三段跳び・石投げなどの「民族的運動」や，競馬や組み打ち，あるいは騎士的スポーツを模倣した槍的試合が行われた。また，彼らは野原でボールを奪い合う「フットボール」や，木製の輪を腕に着装してボールを打ち合う「パローネ」など，球戯をも楽しんだ。野原でのフットボールは，20〜30人の二つのチームが3〜4マイル離れたゴール（参加者の家あるいは教会など）に向かって，野原や川など場所を問わずにボールを運ぶゲームであった。このゲームは，時には乱闘やけが人が出るほど荒々しいものであった。

　さらに，農民の祝祭で欠けてはならないのが「踊り」であった。農民の踊りは歩行が主体の貴族の踊りとは異なって，飛び跳ねるのが主体の激しい動きが中心であり，男女がペアで踊るのが通例であった。

図2-7　農民の踊り
（東京教育大学体育学部体育史研究室，前掲書，81頁）

d　聖職者のスポーツ

　ローマ教皇を頂点とするヨーロッパ中世の教会のスポーツに対する姿勢は，両極的であった。つまり，教会はスポーツを禁止する一方で，他方ではスポーツに没頭する聖職者も存在した。貴族出身の高位聖職者のなかには，トーナメントやジューストなどの騎士的スポーツや，球戯館でのテニスに参加する者が絶えなかった。聖職者のボールゲームへの熱中は，しばしば禁令をもたらした。さらに，中世後期には徒競走や格闘，あるいは祝宴や舞踊に没頭する聖職者も存在した。

　他方，ローマ教会あるいは公会議は在俗者のスポーツを非難し，禁止した。騎士の馬上競技は，その危険性のゆえにしばしば批判され，公会議において繰り返し禁令が出された。中世後期になると，市民や農民による教会のなかでの遊戯

や踊りをしばしば禁止しなければならなかった。しかし，教会が市民あるいは農民のスポーツや遊戯を批判し，禁止するのは，それが度を超えた場合であり，多くの場合は黙認された。

e　ルネサンスとスポーツ

　イタリアで始まった文芸復興と人文主義の運動は，16世紀になると，ヨーロッパ全体に及び，スポーツの分野にもさまざまな影響を及ぼした。たとえば，イタリアのパドア大学医学部の教授であったヒエロニムス・メルクリアリス（Hieronymus Mercurialis, 1530-1606）は，1569年に『体育論』を刊行した。古代のガレノス（Galenos, 129頃-200頃）の医学に基づく医学論を展開し，医学的な観点から身体運動の効果を論じた本書は，19世紀に至るまで，医学者あるいは教育学者によってたびたび引用されるほど，後世に大きな影響を与えた。さらに16世紀になると，さまざまな「スポーツ書」が刊行されるようになった。アルブレヒト・デューラー（Albrecht Dürer, 1471-1528）の『剣術書』（1512年）をはじめとして，イタリアやフランス，ドイツなどで数多くの剣術書が作成された。ゲオルグ・リュクスナー（Georg Rüxner, 生没年不詳）は『トーナメント書』（1530年）を刊行し，神聖ローマ皇帝マクシミリアン1世（Maximilian I, 1459-1519）は騎馬競技に関する書物（1517年）を作成した。アウグスブルク出身の道化師リーンハルト・フレクセル（Lienhart Flexel, 生没年不詳）は，シュツットガルトの公開射撃大会（1560年）など数多くの射撃大会の報告書を作成している。さらに，アントニオ・スカイノ（Antonio Scaino, 1524-1612）は『球戯書』（1555年）においてテニスを論じている。

　他方，16世紀になると貴族子弟の教育のための「騎士学校」が設立され，乗馬・剣術・格闘・水泳・舞踊などが教授されるようになった。こうした教育のために，ファビアン・フォン・アウエルスヴァルト（Fabian von Auerswald, 1462-1537以降）の『格闘書』（1539年），ニコラウス・ヴィンマン（Nicolaus Wynmann, 1510-1550頃）の『水泳書』（1531年），アルカンジェロ・ツッカロ（Arcangelo Tuccaro, 1535-1602または1616）の『体操書』（1599年）などが刊行された。また，イタリアの人文主義者であるヴィットリノ・ダ・フェルトレ（Vittorino da Feltre, 1378-1446）やバルダッサーレ・カスティリオーネ（Baldassare Castiglione, 1478-

1529）は，貴族教育における身体教育の重要性を指摘している。同様に，フランスのミシェル・デュ・モンテーニュ（Michel de Montaigne），イギリスのトーマス・エリオット（Thomas Elyot），ロジャー・アスカム（Roger Ascham），リチャード・マルカスター（Richard Mulcaster），ボヘミアのヨハネス・アモス・コメニウス（Johannes Amos Comenius）などは，身体運動の教育的な価値と重要性を指摘している。

3　近代スポーツの誕生

　15～17世紀のイギリスでは，地主階級で地域の政治的な統治者であったジェントリー（gentry：郷紳とも訳される）と呼ばれる上流階級の人たちが，中世以来の伝統的なボールを使った簡単なスポーツ，また貴族が所有していた広大な原野での狩猟・釣り・乗馬等のフィールド・スポーツを楽しんでいた。続く18世紀は，中・上流階級の人たちが，伝統スポーツやパトロン・スポーツ，またゴルフ・クリケットに興じていた時期であった。

　しかし19世紀には，パブリック・スクールで学ぶ富裕層の学生たちが，それまでの伝統スポーツや娯楽と違った新たなスポーツ（近代スポーツ）を作りあげる。さらにスポーツが盛んになるにつれて，スポーツの興行も盛んになり，プロ・プレーヤーも現れはじめた。

　18世紀以後，海外に住みつくようになったイギリス人が現地でスポーツに興じることで，イギリス由来のスポーツが広く世界に普及することになった。一方，アメリカでは，イギリスと異なる独自の発展を見せた。

　20世紀に入るころにはスポーツは世界的に広まり，労働者階級の人たちのあいだでも盛んに行われるようになると，組織化も進み，世界的な潮流を作りだした。

　ここでは，近代から20世紀初頭までのイギリスでの近代スポーツの誕生から，アマチュア・スポーツそしてプロ・スポーツの誕生，スポーツの世界的な普及，アメリカにおける独自のスポーツの発展，ヨーロッパの労働者スポーツ運動について見ていこう。

a　イギリスでの近代スポーツの誕生

中世からのフットボールとフィールド・スポーツ

　前項の「中世におけるスポーツ」で詳述された通り，中世ヨーロッパにおいても，特にイギリスやイタリアでは，フットボール，ハンドボール，テニス，ゴルフの原型になるような伝統的なスポーツや，民衆の娯楽が地方ごとの違ったルールで行われていた。しかし14世紀ごろから，無規律で暴力的なマスフットボールのようなスポーツは，社会秩序を乱し混乱を招く悪行とみなされて，何度も禁止されてきたのである。

　15〜17世紀になっても，イギリスでは厳格な清教徒（ピューリタン）たちから，民衆のフットボールは依然として社会悪とみなされていた。一方で，山野の広大な土地を所有していたジェントリーたちは，伝統的な狩猟・狐狩・乗馬・射撃・釣りなどのフィールド・スポーツ（field sports）を満喫していた。

パトロン・スポーツの衰退と新興ブルジョアジーによるスポーツの勃興

　18世紀にイギリスで，織機で横糸を通すための飛び杼（1733年）や水力紡績機（1769年）など革新的な機械（道具）が発明されたことで，毛織物工業を中心に産業革命が起こった。工場の大量生産で富を得た新興ブルジョアジー（中産階級）が出現する一方で，農村で起こった第二次囲い込み（エンクロージャー。18〜19世紀中ごろ）によって土地や生活の場を失った多くの農民が都市部に流入し，機械化の進んだ工場で働く労働者となった。そのため，伝統的な祭日や休日に行われていた民衆による祭日スポーツ（feast-day sport）は成立基盤を失っていったのである。

　18世紀以降，地主階級であったジェントリーたちは，先のフィールド・スポーツ以外に，クリケット，ボクシング，狩猟，競馬，狐狩，徒歩競走などの選手たちのパトロンとなって，競技会を開催し，賭けを楽しむようになった。こうしたパトロン・スポーツ，特に競馬やボクシングなどに，一般の人々も熱狂した。しかしながら19世紀に入ると，ジェントリーの庇護のもとで発展したパトロン・スポーツは，次第に衰退していった。

　一方で，同じ時期に新興ブルジョアジーたちは，北部のスコットランド地方などで民衆によってプレーされていたクリケットやゴルフなどの民衆ゲームに興

狐狩
（アルフレッド・コワルスキー Alfred Kowalski の絵画『狩人』）

味を持ち，盛んに行うようになった。やがて，独自のスポーツ・クラブを組織し，プロまで育成するようになったのである。もはや民衆ゲームではなく，新興ブルジョアジーの組織的ゲームであり，ブルジョア・スポーツの成立を意味していた。その時点で，狩猟などの貴族やジェントリーたちのフィールド・スポーツと別の組織的なゲームを形成し，スポーツの概念を広げたのである。

パブリック・スクールでのアスレティシズムの誕生

　1830～70年のあいだに，中・上流階級の子弟たちが通う全寮生のパブリック・スクールで，新たなアスレティシズム（Athleticism）が誕生した。アスレティシズムとは，体力・技能・記録の向上を，計画的・組織的・専門的な訓練によって追及する競技主義のことである。

　従来，生徒たちによるスポーツは，賭けの対象になったり暴力的であったりして，学校・教師の側から決して支持されていなかった。しかしパブリック・スクールは，新たなアスレティシズムを，無軌道な競技主義の発展ではなく，教育的に規制する手段として導入していった。そのようにして道徳的・制度的に，また時間的・空間的に規制されることによって，組織化されたゲーム，とりわけチーム・ゲームに類する，近代スポーツの原型が形成されていったのである。

　それだけでなく，彼らは新たにスポーツの統括組織を結成することによって，地方ごとに違っていたルールを統一し，学校間の対抗試合を可能にした。また，そこにおいても彼らは純粋に名誉を目的としたジェントルマン精神と，お金とは無縁なアマチュア精神によるアスレティシズムを確立していったのである。

アマチュアリズムの精神は，早くも 1839 年のヘンリー・ロイヤル・レガッタ・クラブの設立に際して設けられた規約に，「ボートはすべてアマチュアでなければならない」という文言で明記されている。1866年，ブリックウッド（E. D. Brickwood）は，競技会に，職人・職工・労働者の参加を認めないという条項を作った。1872年に設立されたロンドン・アスレティック・クラブや，1878年の漕艇クラブも，同様の内容を規定に盛り込んでいる。

こうして生徒・学生たちは，学校や大学を卒業したあとも，ジェントルマン・アマチュアの精神を掲げたスポーツ・クラブを各地で誕生させ，母校のOBとの対抗戦や，他のクラブとの競技会を楽しんだ。1830〜70年のあいだに，パブリック・スクールの大勢の卒業生たちが各地のスポーツ・クラブでジェントルマン・アマチュアの精神を根づかせ，エリート層を示すアスレティシズムを形成したのである。

プロ・スポーツの誕生

1830〜70年のあいだ，スポーツにおけるアマチュア主義が定着するに従い，アマチュア規定も整備され，アマチュア選手とプロ選手が明確に区別されるようになった。スポーツの隆盛とともに観戦客が増加し，観戦料を目当てにしたスポーツ興行が頻繁に行われるようになった。同時に，観客を集める人気スター選手＝プロ選手の雇用が，自然に広まっていったのである。

クリケット界では，すでに18世紀から「プレーヤー」と呼ばれたプロ選手が存在し，1806年には，上流階級とプレーヤーとの試合が始まっていた。しかし，プレーヤー側のキャプテンは，上流階級であることが決められていた。一方，サッカー界では1888年にプロ選手が公認されている。ボート界では，1885年にアマチュア・ボート協会のアマチュア規定によって締めだされた人々が，1890年になって新たなイギリス・ボート協会を結成し，独自の活動を始めた。ラグビー界では，1895年にノーザン・ラグビー・フットボール・リーグが結成され，1901年からプロのリーグ戦を開始している。

19世紀末にはプロ選手がますます増加し，支配的であったジェントルマン・アマチュア体制は早くも崩れはじめ，労働者をはじめ幅広い階層の人々がスポーツ界に参入することになった。背景に，イギリスの経済成長や，労働時間短縮による土曜半日制の実施，労働者の権利獲得，9時間労働制の一部開始など，労

働者の地位向上が存在していた。

世界的な普及

イギリスは17世紀中ごろからインドやアメリカなどへ植民地を広げ，産業革命によって増大した経済力を背景に，18世紀後半には世界貿易に乗りだしていた。イギリスの植民地支配は，同時に，スポーツを海外に広める機会となっていた。植民地の統治のために海外に移り住んだ商人や軍人たちは，余暇として自国のクリケット，フットボール，テニス，バドミントン，ボートなどを楽しみ，それらは現地で普及するようになった。イギリスを代表するクリケットとフットボールが海外で行われるようになった，その時期と地域は，次の通りである。

クリケット──アメリカ（1751年），インド（18世紀末），ポルトガル（1810年），オーストリア（1814年），南アフリカ（1840年代），西インド諸島（1842年ごろ），オーストラリア（1850年以前）。

フットボール──アルゼンチン（1867年），スウェーデン（1870年），フランス（1872年），ポルトガル（1870年代），日本（1874年），ドイツ（1875年以前），カナダ（1876年），デンマークとオランダ（1879年），オーストリア（1880年代），アメリカ（1884年），ソ連（1887年）。

総じて，スポーツがイギリスから世界に伝播した時期は，19世紀末から20世紀にかけてであった。その後，各地でスポーツが組織化された。他のテニス，水泳，ゴルフ，競馬なども，オーストリア，南アフリカ，インド，西インド諸島，パキスタンなどで普及し，組織化されていった。

b　アメリカでのスポーツの発展

イギリスは産業革命と世界貿易のシステムをいちはやく確立し，イギリス生まれのスポーツを世界的に広めた。一方，アメリカでは，産業革命・世界貿易はイギリスに約100年近く遅れたが，19世紀中ごろからの国内のスポーツの発展ぶりは，イギリスを上回るほどであった。

19世紀中ごろから後半にかけてアメリカに移住したイギリス人は，テニスをはじめ各種のスポーツをもたらした。しかしアメリカではすでに1845年に，アレクサンダー・カートライト（Alexander Joy Cartwright Jr., 1820-1892）によっ

て，消防士の訓練のためにベースボールが考案され，1858年には全米野球協会が設立されていた。1871年には，全米プロ野球協会と全米ライフル協会が設立され，1873年には合衆国アマチュア・オールマン協会が，1875年には全米ボウリング連盟が誕生している。さらに1879年，全米アーチェリー協会が誕生している。また，1881年にウォルター・キャンプ（Walter Chauncey Camp, 1859-1925）がアメリカン・フットボールのルールを作成し，以後，フットボールが盛んに実施されている。つまり，イギリスとは別に，アメリカではスポーツの誕生・普及・プロ化において，独自に発展を遂げていたのである。

さらに19世紀後半にイギリスからもたらされた YMCA（Young Men's Christian Association；キリスト教青年会）の運動が，1890年代にバスケットやバレーボールの誕生と結びつき，国内外に広く普及した。バスケットボールは1891年にマサチューセッツ州YMCAの訓練校（現在のスプリングフィールド大学）で，夏場に向けた冬場の安全なトレーニングとして考え出されたスポーツである。またバレーボールは，1895年にホーリーヨーク市の YMCA で，女性や高齢者でも楽しめる身体接触のないスポーツとして考えだされたスポーツであった。バスケットやバレーボールは人々に人気を博し，さらに YMCA 運動の勢いに乗って，20世紀初期にはアジア諸国にも広まっていった。

このころになると，アメリカのスポーツにおいては，アメリカニズムともいえる独自のナショナリズムが生まれていたのである。

c　スポーツの組織化と国際化

19世紀末から，各国でスポーツの組織化が起こった。イギリスやアメリカほどではないが，フランスでは1880年ごろにイギリスからスポーツが伝わると，陸上競技連盟の前進となる組織が誕生している。スウェーデンでも，やはり1880年代にサッカーやテニスの組織が誕生している。ドイツでは漕艇や水泳の連盟が誕生し，体操連盟（ドイツ体操連盟）と激しくヘゲモニー争いが展開された。日本ではリーランドやストレンジらの外国人教師によってスポーツが大学で紹介され，明治44（1911）年には大日本体育協会が設置されている（第4章3を参照）。

また，多くの国際競技団体が20世紀初頭にかけて誕生し，間もなく同連盟に

よる国際大会が開催されている（表2-1）。

そして，まさに1896年の第1回オリンピック・アテネ大会開催によって，国際化の火蓋が切られた。

d　ヨーロッパでの労働者スポーツ運動

近代スポーツの担い手は富裕者層であったが，イギリス以外でもスポーツが盛んになると，19世紀末から新たに労働者層によるスポーツ活動が見られるようになった。早くもドイツでは，1893年に，体操・水泳・陸上・フットボール・自転車などの労働者スポーツ・クラブの連合体である労働者体育連合（ATB：Arbeiter-Turner-Bundes-Deutschlands）が結成された。他の国々でも，1901年にブルガリアで労働者射撃連盟，1903年にチェコで労働者体操連盟，1905年にオーストリアで労働者スポーツ・クラブ，1908年にハンガリーで労働者スポーツ連盟，同年フランスで労働者スポーツ連盟などが誕生している。各国でのこうした潮流は国際統一へと向かい，1913年にベルギーで，第1回国際労働者スポーツ会議を開催するまでになった。

1908年にドイツ帝国議会で，労働者スポーツ運動の拡大をおさえるための「帝国結社法」が制定されたとき，労働者体育連合は政治的中立の立場を露にした。連合内部でそれに反対するグループが，1912年に「体育・スポーツの中央委員会」を新たに組織し，独自に活動を始めた。こうしたドイツでの動きは，近隣諸国の労働者スポーツ運動にも影響を及ぼし，同様な分裂の動きを引き起こしていった。

さらに1917年にロシアで社会主義革命が起きると，各国の労働者スポーツ組織の内部で，ロシアのスポーツ組織を支持する派と反対する派が，反目した。反対派は1920年に「社会主義労働者スポーツ・インターナショナル」を独自に結成し，支持派は1921年に「赤色スポーツ・インターナショナル」を結成したことから，労働者のスポーツ組織は分裂した。

1928年，反対派の「社会主義労働者スポーツ・インターナショナル」は，モスクワで開催されたスパルタキアード大会に参加する選手を除名し，対立はさらに激化した。しかしその後，ドイツでナチスが政権を掌握すると，労働者スポーツ運動は消滅・吸収されていくことになる。

表2-1 主な国際競技団体の設立年と初の国際大会開催年

誕生年	国際スポーツ競技連盟	初大会年
1881	国際体操連盟	1903
1882	国際漕艇連盟	1939
1892	国際スケート連盟	1884
1900	国際アマチュア自転車競技連盟	
1904	国際蹴球連盟	1930
1907	国際射撃連盟	1907
	国際ヨット連盟	1851
1908	国際アイスホッケー連盟	1910
1908	国際水泳連盟	1973
1911	国際庭球連盟	1900
1912	国際陸上競技連盟	1913
	国際馬術連盟（1921 ?）	1913
1913	国際フェンシング連盟	1921
1920	国際ウエイト・リフティング連盟	1946
1921	国際アマチュア・レスリング競技連盟	1949
1924	国際ボブスレー	1914
	国際アマチュア・ボクシング連盟	1924
	国際カヌー連盟	1938
	国際ホッケー連盟	1971

第 3 章

さまざまな種目　誕生と変容

　現在，存在しているスポーツは，さまざまな視点から分
類することが可能である。歴史・文化の視点から分類すれ
ば，古代から行われてきたグループ，近代に入り誕生した
グループ，さらに第二次世界大戦以降に新しく誕生したグ
ループに分けられる。

　それらのスポーツの誕生と変容は，人間の持つ本質と各
時代の社会的な必要性とが絡み合ってもたらされたもので
ある。顕著な例は，古代におけるオリンピア信仰，近代に
おける産業革命による新興ブルジョアジーの出現，戦後に
おけるスポーツ・フォー・オールの普及などの社会的要素，
加えて人間の本質的な競争（闘争），集団，信仰といった
特性が，その誕生と変容に関わっていたのである。

　スポーツは，人間の進化・発展の歴史とともに，その価
値を変えて存在してきたことを理解していこう。

1　古代から行われてきたスポーツ

a　サッカー

蹴鞠(けまり)から始まる

　一つのボールを蹴ったり，投げたり，抱えたりしながら運ぶという遊びは，古くから行われていた。そのため今日のサッカーの始まりについては，中国で始まったという説や，イングランドをその始まりとする説など，いくつか存在している。

　だが，2004年にFIFA（国際サッカー連盟：Fédération Internationale de Football Association）の当時の会長ヨーゼフ・ブラッター（Joseph Blatter, 1936- ）が「サッカーの起源は中国の蹴鞠である」と公式に発表したことから，現在では，日本にも伝えられた蹴鞠(けまり)が，サッカーの起源であると考えられている。

　蹴鞠は紀元前4世紀以前に，中国の春秋戦国時代に斉(せい)の国で始められたものである。司馬遷の『史記』に，医者の言うことを聞かず，蹴鞠に熱中しすぎて不治の病にかかったという患者の話が出てくる。蹴鞠は当初，軍事的な訓練の一環として始められた。それが前二世紀の漢(かん)の時代になると，12名のチームで鞠を取り合い，球門（ゴール）に入れた数を争う遊技となった。この形が人気を博し，大規模な競技会が行われるようになった。7世紀の唐(とう)の時代になるとルールが多様化し，網袋でできた球門が，両チームを分ける境界線の上に高く設けられることもあった。鞠は羽を詰めたものから，動物の膀胱に空気を入れてよく弾むものへと変わっていった。

蹴鞠(けまり)
(Walter Umminger, *Sport Chronik*, Sportverlag, 2000)

その後，蹴鞠はモンゴル人による西方遠征によって西方に拡がり，西欧にも伝えられたと考えられている。東南アジアでも蹴鞠が起源とされているセパタクロー（「蹴る鞠」という意味）が盛んになった。

また，今から2000年以上前の古代ギリシャ・ローマ時代でも，ボールを使ったゲームが行われており，その様子はギリシャやローマの遺跡に描かれている。また，サッカーの起源は古代ローマのハルパストゥムというボールを使ったゲームである，という説もある。ハルパストゥムとは，相対する二つのチームのあいだに引かれたセンターラインにボールが投げ込まれ，ボールを獲得したプレーヤーが相手チームの背後に引かれたライン（現在のサッカーのゴールライン）の向こうにボールを運ぶゲームである。このゲームは，紀元前1世紀ごろにローマ人がブリテン島（現在のイギリス）に遠征した時に伝えたと言われている。

古代のボールゲーム
（Carl Diem, *Weltgeschichte des Sports und der Leibeserziehung*, Cotta, 1960）

中世のフットボール

10世紀，中国の宋の時代になると，蹴鞠は競技としての色合いが薄れて，一人または集団で地面にボールを落とさないように蹴る遊びとなっていった。貴族や官僚があまりに熱中しすぎるので，14世紀の明の時代に蹴鞠の禁止令が出されるほどになっている。17世紀の清の時代にも禁止令が出され，蹴鞠はほとんど行われなくなっていった。

一方で，イングランドにおけるフットボールの始まりは8世紀にさかのぼる。イギリス人がスカンジナビアから攻めてきたデーン人を打ち負かし，敵の頭をボールにして蹴ったというものである。これが足でボールを蹴るゲーム「フットボール」の起源とされている。

「フットボール」という言葉は、イングランドで13世紀から使われはじめている。当時のルールは現在のものとかなり違い、手を使ったり、相手をなぐったり、蹴ることも許されていた。今日のサッカーやラグビーの形に近づくのは、15世紀に入ってからである。その後、学校の生徒のあいだでもフットボールは盛んに行われるようになった。

中世のボールゲーム （Carl Diem, *Ebenda*）

イタリアでも、ボールを蹴ったり投げたり持ち運んだりする遊びは、15世紀ごろから行われていた。このゲームは「カルチョ」と呼ばれ、今でもイタリアではカルチョという言葉が使われている。フランスでも「スール」というボールゲームが行われていた。このように、中世においてはイングランドと同じようなボールゲームがヨーロッパの広い地域で行われていたのである。

近代サッカーのスタート

1863年、ロンドンにフットボール・クラブの代表者が集まり、世界で初めての統一組織であるフットボール協会（The Football Association）が誕生した。ここで統一規則が制定されたことによって、近代サッカーがスタートしたのである。「11人でプレーを行い、手を使わない」ルールが決められた。手を使ってもよいルールにこだわる人たちは、のちにフットボールを作ることになる（第6章3参照）。選手たちにパブリック・スクールのラグビー校出身者が多かったこと

近代パブリック・スクールのフットボール
（東京教育大学体育史研究室編『図説 世界体育史』，新思潮社，1964年）

から，ラグビー校に因んで，ラグビーフットボールと名づけられた。

　イギリスでは1885年にサッカーのプロ制度が認められると，プロのクラブが数多く生まれ，海外遠征も盛んに行われた。プロには国際大会や世界統一ルールがなかったことから，世界一を決めるワールドカップ開催を目的にして，1904年，国際サッカー連盟（FIFA）が誕生した。

　第1回ワールドカップ大会は1930年に南米のウルグアイで開催された。大会には13カ国が参加し，初代の優勝国は開催国のウルグアイであった。途中，戦争で中断されることもあったが，ワールドカップは4年ごとに開催され，今日では予選に200近い国が参加し，世界中で10億人以上の人々がテレビなどで決勝戦を観戦すると言われる，世界最大のスポーツ・イベントに発展している。

b　水泳

　人間がいつから泳ぎ始めたのか，明らかではない。しかし，泳ぐことは，走る，跳ぶ，投げると同様に，人類が誕生したときから生活に密着した身体活動として存在していたと考えられる。

生きるための手段として始まる

　人間が泳いでいたことを裏づける最も古い証が，エジプトにある「泳者の洞窟」（the cave of swimmers）の壁画で発見されている。壁画はおよそ9,000年前に描かれたもので，人間が平泳ぎか犬かきで泳いでいると考えられている。また，同じエジプトの6,000〜1万1,000年前と推察される粘土板には，人間がクロールのような泳ぎをしている絵が描かれている。絵ばかりではない。6,000年前のナイルの谷の象形文字には，クロールに似た形をした文字が存在している。古代エジプトで泳ぎが盛んであった背景には，船やいかだを利用しての物資の運搬など，生活に川を利用していた一方で，川の氾濫による水害の多かったことが考えられる。船が転覆してしまったとき，海戦や水上戦で水中へ投げ出された場合，助かる手立ては泳ぐ以外になかったのである。

　ほかに，現実の戦いで水泳の情景を伝えるものとしては，およそ4,000年前のアッシリアの壁画と，およそ3,000年前の「カディシュの戦い」を描いた石灰石のレリーフ（次頁）がある。アッシリアの壁画には，弓の射手から逃れる三人の

泳者が描かれている。一人はクロールで，他の二人はエアバッグのようなものを抱いて逃れる様子である。古代エジプト第19王朝セティⅠ世が，ヒッタイト王のマウタナルを破った「カディシュの戦い」を描いたラムセスⅡ世の葬祭殿に遺る石灰石のレリーフには，いくつかの当時の泳ぎの状況が情報とし

カディシュの戦い（エジプト ラムセスⅡ世葬祭殿のレリーフ）

て組み込まれている。ここにはクロールが描かれていると同時に，溺れた戦士の脇に手を入れ，沈まないようにと泳ぐ救助者を，腰と膝を二人の男にしっかり支えられて陸上に立つもう一人の仲間が，その到着を手いっぱいに伸ばして待ち受ける，さながら，現代の救助法の一つであるヒューマン・チェーンの原型のような絵が描かれているのである。古代エジプト時代の，溺者に対する救助法と蘇生法についての知識の深さがうかがい知れる。

　また，水泳に関わる建造物としては，4,000年前のクレタ島のクノッソス宮殿に，人が泳げるほどの大きな風呂が設けてあった。4,800年前のインドのモヘンジョダロ宮殿には，縦横が60m×30mに及ぶ巨大なプールが設置してあった。

　2,400年前の古代ギリシャ・ローマ時代になると，水泳は必要な教養として捉えられるようになった。哲学者のツキジデスは，水泳の重要性について書いている。また，哲学者のプラトンは「泳げない者は適切な教育を欠いている者だ」とさえ述べている。この時代に，水泳は教養として重要な身体的な科目であった。ローマ時代になると歴代皇帝がプールの建設に力をいれた。当時，ジュリアス・シーザーも水泳が堪能なことで有名であった。

キリスト教の下での水泳の沈滞

　紀元4世紀ごろからヨーロッパを中心にキリスト教の信仰が広まると，水泳は沈滞していった。裸で川や海を泳ぐことが宗教倫理にそぐわないとすることからである。キリスト教が広がり始めた4世紀ごろからルネサンスの終わる17世紀ごろまでのあいだ，水泳はヨーロッパを中心とする広い地域で禁止されていた。

第3章 | 1 古代から行われてきたスポーツ | 45

そのうえこの時期，世界的にペストやチフスなどの伝染病が大流行し，水泳は伝染病にかかりやすいことから敬遠される結果となった。しかし，一部の軍隊では軍事上の必要から，衣服や鎧をつけて水泳の訓練が行われた。基本的な泳ぎかたは，頭を水面に出して泳ぐ平泳ぎであった。

イギリスで競技化

18世紀ごろから，先進諸国の植民地政策との関わりで水泳の位置づけが変わった。先進諸国が海外に植民地を求めて船で乗りだすと，海戦や事故が多くなり，水泳は水場における重要な救命の手段として位置づけられるようになったのである。

救命を目的として泳ぐことが盛んになると，世界で最初の水泳競技会が1837年にイギリスで開催された。1844年に開催されたロンドンの水泳競技会で，泳法に異変が起きた。イギリス人は伝統的な平泳ぎで参加したが，アメリカから参加したインディアンがクロール泳法で泳いで優勝してしまったのである。イギリス人は，自国の平泳ぎよりも早いクロール泳法に驚いた。だが，英国人たちは「水泳は水面に頭を出したまま泳ぐものだ」，クロールは「水しぶきが上がり，野蛮でヨーロッパ的ではない」と主張した。

1869年にロンドン水泳協会が生まれ，本格的な水泳競技がスタートした。1880年には，本格的なイギリス・アマチュア・スイミング協会が設立した。主な水泳のスタイルは，平泳ぎと同じ時期に開発された横泳ぎであった。またジョン・アーサー・トラジオン（John Arthur Trudgen, 1852-1902）は，1870年から1890年にかけて南米のインディアンのクロールから学んだ「トラジオン泳法」をイギリスで紹介した。この泳法はインディアンのクロールを，腕のかきはクロール，脚と「2かきに1回のはさみ足」に変えたものであった。1901年にレーン（F. V. C. Lane）がこの泳法で100ヤード（91.44 m）を1分の新記録で泳ぐと，トラジオン泳法はにわかに脚光を浴びるようになった。

わが国の水泳

日本では，縄文時代から弥生時代にかけて「漁撈」が行われていたことが，おびただしい数の貝塚跡からわかる。漁撈とは，漁獲物を追い求めて目的地に出漁したり，捕獲しやすいように漁獲物を追い込んだりして魚類・貝類・藻類・海

獣類などの水産物を獲ることである。人々の生活への漁撈の定着は，わが国における人類の生理的・心理的な水の克服を意味し，四方を海に囲まれたわが国の文化形成の一端を担った。弥生時代に至り，稲作が中国大陸より伝えられ農耕社会が発達すると，物資の交換を基盤にした経済システムによる専業化が起こった。これと同時に，漁撈に専門的に従事し生業にする者が現れるようになった。漁撈の専業化は，漁法の技術を大きく進化させた。住居跡から出土される幾種類もの魚介類や釣り鈎・銛などは，多種多様な漁の存在を物語っている。古代日本において，漁撈を中心として人と水とが関わっていたと考えられる。

　古代から中世にかけて，日本人と水のつながりはますます強まっていく。農耕社会が定着してくると，支配と被支配の関係が生まれ，これに伴って，人々の生活は狩猟や採集などで食料を得る単純な生活様式から，貯蓄貯蔵などを伴う複雑な社会構造へ移行していった。そして，人と水との関わりかたも，軍事，交易，儀式，遊戯（余暇・趣味）など，さまざまな目的をもつものに発展したのである。

　中世から近世の日本では，戦いの中におよぎの様子を見ることができる。いくつかを例に挙げてみよう。日本書紀崇神天皇六十年 癸 未には，出雲臣の祖出雲振根が弟飯入根を止屋渕に誘い水泳を共にしたあと欺いて殺害したことが記載されている。また，これとまったく同じ記述が古事記には倭建命（日本武尊）が出雲国肥河において出雲建を征伐したとして記されている。泳ぎ終わって上陸し，相手の真刀と己の木刀とを取り替えてから闘った計略まで一致しており，これはおよぎが戦いの謀略に用いられた最初の記録である。日本書紀神功皇后続紀には，武内宿弥と忍熊王が川をはさんで戦ったという記録がある。武内宿弥の軍と忍熊王の軍とが川をはさんで対峙していたとき，武内宿弥は奇計をもって忍熊王の軍の武装を解かせ，敵前游泳により河を渡って敵軍を河中に追い落としたという，およぎが戦いの方法として用いられた例である。

古式泳法（日本泳法）の誕生

　鎌倉時代に至ると，武士文化が起こり始める。鎌倉時代から江戸時代にかけて，水泳と軍事が深く結びつき，古式泳法（日本泳法）として体系化されていった。この時代に体系化された古式泳法は，各藩で研鑽され，90以上もの流派が生み出されたとされる。そして，その中でも由緒の明らかな13流派（水府流・水

府流太田派・向井流・観海流・小池・岩倉流・能島流・水任流・神伝流・主馬神伝流・小堀流踏水術・山内流・神統流）が現在に至るまで伝承されているのである。水泳の組織的な教授の記録が現れるのも，江戸時代に至ってからである。藩ごとに，水芸指南役や水芸世話役など，名称は異なるが，水術に長けた人物が武士におよぎを教授するようになった。これは，後に日本泳法の流派成立のきっかけとなっただけでなく，水泳の日本文化定着につながった。

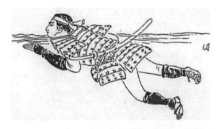

上　竹具足泳（『能島流游泳術』，32頁）
下　平泅の図（『観海流の伝承とあゆみ』，139頁）

2　近代に誕生したスポーツ

バスケットボール

　バスケットボールは，1891年にアメリカのジェームス・ネイスミス（James Naismith, 1861-1939）博士が考案した。ネイスミスはミシシッピ州ミルズ市のオールモント村に生まれ，少年の時に親を失い叔父に育てられ，1883年にカナダのケベック州モントリオールのマギル大学に入学した。1887年に哲学とヘブライ語で学士号を取得し，卒業後は神学校に進み，同大学の体育講師の職に就いた。ネイスミスは大学時代からラグビーやラクロスなどのスポーツを熱心に行っており，モントリオールにあったYMCA（キリスト教青年会）に通っていた。1891年，マサチューセッツ州YMCAの訓練校（現在のスプリングフィールド大学）で学生として，また非常勤の体育講師として研究を続けていた。

考案者ネイスミス

　スプリングフィールド大学の体育学部長ルーサー・ギューリック（Luther Halsey Gulick Jr., 1865-1918）は，1890年の冬，ネイスミスにある課題とヒントを与えた。「本校で学んでいる若い"体育主事候補生"たちが来春にフットボールやベースボールを再開するまでのあいだ，心身ともに良いコンディションを維持できるような冬季種目を考えてほしい」というものであった。冬場は雪でグラウンドが使えないので，体育館でできるスポーツということだった。ネイスミスが考えたのは，次のようなルールをもつ競技だった。①ボールを持ったまま走ってはならない，②身体接触・衝突をしてはならない，③競技者の頭上に水平のゴールを置く，④競技者はいつでもボールを奪い得点できる。高い位置に水平のゴールを置くことで，得点するには力よりも正確さが必要になり，怪我の発生を少なくできると考えたのである。

バスケットボールのルール

　ネイスミスが初めてこの競技を行ったとき，ゴールとして，たまたま手に入れた桃の籠を使い，体育館内のバルコニーの下に据えつけた。そして1チーム9人とし，サッカーボールを使用した。競技の名前は，学生の案で「バスケットボール」とした。ゴールは頭上に取りつけられた籠，ボールを持って走らない

左　ネイスミスと最初のゲームで使用されたボールと籠
右　初期のバスケットボール
（水谷豊『バスケットボール物語』，大修館書店，2011）

などの簡単な約束で，最初に行われたゲームは 1 時間余り，両チームともノーゴールのまま続き，やっとゴールが決まったあとに終了した。

　ちなみにゲームが終了してから，ネイスミスはルールがなかったことに気づき，1 時間ほどで13条から成るルールを書きあげている。翌1892年，ネイスミス草案のこの13条ルールで，バスケットボールは全米のYMCAで競技されるようになった。

バスケットボールの発展

　バスケットボールはアメリカ国内で人気を博し，マサチューセッツ州のスミス大学で体育教師を務めていたセンダ・ベレンソン（Senda Berenson, 1868-1954）によって女子バスケットボールが始められた。YMCAを通じ世界各国へ急速に広まり，1904年から1924年まで，オリンピックの公開競技となった。1932年 6 月に国際バスケットボール連盟（FIBA; Fédération Internationale de Basketball）が結成され，1936年のオリンピック・ベルリン大会から男子オリンピック正式種目に採用され，1976年のモントリオール大会から女子正式種目にも採用された。

3　ニュースポーツ

　「ニュースポーツ」は1979（昭和54）年に初めて用いられた和製英語で，現在その数は600種類とも800種類ともいわれている。「ニュー」には，新しくできた種目という意味と，近代スポーツの勝敗・記録第一主義に対する新たな価値観や問題提起の意味とがこめられている。『スポーツの百科事典』では，「競技力・体力・老若男女を問わず，あらゆる人々に開かれた親しみやすさを含んだ新しい概念のスポーツ」と定義されている。

　ニュースポーツは，生涯学習の振興や生涯スポーツ社会の実現を目指した現代を反映するとともに，軽くて丈夫な新素材の開発や生産加工技術の発展など，科学技術の革新によって，数多くの新たなスポーツが考案された。これらニュースポーツは，（公財）日本レクリエーション協会などが普及に努め，全国スポー

ツ・レクリエーション祭では，開催種目にグラウンド・ゴルフやソフトバレーボールなど，さまざまなニュースポーツが採用されている。ここでは，ニュースポーツのなかでも，ハングライダーやフライングディスクのように技術革新による新しい素材の開発などによって生まれたスポーツ，セパタクローやローンボウルズのように，世界の或る地域で行われていた競技が比較的近年に輸入されたスポーツ，グラウンド・ゴルフやユニバーサルホッケーのように既存のスポーツをプレーヤーの年齢・体力・運動技術・プレー環境などに応じて改変したスポーツをとりあげ，それぞれについて紹介する。

a　技術革新によって生まれたスポーツ

ハングライダー（ハング・グライダー）

　ハングライダーは，スカイスポーツの一つで，機体に対し搭乗者が，ベルトに吊り下がった（hang）状態でグライダー（glider）に乗り滑空することから，ハング・グライダー（hang glider）と呼ばれ，ng と g の音が重なる英語の原音により近いハングライダーとも呼ばれている。機体は軽く，20〜35kg 程度で，搭乗者はハーネスを着用してうつぶせの状態で，機体の重心位置に取りつけられたスイングラインに吊り下げられる。そして，搭乗者は機体を持ちあげたまま斜面を駆けおりて離陸する。飛行は管理されたエリアのみに限定される。離陸地点，着陸地点など土地には必ず地権者がおり，使用の許可が必要である。一般的には，山の麓に用意してある着陸場に着陸する。

　過去，空を飛ぼうとしていた人は，鳥の羽ばたき飛行をまねることを考えていたが，それが人間の筋力では不可能であることがわかってきた。19世紀に入ると，左右一体の固定翼をもつ飛行機の研究を始めるようになる。イギリスのジョージ・ケイレイ卿（Sir George Cayley, 1773-1857）は科学的に飛行機を研究し，カンバーのついた主翼と水平・垂直両尾翼をもつグライダーを設計した。その後，ドイツのオットー・リリエンタール（Otto Lilienthal, 1848-1896）は，鳥の飛翔と翼の働きを詳しく研究し，1891（明治24）年から自作のハングライダーで飛び始め，6 年間にほぼ2,000回に及ぶ滑空実験を行った。1948（昭和23）年に，NACA，のちの NASA（アメリカ航空宇宙局；National Aeronautics and Space Administration）の研究員であるフランシス・ロガロ博士（Francis Rogallo, 1912-

2009）が宇宙船カプセルの回収用としてロガロ式ウイングを考案，これが現在のハングライダーの翼の形状となっている。1971年に，現在のようなフレキシブルタイプのロガロウイングを使用したハングライダーが登場する。

　現在，日本におけるハングライダーは，（公社）日本ハング・パラグライディング連盟によって統括されている。この団体の設立は2011（平成23）年だが，ハングライダーの第1回日本選手権は1976（昭和51）年に長野県のヤナバスキー場で行われ，以後，毎年開催されている。ハング・パラグライディング連盟は，スカイスポーツの特性から，フライヤーについては技能証制度，機体については型式登録制度，大会についてはルールブックを自主的に制定し，事故を防ぐための秩序を確立することが最大の仕事であることを明言している。空を自分の意思で自由に飛ぶことは，古来より人類が夢見てきたことであり，それが技術革新によりスポーツ化された。空や海，山など自然の中でのスポーツは大きな事故につながることもあるが，機体のメンテナンスや操縦技術など，実施する人の知識と技能の向上，また，さらなる技術革新によって，新しいスポーツの形式や価値を創出する可能性を秘めている。

フライングディスク

　フライングディスクは，1940年代後半にアメリカのエール大学の学生たちが，大学のキャンパス近くの「フリスビー・パイ」というパイの老舗のパイ皿を投げて遊んでいたことがルーツとなっている。この光景に興味を持ったロサンゼルスの建築検査官フレッド・モリソン（Walter Frederick Morrison, 1920-2010）が，1948年に金属製のディスクを自作し，その後，材質をプラスチックに改良して，今日のプラスチック製のディスクが誕生した。それからも，モリソン自身によりモデルの改良が重ねられたが，1955年にフラフープのメーカーとして有名なWHAM-O社に発明の権利が譲渡され，同社は商標名を「FRISBEE」とスペルを変え商標登録をし，本格的な商品化，販売へと発展した。そして，アメリカを中心にさまざまなメーカーが商品開発を行い，これらを総称して「フライングディスク（flying disc）」と呼ばれるようになった。材質や形状に改良が重ねられた結果，フライングディスクの飛行性能は，最長飛距離263.2m，最高時速140km/h，最長滞空時間は16.72秒と，極めて優れたものとなった。

　1975（昭和50）年に設立された日本フリスビー協会（現：日本フライングディス

ク協会）は現在，アルティメットやディスクゴルフなどフライングディスク競技
12種目を統括する組織である。協会は「高度の競技スポーツ」として，また，
誰でも楽しめる「みんなのスポーツ」として，フライングディスクの普及・振興
に努めている。2010（平成22）年の（財）笹川スポーツ財団の「スポーツライ
フ・データ調査」には，国内の愛好者は150万人を超えると報告され，150校を
超える大学・高校・中学校・小学校の授業に採用されている。

b　伝統的な身体娯楽から生まれたスポーツ

セパタクロー

　セパタクロー（sepak takraw）の「セパ」はマレー語で「蹴る」，「タクロー」
はタイ語で「（藤で編んだ）ボール」という意味で，二つの言葉の合成語である。
3対3でネットをはさんで，足や腿または頭を使ってボールを相手コートに返
し合う，バレーボールに似た競技である。東南アジアには，ボールを地面に落と
さないように数人で蹴り合う「セパラガ」（マレーシア）や「チンロン」（ミャンマ
ー），また空中につるした篭の中にボールを蹴り入れ，蹴りかたの難易度で得点
を競い合う「ジャンクイタクロー」（タイ）などの類似の競技がある。

　1987（昭和62）年11月，外務省が行った「東南アジア大型文化交流ミッショ
ン」の文化使節として東南アジアを訪問した衛藤瀋吉（1923-2007；亜細亜大学学
長）と笹原正三（1929-；日本アマチュアレスリング協会会長）がセパタクローの競
技会を観戦し，この競技が東南アジアとの国際文化・スポーツの交流に重要な役
割をもたらすと判断して，日本に紹介した。1989（平成元）年に日本体育協会が
主催した国際スポーツフェアの行事においてタイ，マレーシア，インドネシア，
シンガポールの4カ国を招待し，セパタクロー国際大会を開催したのが本格的
な普及の始まりである。同大会開催と同時に日本セパタクロー協会が設立され，
同年アジアセパタクロー連盟および国際セパタクロー連盟に加盟した。現在
（2018年），日本セパタクロー協会には，全国に30〜40ほどのクラブが登録して
いる。協会は代表チームを毎年国際大会に派遣するとともに，日本各地でセパタ
クローの講習会を実施，全日本大会，学生連盟主催大会，ジュニア大会の運営な
ど，強化・普及活動が行われている。

ローンボウルズ

　ローンボウルズ（lawn bowls）は，芝生の上でボウルを転がし，目標球（ジャック）に近づけ，ボウルとジャックの距離（近さ）を競う競技である。同種のゲームとして，ペタンクやボッチャなどがあるが，ローンボウルズの特徴は，重心が偏っている偏心球を用いることである。このため，スピードが遅くなるにつれ，大きなカーブを描きながら転がる。レベル的にはレクリエーションスポーツとして楽しむ者から，プロフェッショナルまで幅が広く，子どもから高齢者まで，年齢・体力・性別・障害の有無に関係なく誰でも楽しめる。

　ローンボウルズに類する遊びは，アメリカインディアン，南太平洋のマオリ族，中国，エジプト，ローマなどの古代文明圏で行われていたようである。ローンボウルズの直接の起源は，13世紀ごろのイギリスで，現在に近い形式のゲームが行われた。兵士たちが夢中になりすぎるので，たびたび禁止令が出された。また，自らも愛好者であったヘンリー8世（Henry Ⅷ, 1491-1547）は，貴族ではない平民階級がこのスポーツを行うことをクリスマスの時期を除いて禁じている。これは，それだけローンボウルズが幅広い層の人々に好まれていたことを示している。17世紀以降になると，他のスポーツと同様，イギリスの植民地が広がる中で，オーストラリア，ニュージーランド，南アフリカで盛んに行われるようになった。

　日本に最初に伝わったのはいつごろかはっきりしないが，横浜の外国人スポーツクラブでは大正時代にすでに行われていた。1966（昭和41）年にいったんは「日本ローンボウルズ協会」が国際ボウリング連盟に加盟したが，活動が活発に行われていないことから，日本の加盟を取り消した。しかし，その後活動を再開し，1986（昭和61）年に「日本ローンボウルズ連盟」として再加盟した。現在，国営昭和記念公園（東京都立川市）をはじめ，横浜ラポール（神奈川県横浜市），しあわせの村（兵庫県神戸市），兵庫県立明石公園（兵庫県明石市），長崎県立総合運動公園（長崎県諫早市），佐世保市中央公園（長崎県佐世保市）などに専用競技施設がある。

c 既存のスポーツの改変から生まれたスポーツ

グラウンド・ゴルフ

　グラウンド・ゴルフ（ground golf）は，専用のクラブ，ボール，ホールポスト，スタートマットを使用して，ゴルフのようにボールをクラブで打ち，ホールポストにホールインするまでの打数を競うスポーツである。場所によって距離やホールポストの数を自由に設定でき，ルールも簡単なため，どこでも誰でも手軽に楽しむことができる。またホールインワンには，自分の各ホールの合計打数から3打をマイナスする特典が設けられており，ゴルフとは異なるゲームの要素が加えられている。

　グラウンド・ゴルフは，1982（昭和57）年に鳥取県東伯郡泊村生涯スポーツ活動推進事業の一環として，泊村教育委員会が中心になり考案された。当時の泊村（合併により現在は湯梨浜町）は高齢化が進み，健康づくりを重要課題としていた。考案組織を泊村教育委員会に設け，企画や原案作成を鳥取県内外の14名の学識経験者による専門委員会で，実践活動を村内の老人クラブ連合と体育指導員らで，高齢者にふさわしい新スポーツの開発に取り組んだ。グラウンド・ゴルフの誕生は，県内外に大反響を巻き起こした。新聞・テレビなどの報道関係によって全国各地に紹介が続き，手紙・電話による問い合わせや泊村への視察団が相次いだ。そのため，用具用品の生産販売体制を確立し，組織的な普及活動を展開する必要が生じた。こうして，開発から1年を経過した1983（昭和58）年7月，日本グラウンド・ゴルフ協会が設立された。発祥の地が泊村であることを後世に残すため，ホールポストの中にボールが静止した状態を「トマリ」ということが定められている。2014（平成26）年の時点で，協会に登録する会員数は全国で20万人近くにのぼったが，現在（2018年）は減少傾向にある。会員登録者のほとんどが60歳以上の人々であり，まさに高齢者のスポーツといえよう。

ユニバーサルホッケー

　ユニバーサルホッケーとは，ホッケー形式のゲームを簡易化したニュースポーツである。用具もプラスチック製にし，極力危険を避けるための工夫がなされ，老若男女を問わず，「いつでも，どこでも，誰でもできる」スポーツとして，健康で明るい生活を高めるノーマライゼーションを目指している。そのた

め，競技は男女混成チームを原則とし，勝利至上主義に走らず楽しむことを第一義としている。

　ユニバーサルホッケーのルーツは，1600年代にイギリスで誕生した氷上スポーツのバンディ（bandy）で，このスポーツのゲーム性を活かして考案されたのが，ユニバーサルホッケーである。この名称は，ユニバーサル（universal：誰でも）とホッケーとを組み合わされた造語（略語：ユニホッケー）である。この種のスポーツは，ミニホッケー（ドイツ），フロアボール（アメリカ），ボールホッケー（カナダ）等の名称で，それぞれの国で多くの人に親しまれている。

　日本には，スウェーデンで考案されたユニホックが，1978（昭和53）年，スウェーデン大使館を通して導入され，順天堂大学を中心に習志野市のグループが普及を図り，1983（昭和58）年に初の大会が開催された。1984（昭和59）年，このスポーツをさらに発展させるため，順天堂大学の斎藤定雄教授が国産の用具を開発し，誰でも使えるバンディ型スティックにし，これを「ユニバンディ（unibandy）」と名づけた。翌年，各種規則・規程等を制定し，性別・年齢・体力を超えて，幅広く参加できるニュースポーツとして，「ユニバーサルホッケー」と名づけた。現在，ユニバーサルホッケーと同種のゲームとして，その理念を継承するネオホッケー，スーパーホッケーのほか，より競技性の高いフロアホッケーなど，さまざまなニーズに応じた同種のゲームが国内で行われている。

　ニュースポーツには他にも，実用性からスポーツへと派生したスクーバダイビングや，霊的世界へ接近するヨーガ，太極拳なども含まれる。ニュースポーツの語が生まれた1979（昭和54）年は，高度経済成長期が終わり，新たな価値を求めた時代だった。スポーツも競争主義，記録主義のものから，個人の欲求を満たす形式が注目を集めるようになった。近代スポーツが産業革命以後の競争主義的な社会に適合したように，ニュースポーツは高齢化社会や科学技術の発展など，現在の社会の変化に応えた形で生まれた。このようにスポーツは，その時代の社会観と同調しながら，人間の遊ぶ欲求を満たすために，常に新しい形が生み出されている。現在の多種多様なニュースポーツは，わが国のスポーツ文化の豊かさを映し出しているといえよう。

第 4 章

欧米から日本へ，日本から世界へ

　日本では明治時代に入るまで，欧米で誕生したサッカー
やテニスなどの近代スポーツは行われていなかった。しか
し開国を機に日本に紹介されるようになり，大正時代から
昭和初期にかけて定着し，発展を遂げてきた。

　近代スポーツが紹介されたきっかけは，近代国家建設の
ために広い分野で海外から招聘された軍人，教師，研究者
が，専門を教えるかたわら，祖国で興じたスポーツを学生
たちに紹介したことであった。

　当初は，スポーツをするのは学生に限られていたが，大
正の後半以降，市民の一部で始める者が現れ，昭和初期に
飛躍的に発展したのである。

　ここでは，スポーツが日本に紹介され定着する様子につ
いて，開国の頃から明治・大正・昭和初期へと時代を追っ
てみていこう。続く戦時下での体育・スポーツについては，
第 7 章を参考にされたい。

1　開国～明治初期

居留地の外国人

　1860年代に、外国列強からの強い開港の求めに応じて江戸幕府が港を開くと、外国人は横浜・長崎・神戸に開設された居留地に住み始めた。こうしてイギリス・フランス・オランダ・アメリカ合衆国などからやってきた役人・商人・軍人が、祖国で興じていたスポーツを、再び居留地で楽しみ始めたのである。

　どこの居留地でも、英国人の割合が最も多かった。1863（文久3）年、長崎の居留地で、英国人によってレガッタ（漕艇）が盛んになると、ボーリング、ビリヤード、バドミントン、ゴルフもそれに続いた。横浜の居留地で競馬が盛んになると、日本人に特に好まれるようになり、1879（明治12）年に東京の戸山ヶ原や不忍池で開催されるようになった。他にクリケット、テニス、ラグビー、そしてアメリカ生まれのベースボールも、外国人の間で行われている。1877（明治10）年ごろから居留地内で発行されていた英字新聞「ニューズ・ウィーク（News Week）」には、スポーツ活動の様子が詳細に報じられて話題となった。

　ただし、居留地内でのスポーツ活動は、外国人の間では盛んだったが、競馬を除いては周囲の日本人に広まることはなかった。居留地の外国人と日本人とのスポーツ交流が盛んになるのは、明治20年代以降になって、大学・高等専門学校でスポーツが盛んになってからであった。

居留地競馬時代の横浜競馬場（1908年）

外国軍人によるスポーツの紹介

　1867（慶応3）年、幕府は、外国からの圧力や、勤王（きんのう）（江戸末期、朝廷のために徳川幕府打倒をはかった政治運動）に備えるため、フランスから軍事教官団（団長

シャノアン［1835-1915］）を招聘した。彼らが教えた体操は成果をあげ，1874（明治7）年設立の陸軍外山学校で，仏陸軍下士官のジュクロによる体操（器械体操）の授業に引き継がれた。

　外国人排外を唱える攘夷派による生麦事件（1962［文久2］）年）などの外国人殺傷事件から，外国人の警護に駐留した英・仏などの兵士たちも，警護のかたわらスポーツを楽しんでいた。1874（明治7）年に東京の海軍兵学寮（のちの海軍兵学校）で，英国海軍のダグラス少佐は，走・跳・投の内容で「競闘遊戯会」を一度だけ開催している（100ヤード競走，クリケット玉投げ，高跳び，220ヤード競走，砲丸投げ，幅跳び，440ヤード競走，来客競走，ハードル走，棒高跳び，ハンマー投げ，880ヤード競走，教員競走，一足競走，慰み競走）。さらに，ダグラス少佐たちの水兵チームは，サッカーも伝えていた。しかし，駐留兵たちがスポーツを紹介したのは，日本に定着させる目的だったのではなく，あくまで訓練の一部で，定着にはつながらなかった。

　ところが，オーストリア陸軍のテオドール・フォン・レルヒ少佐（Theodor Edler von Lerch, 1869-1945）によるスキーの紹介は，違っていた。1911（明治44）年に日本陸軍視察の目的で来日したレルヒは，日本陸軍の求めに応じ，1月から3月にかけて新潟県高田師団で，また翌年2〜3月には北海道旭川師団で，スキーを定着させる目的でもって将校たちに講習していたことから，優れた後継者が育成された。また，高田師団長の長岡外史の命令で，市民への講習会も併せて開催されたことから，全国的な市民への普及に繋がった。

レルヒ少佐によるスキー講習（レルヒの会『スキー発祥思い出アルバム』ベースボールマガジン社, 1988)

大学等での外国人教師

　東京大学は，文明開化の時期に，外国の学術・文化を国内に広める上で重要な役割を果たしていた。特に招聘された外国人教師の働きは目覚ましかったが，スポーツ導入を主目的に招かれた教師はいなかった。しかし開成学校時代（東京大学となる以前）に招かれた英語教師ホレエス・ウィルソン（H.Wilson）はベース

ボールを紹介している。またその数年後には開拓使仮学校（のちの札幌農学校，北海道大学）でアルバート・ベーツ（A. G. Bates）がベースボールを紹介しているが，学生たちに定着しなかった。

ところが，イギリス人教師フレデリック・ストレンジ（F. W. Strange, 1854-1889）は違っていた。ストレンジは，来日してすぐに東京英語学校の教師となり，1879（明治12）年から開成学校や東京大学予備門で英語を教えた人物だが，学生の先頭に立って，陸上競技や，ボート競技を指導した。そればかりでなく，1883（明治16）年には陸上運動会を，翌年にはボート競技会を開催し，競技会の楽しさを学生に伝えている。さらに彼は，校友会組織である「運動会」を組織して，学生の自立した開催の道筋を立てさせた。日本にスポーツを定着させるために，自分の著作『Outdoor Games（戸外運動）』を広めることも忘れなかった。

F. W. ストレンジ（成田十次郎編『スポーツと教育の歴史』不昧堂出版，1988）

運動会は，他の専門学校・中等学校に波及した。1887（明治20）年に高等商業学校（現在の一橋大学）で「運動会」が，1890（明治23）年に第一高等中学で「校友会」が，1892（明治25）年に慶応義塾で「体育会」が組織化されていった。1889（明治22）年，ストレンジは若くして急死したが，彼がスポーツを通して学生に教えたスポーツマン・シップ（ジェントルマン・シップ）の精神は，広く学生たちに沁み込んでいったのである。

従来の研究では，明治政府が新しい知識・技術を移入するために招聘した欧米人が，偶然にスポーツを伝えたとされてきた。だが，近年のストレンジ研究において，東京大学によって意図的にスポーツが導入された可能性が指摘されている。イギリスに留学していた菊池大麓（のちの東京大学総長）がストレンジを招聘して，英語指導のかたわらスポーツを日本に定着させた可能性を指摘する研究もある。ストレンジがトラック・アンド・フィールドやレガッタ（ボート競技）を菊池のいた東京大学で熱心に指導したことも，その証の一つとされている。

鉄道技術者による野球の紹介

1877（明治10）年，若干22歳の平岡熙は，日本で初めて社会人によるベースボールチームを設立させた。平岡は1871（明治4）年に工部省（現在の国土交通

新橋アスレチック倶楽部（明治13年。野球殿堂博物館）

省）の技師として，機関車の製造技術を学ぶためにアメリカに渡り，1877年に帰国してからは鉄道普及に尽力した。

　アメリカでベースボールの楽しさに触れた平岡は，バットとボールを日本に持ち帰った。帰国後に「新橋アスレチッククラブ」を設立し，練習を始めた。チームには外国人も加わり，日本で初めてユニフォームを着てプレーした。2年後，徳川達孝伯爵が率いる「三田ヘリクレス・クラブ」が誕生すると，新橋アスレチッククラブのよきライバルとなるが，ほかにチームはほとんど存在しなかった。他の社会人チームが活動を始めるのは，1908（明治41）年，早慶の OB による東京クラブが誕生するのを待たなければならなかった。

2　明治後半

突出した学生野球

　明治20年代から，大学（当時国立のみ）と，高等専門学校（大正7年以降，早稲田，慶応などの私立大学が誕生する）の学生によって，スポーツが盛んに行われるようになった。当時はまだ，大学・高専では体育の授業が実施されておらず，学生たちは放課後に，ベースボール，テニス，ボート，陸上といったスポーツを楽しみ始めたのである。大学・高専の学生は，全国から集まった富裕階層の出身者で，国民の約1％にも満たないエリートであった。外国からの輸入品であった高価なグローブやラケットなどを手にできたのは，彼らならではのことだった。

外国から紹介されたスポーツのなかで，この時期にとりわけ盛んになったのは，ベースボールである。1891（明治24）年ごろからの約10年間，無敵を誇っていたのは，一高野球部であった。1894（明治27）年には，「ベースボール」の訳語として「野球」が登場している（『一高野球部史』，明治27年）。一高が1904（明治37）年，一高は早稲田と慶應に敗れ，早慶時代が到来する（明治39年まで）。野球の人気は，高専や中学の対抗戦（宇都宮対水戸，五高対山口，一高対二高など）にも波及していった。

　市民の娯楽といえば，花見，寺社参り，相撲見物などの「物見遊山」が主流の時代に，学生がアメリカ生まれの野球に興じる姿は，市民にとって刺激的であった。グラウンドで練習している学生を見るために，見物人が集まったほどである。対抗戦ともなれば，集まった人たちで球場はあふれんばかりとなった。朝日新聞や毎日新聞などの大手新聞が盛況ぶりを大いに書きたて，野球は一種の社会現象となった。

日本的スポーツ観の形成

　こうして，明治中期に外来のスポーツが定着し始め，東京大学の英語教師ストレンジらがスポーツを通してジェントルマン・シップ＝スポーツマン・シップの精神を学生に植えつけたことで，新たに日本独自のスポーツ観が形成されることにつながった。それは以下の二つに集約される。

　一つは，国家主義的なスポーツ観である。選手は，選ばれた者として，集団，学校，県，国家を代表する意識を持ち，一方で選手を選んだ側は勝利を期待する応援者となり，選手と応援者が一体となった一つの構造を形成した。選手たちは，ナショナリズムや応援者たちを意識するようになり，個人の意識で試合に臨むことやスポーツをすることができにくくなっていった。

　二つ目は，武士的スポーツ観である。俄仕込みではジェントルマン精神は芽生えてこず，彼らの内から沸き立ってきたのは，古くからの武士道精神だった。彼らの多くは，江戸時代までは武士や下級武士の家柄に育った者で，武士道精神が最も身近であったのである。これによって「勝たねばならない」とうわべを気にする勝利至上主義のスポーツ観が形成されていった。

国際進出の始まり

　明治新政府は，欧米先進諸国に「追い着き・追い越せ」という意識をもって，殖産興業に励んでいた。1894（明治27）年の日清戦争，1902（明治35）年の日露戦争に，どうにか勝利を収めたことで，先進国に一歩近づいたという意識をもたらし，スポーツにおいても，先進国を目指すという意識を持つようになった。

　スポーツが盛んになってまず起こったのが，居留地の外国人との対抗試合であった。本場の外国人を相手に力を試したいという意識が学生たちに生まれ，横浜や長崎の居留地外国人と試合が始まったのである。日清戦争の翌年，1895（明治28）年に，帝国大学漕艇部ボートと横浜居留地の外国人との対抗試合が開催され，翌1896（明治29）年には，一高野球部と横浜居留地の外国人との野球大会が行われた。さらに，日露戦争が始まった1904（明治37）年に東京高等師範学校と横浜居留地の外国人とのサッカー試合，1906（明治39）年に慶応と居留地外国人のラグビー試合，1907（明治40）年に慶応と居留地外国人とのホッケー試合が実施されている。

　続いて行われたのが，本場アメリカへの他流試合であった。東大を破り日本一に輝いた早稲田野球部は，1905（明治38）年に本場での力試しに渡米している。結果は散々であったが，日露戦争中でありながら本場アメリカに試合を挑む姿は，外国から評価された。

　日露戦争の勝利によって諸外国から注目を集めるようになった日本は，1912（明治45）年のストックホルム・オリンピック大会に初めて参加した。しかし，従来から外国兵に比べて日本兵が身体的に貧弱であることは指摘されていたが，この初めてのオリンピック大会で，体力・体格の差を改めて国内外に知らしめることになった。

　当時は「日本精神」が世界的に注目され，新渡戸稲造の著作『武士道（Soul of Japan)』が広く読まれた。その影響から，日本生まれの柔道が海外に知られるようになる。1903（明治36）年にアメリカから，1906（明治39）年にはハンガリーから，柔道の紹介のために指導者が招かれている。

武徳会の誕生

　西欧の近代スポーツは，明治初期に日本の学生のあいだで盛んになったが，その一方で，日清戦争（1894年）を契機に，日本古来の武術や，強い精神性が求

められるようになった。武術や剣術が全国で盛んになり，大日本武徳会が1895
（明治28）年に結成された。これは，従来，全国にさまざまな武術・剣術の流派
が存在していたのを，武徳会を頂点にした全国統一組織にまとめあげることを意
味した。以後，武術と剣術は，武徳会柔道と武徳会剣道として発展していったの
である。そして1901（明治34）年から，学校体育の授業に，剣術と武術の名称で
加えられたのである。

3　大正・昭和初期

社会とスポーツ

　日本は，第一次世界大戦（1914-1918）において戦場とならず，物資を戦地に供
給する側であったことから，景気は好転した。しかしこの好景気は長続きせず，
間もなく慢性的な不況に陥った。追い討ちをかけるように1929（昭和4）年の世
界恐慌が猛威を振るい，貧困が市民生活を襲った。とりわけ農村部での貧困は厳
しかった。社会不安が増すなかで軍部が台頭し，1931（昭和6）年，満州事変が起
こる。これをめぐる国際連盟の裁定に日本は不満を表明し，1933（昭和8）年に
連盟を脱退，世界的孤立を余儀なくされた。軍部の力がますます伸長し，1936
（昭和11）年には二・二六事件が勃発，翌1937年に日中戦争に突入していく。

　このように，大正期から昭和初期の日本の政治・経済は安定しなかったが，
文化的には，大正ロマン主義と呼ばれる自由な雰囲気が社会を包み，新教育運動
（自由主義教育），芸術・文化運動，社会運動（女性・社会主義など）など，新たな
潮流が社会に誕生した。

　スポーツ界も，この時期に飛躍を遂げている。明治前半期に外国から導入さ
れたスポーツは，明治の後半になると学生に定着し，大正期から昭和初期に組織
化が進んだ。日本のスポーツ界は，世界に向けて漕ぎ出したのである。

オリンピック大会と極東大会

　大正期に至って，スポーツは，学生たちの遊びや楽しみの域を超え，国力を

示す経済力や軍事力と並んで，国民の体力を示す指標となった。特に，オリンピック大会で日本人選手が獲得するメダル数が，わかりやすい指標となった。1896（明治29）年に第1回オリンピック大会が開催されたのを機に，1911（明治44）年には大日本体育協会が設立され，さっそく翌1912年の第5回ストックホルム大会に日本選手を派遣している。

第8回極東選手権大会（1927年）
（歴史写真会『歴史写真』昭和2年10月号）

さらに1912（大正2）年には，フィリピンの提案によって，第1回東洋オリンピック大会が日本・中国・フィリピンの三国で開催された。1917（大正6）年の第3回大会は日本が主催となり（会場は芝浦であった），名称も極東選手権大会と改められた（現在のアジア競技大会）。

当初，日本はオリンピック大会への参加に重きを置き，極東大会にはそれほど力を注いでいなかった。だが1921（大正10）年ごろより学生以外の青年たち（青年団など）のあいだでもスポーツが盛んになってきたことで，極東大会は，特にバスケットボールやバレーボールなどの多くの競技で重要な国際大会経験の場となり，日本は多くの選手を派遣するようになったのである。

学生野球の全国組織化と大学リーグ

一方，野球はその後どのような展開を見せたのだろうか。明治の後半はまだ，大学・高専野球と中学野球は，全国的な統括大会となってはいなかったが，大正時代に入ると，大学対抗戦，高専対抗，中学対抗など学校同士の試合が数多く組まれるようになった。そのころには，朝日新聞社や読売新聞社などが，大学・高専野球大会や中学野球大会のスポンサーになり，全国的な組織化を始めた。

中学野球における組織化のきっかけは，1915（大正4）年，大阪朝日新聞社が「全国中等学校優勝大会」を開催したことにあった。当初は，全国の学校を網羅した大会ではなかったが，トーナメント方式による一発勝負の醍醐味が年々人気を呼んだ。やがて1923（大正12）年には，新聞というメディアの力と電鉄事業の運搬力によって，「甲子園大会」の名のもとに揺ぎない全国組織を築き上げることに成功した。

大学野球は，1906（明治39）年に早慶戦が途絶えたのち，1914（大正3）年から早稲田・慶応・明治の三校リーグが始まる。1917（大正6）年に，リーグは早稲田・慶応・明治・法政の四校リーグに増え，1922（大正11）年に立教が加わって五大学リーグとなり，続く1925（大正14）年にさらに東大が加わって東京六大学リーグが完成する。翌1926（大正15）年には，明治神宮外苑野球場が大学野球専用の球場として建設され，発展の基礎ができたのである。

　社会人野球は，1908（明治41）年に東京クラブが誕生しただけで後が続かず，始動するのは1917（大正6）年ごろからの都市対抗形式の大会からである。1927（昭和2）年に東京日日新聞社と大阪毎日新聞社は，全国都市対抗野球大会を明治神宮球場で開催している。大学を卒業した選手が野球をつづける先として，社会人野球はその重要性を増し，都市ごとの対抗意識とあいまって，大学野球と違った面白味を示していた。

　プロ野球の始まりは，1934（昭和9）年，社会人選手を集めて大日本東京クラブ（今日の読売巨人軍）が作られたことである。ベーブ・ルース（George Herman "Babe" Ruth, Jr., 1895-1948）ら有名選手を含めた米国大リーグ選手との対抗戦実施のためであった。1936（昭和11）年には新たに7チームが作られ，日本職業野球連盟が発足している。試合球場の確保などの問題を抱えながらも，昭和初期には，プロ野球の基盤ができあがったのである。

相撲

　江戸時代から，東京相撲，大阪相撲，京都相撲が各都市で行われてきた。土俵の上に屋根があるだけの簡易な施設で行われていたが，1909（明治42）年に相撲専用の1万4千人を収容できる大型施設である「国技館」が東京に設置されると，相撲が天候に関係なく同じ場所で年間を通じて開催されるようになったのである。

　国技館の設置は，常設設備の誕生というだけでなく，従来の相撲のありかたを一変させる出来事であった。力士たちは相撲をとることでお金を得るプロ選手で，その身分には変わりなかったが，相撲は古来の神事であり「国技」であるという自覚が，力士たちに強く求められるようになった。国技館の誕生によって東京相撲は年々盛んになり，大阪相撲や京都相撲は活気を失い，1927（昭和2）年に東京相撲に吸収されてしまった。以後，相撲界はプロ・スポーツではあった

が，国技としての自覚を求められながら推進された。

オリンピック東京大会開催を目指す

　1940（昭和15）年の皇紀2600年を控えて，東京市会は，1931（昭和6）年に来る昭和15年に東京でオリンピックを開催する提案を，承認した。1932（昭和7）年の冬季オリンピック・レイクプラシッド大会で日本は前回の成績を上回り，同年の夏季オリンピック・ロサンゼルス大会では陸上と水泳で7個の金メダルを獲得した（三段跳びの南部忠平，乗馬の西竹一，水泳の北村久寿雄，宮崎康二，清川正二，鶴田義行）。弾みをつけてJOC（日本オリンピック委員会）は，翌年1932（昭和7）年のIOC（国際オリンピック委員会）総会で，東京開催を提案している。これ以後，スポーツ競技ごとに組織化されたスポーツ界では，オリンピック・東京大会開催に向けて，競技力の向上をますます図るようになっていく。

スポーツ発展の背景としてのメディア

　大正・昭和初期の新聞，雑誌，ラジオといったメディアの発展は，スポーツの発展にも多大な影響をもたらした。各新聞記事には，必ず3面あたりに大学・中学・小学校による野球，ボート，テニス，陸上の大会の様子，市民の四季折々のスポーツの様子，スポーツの国際大会の様子などスポーツを紹介するコーナーが設けられるようになった。そして1923（大正12）年に大阪朝日新聞社から，多くの写真を掲載するスポーツ専門雑誌「アサヒ・スポーツ」が発刊されると，大変な注目を集めるようになったのである。

　しかしなんといっても，社会的に大きな影響を及ぼしたのは，1927（昭和2）年にNHKのラジオ放送によって甲子園野球が生中継されたことである。続いて，相撲やオリンピック競技がラジオで放送されるようになったことは，スポーツの大衆的な普及に大きな役割を果した。スポーツは，好むと好まざるとに関係なく，国民に普及していくことになる（第8章4も参照のこと）。

スポーツ政策の展開

　この時期から，政府の内務省（1873年に設置された警察・地方行政・選挙その他内務行政を管轄した中央官庁）と文部省の2本立てによる，国民的なスポーツの促進が図られた。

それまで，スポーツの担い手は裕福な学生たちのみであったが，大正13年頃から内務省主催による明治神宮体育大会など，青年たちによるスポーツを促進させた。促進の背景には，大正時代に広がり始めた社会主義運動などの反政府的な運動を駆逐しようとする政策的意図も含まれていた。

市民によるスポーツへの関心の高まりによって，内務省は国民体育の必要性を認識し，1924（大正13）年に第1回明治神宮体育大会を開催した。国民的な競技スポーツ大会開催によって，国民の身体鍛錬と日本民族精神の高揚を企図し，従来にない男女の参加，戸外・屋内の多種目競技による全国的なスポーツ大会を開催したのである。

一方，文部省は，学校におけるスポーツを促進した。文部省の政策は1922（大正11）年の「運動体育展」から始まる。映画や展示などを用意し，全国を廻りスポーツの促進を図った。また1924（大正13）年に「体育研究所」を設置し，国民体育のありかたの研究を進め，体育デーに国民全体でスポーツを実施するように決定している。

しかし1928（昭和3）年に，政府のスポーツ政策は文部省に一元化された。1932（昭和7）年には体育運動審議会が設置され，文部省による統括機構が完成したのである。

日本から世界へ普及したスポーツ

日本で発展し，世界へ普及しているスポーツとして9人制バレーボールが挙げられる。日本のおけるバレーボールは，大森兵蔵^{ひょうぞう}（1876-1913）が欧米の体育・スポーツを視察した際に持ち帰ったことから始まる。

アメリカYMCA（キリスト教青年会）の指導者ブラウン（F. H. Brown）はマニラYMCAに着任後，当時の16人制のバレーボールを披露し，それがアジア普及のきっかけとなった。その後1919（大正8）年に，第4回極東選手権大会の正式種目として，12人制が採用された。日本では9人制バレーボールが盛んになっており，1927（昭和2）年の第8回極東選手権大会では，日本が9人制バレーボールを提案し，採用された。以後，9人制はアジアで大変盛んになり，アメリカよりもアジアで競技化が一挙に進展したのである。

また，日本から海外に普及した競技として，武道が挙げられる。そのためJudo，Kendo，Karate というように，日本語の競技名がそのままアルファベッ

12人制バレーボール（1923年 第6回極東選手権大会）
（ユニチカ株式会社所蔵パネル）

トで表記されている。

　その他，駅伝，軟式庭球（今日のソフトテニス），競輪（Keirin）なども日本で発展し，世界に普及しているスポーツである。軟式庭球は大正時代以降，日本においてルールが起草され，女学校を中心に普及していく。ゴムボールのボール製造技術が日本独自のボール規格となり，今日までソフトテニスとして親しまれ，日本発祥のスポーツとして，国際競技会が開催されるまでになっている。

　駅伝は，わが国の駅制に関連する「駅馬伝馬」から名づけられた，日本生まれの競走である。駅制の駅鈴を持った役人に馬と宿を用意した「駅馬」と，伝符を持つ者に馬を備えた「伝馬」の制をさすことからこの命名に至っている。駅伝は，数人が長距離をリレー形式で走り，そのタイムを競う競走である。国際陸上競技連盟では駅伝の国際名称を Road relay としているが，日本発祥であることからそのまま Ekiden（駅伝）と呼ばれている。

4　日本の武道

　武道は，古来の武術にはじまり，時代とともにその技術や名称，役割を変えながら現在に至っている。ここではまず，近代以降の武術・武道を理解するうえで重要となる社会的な背景について触れ，そのあとで武術・武道の実際について詳述してみたい。

戦前から戦後へ，歴史的な変遷

　幕末期，西洋人の来日によって開国を迎え，慶応3（1867）年の大政奉還によって封建制度が崩壊し新政府が樹立されると，わが国は富国強兵や殖産興業を掲げて近代化を進めていく。明治期から戦前期までの近代を支えた思想として，国家主義があげられる。国家主義そのものについては，ここでは資本主義と欧米の思想・文化，天皇制を基調としつつ，為政者の政治的意図でもって展開された，民族を中核に据えた思想としておきたい。これは明治期前半に出現し，末期に定着したと考えられているが，その間，わが国は自由民権運動（明治7年〜20年代），大日本帝国憲法発布（22年），教育勅語発布（23年），日清戦争（27〜28年），日露戦争（37〜38年）を経験している。教育勅語は，決定的な国民教化のための対応策で，戦争の勝利によって帝国主義が表面化するなど，これらの社会的事項は武術・武道の位置づけを左右していくことになる。

　一方，明治20年代に成立する国粋主義は，政府による近代化政策に対して批判的で，自国の文化を尊重しようとする思想で，西欧諸国の文物や思想を排斥するには至っていない。しかし，のちに現在理解されているような排外主義的国家主義となり，歴史的経過のなかで排外主義的超国家主義へと変質し，敗戦までを支配した思想的支柱となっていく。さらに明治30年代には社会ダーウィン主義や社会有機体説を基盤とした思潮によって植民地と帝国主義を正当化し，日露戦争前後の教育課題として，国家に資するような合理的な人材育成が標榜されるようになる。ここにも武術・武道が明治期に学校教育で消極的に扱われた理由の一端があるように考えられる。

　続く大正期は，体育にとっては明治期の動向を受け継ぎつつも昭和へ向けた過渡期として位置づけられる。昭和期は，社会情勢をもとに元年〜6年，7〜11年，12年以降に区分される。6年までは大正期の名残を残し，言論の自由があったが，満州事変（6年）によって事態が一変，武道への関心が高まる。7年以降になると，国際連盟脱退（8年），軍縮会議脱退（11年），五・一五事件（7年）によって政党内閣が崩壊，そして昭和12（1937）年，盧溝橋事件を経て日中戦争に突入すると，国民精神総動員運動（12年），国家総動員法（13年）により，総力戦体制をとっていく。このとき武道は教育の要となっていた。

　これらを受けて戦後は，GHQの指導のもとに民主主義が進められ，武道は禁止，復活を経て現在に至っている。

近代以前から明治初期の武術

　長く続いた江戸時代の諸藩では，それまでに形成されてきた武術の各流派を採用し，藩校では藩士たちに武術の教育を施してきた。しかし，幕末期の開国とともに西洋の科学技術がもたらされ，実用性の点から洋式の砲術等が導入されて，藩校における武術はそれまでのように重視されなくなっていった。明治新政府によって，廃藩置県，廃刀令等が出され，さらに秩禄処分によってそれまで武術の中心的担い手であった武士たちは生活に困窮し，また藩校が廃止されて武術の教育は衰退していった。そこで明治6（1873）年，見世物として観客を喜ばせるという目的を持つ撃剣興行が榊原健吉によって始められる。撃剣興行は一時的に人気を博したが，明治以前までの剣術の勝負よりも余興の色合いが強く，低俗化したために禁止，再開ののち，次第に人気を失っていくこととなる。

　武士による最大にして最後の反乱と位置づけられている明治10（1877）年の西南戦争では，警視庁抜刀隊が活躍し，警視庁において武道の必要性が認められるようになる。これを契機に警視庁では剣術を導入し，諸流派の大家たちによる巡査への指導がなされたが，指導法が統一的でなかったため「警視庁流剣術形」を制定した。その後，柔術も採用された。

　一方，明治5（1872）年の学制によって近代学校教育が開始されると，体操科では西欧的な近代体育を基礎とした体操が取り扱われ，武術は学校体育には取り入れられなかった。しかし，武術を学校体育へ導入しようとする要求があったために，明治16（1883）年，文部省は体操伝習所に対して「撃剣」「柔術」の「教育上ノ利害適否」を諮問したが，翌年，心身の発達等にとって不適切と報告された。明治年間を通して，武術は，学校体育において重要視されなかった。

武術への気運の高まりと学校体育への採用

　明治期の武術は低調であったが，そのなかでも天神真揚流と起倒流をおさめていた嘉納治五郎（1860-1938）は，柔術の危険な技を改良したり，技の名称を改めたりして，明治15（1882）年に講道館柔道を創始した。明治22（1889）年には「柔道一班並ニ其教育上ノ価値」を講演し，知徳体にわたる柔道の愛国的な教育を唱えたのである。ここでいう愛国とはあくまでも国民としてのアイデンティティを示しており，軍国主義的な愛国心とはその意味を異にする。柔術によって心身を教育することを柔道とする彼の考えは，近代武道の概念を含んでいたが，彼

は名称の上で，柔道が武道と称されることを望まなかった。

　嘉納の考えを剣術に取りいれたのが西久保弘道であった。西久保による「道」の捉えかたは，嘉納の柔道とは異なる点を有するが，剣道に道徳性が加味された。大日本武徳会の設立については後述するが，武徳会が武術すべての名称に「道」を使用するようになったのは彼の提案によるもので，その名称は後年になって定着した。

　日清戦争の頃になると，「尚武の気風」が高まり，また平安奠都千百年もあいまってナショナリズムが高揚し，武術が重視されるようになる。明治28（1895）年には武道の統括団体として大日本武徳会が設立された。武徳会は武道を奨励，普及するために大会を開催したり，武術家たちを表彰したりして，次第に組織を充実させ，支部組織を展開させていった。渡辺昇が中心となった「大日本武徳会剣道形」も制定されるが，異論が多かったことから，大正元年に新たに「大日本帝国剣道形」が制定された。近年，「大日本帝国剣道形」の増補加註に関する討議内容を記録した新たな史料も発掘されている。

　世論における武術への関心は高まったが，武術の学校体育への導入は，明治29（1896）年の学校衛生顧問会の調査を経てもまた採用が見送られた。当時の体操科は合理的な体育に関心が向けられていたため，武術は適切とみなされなかったのである。そこで妥協案として，橋本新太郎や小沢卯之助のように武術の体操化を推し進めた人物もいたが，スウェーデン体操の導入によって衰退し，大正期後半になると実施されなくなっていった。

　しかし，武術の正科導入に向けた「請願運動」は続けられ，明治38（1905）年第21議会で武道編入建議案は否決，翌第22議会の建議案でようやく可決，41年第24議会によって最終的な可決を経て，44（1911）年7月31日，中学校施行規則の一部改正により正課への導入が認められた。ただし，「撃剣及柔道ヲ加フルコトヲ得」と位置づけられたにとどまり，実質的には随意科の扱いであった。

戦時下の武道

　大正2（1913）年の学校体操教授要目のなかで，「撃剣及柔術」は中学校，師範学校の男子で加えてもよいとされた。その後，必修化へ向けた議論がなされるが，それまでの扱いが変更されることはなく，15（1926）年の改正では，具体的な教材配当はなされず，「撃剣及柔術」から「剣道及柔道」へと名称のみが変更

された。その他弓道や角力，薙刀も内容として挙げられている。

　転機を迎えるのは「剣道及柔道」の「両者又ハ其ノ一ヲ必修」と位置づけた昭和 6 （1931）年の中学校令施行規則の改正であった。教授要目もなく，また時間数の増加もなかったが，法令によって初めて必修化された。当時の社会問題は国家主義に基づく人物主義教育や健全な国民の育成を要することとなり，学校体育は国策の一つとして注目されるようになっていた。なかでも武道に対しては「尚武の精神」の涵養として関心が集まり，以降，国民精神涵養の中核に位置づいた。11（1936）年になると，再び教授要目が改正されるが，これによって剣道，柔道の教授内容と方法が示された。この間の武道に関する歴史的大会として御大礼記念天覧武道大会（4 年），皇太子殿下御誕生奉祝天覧武道大会（9 年）が催され，さらに15年には紀元二千六百年奉祝天覧試合が行われた。

　日中戦争に入ると，戦局は悪化の一途をたどり，日本の精神は武道によって獲得されると説明されたり，軍事的精神が武道によって養成されると考えられたりしていた。この時期にはすでに一定の変質がみられてはいたものの，武道は，それまでに醸成されてきた近代における日本人のアイデンティティを示す「大和魂」や「武士道」の中核としての位置づけを大きく歪曲させて，西洋に対する日本の優位性を示すようにして，スポーツに対する武道の優位性が説かれていった。

　そして，昭和16（1941）年国民学校令が発布，続いて翌年に国民学校体錬科教授要項，さらには実施要目が出されると武道は体操と並んで体錬科における重要な内容となり，武道の必修化は小学校にまで及んだ。武道は精神の涵養というよりもむしろ，実戦性を要求されたのであった。

　昭和17，18年，戦局が劣勢へとなっていくなかで，設立以来の大日本武徳会は，名称はそのままではあるものの「皇国民の錬成」を目的とした組織へと改組された。実戦性を要求された武道も非実戦的ととらえられるほどの有り様であった。

戦後の武道

　戦後，民主化のなかで，大日本武徳会は GHQ（連合国軍最高司令官総司令部）により解散させられた。文部省は体錬科武道の取り扱いについて CIE（GHQ 内の民間情報教育局）と折衝を続けるなかで，名称の廃止や武道そのものの民主化を検討して武道が継続できるような方向性を探ってきたが，認められず，昭和

20年11月6日の文部次官通牒（発体80号）により，体錬科武道は中止，さらに12月26日には学校等の施設での武道も全面的に禁止された。その後「民主的なスポーツ的武道」への転換が図られるが，武道という名称の使用は禁止された。それでも武道関係者や愛好者たちによって「復活」がめざされ，24（1949）年全日本柔道連盟の発足をはじめとして，弓道も組織化が進み，柔道，弓道は学校でも実施されるようになった。一方，剣道は27（1952）年に「しない競技」，すなわちこれは戦時下の剣道を払拭するよう，剣道の運動要素を残したままそれをスポーツ化させた運動として新たに考案されたものとなり，その「しない競技」が学校に導入された。従来の剣道を望む者たちの要請もあって「しない競技」と剣道は32（1957）年に「学校剣道」として統一されて実施されるようになった。

第 5 章

体操・体育からスポーツ教育へ

　スポーツは人間の自己目的な性格が強いことに対して，体育は，教育などのある目標・目的の方向に，身体運動を通して，近づけようとする行為である。

　先史時代から，体育やスポーツは行われてきた。だが，近代以降，ヨーロッパの各地方において，国家・民族意識の高まりが武力闘争に発展したことから，身体強化につながる体育は，国や民族を守る重要な役割を持ち始めた。優れた体操を手段として組織的・計画的に実践することによって，強靭で有能な国民を育てることが盛んになった。一方でイギリスやアメリカでは，スポーツの教育効果が注目されることになる。しかし，共に学校教育と結びつけられて，世界的に実施されていった。

　これらの歴史的な経過をしっかり抑えて，体育とスポーツの存在は二者択一の性格で選ぶものではないことを学ばなければならない。

「スポーツ」と「体育」について

　理解を助けるために，本論に入るまえに，スポーツと体育の違いについて簡単に触れておくことにしよう。

　まず，スポーツは，人間があくまでも自分自身の位置づけ，意識，価値判断にしたがって行う，競技性や遊戯性をともなった身体運動といえるだろう。それに対して体育は，人間を，教育などの，ある目標・目的の方向に，身体運動を通して近づけようとする行為といえよう。その点で，体育はスポーツに比べて，知識や経験を教える作業が顕著にともなった行為といえる。

　人間は先史時代から体育的な行動を始め，すでに古代ギリシャ時代には「体育（ギムナスティケー）」という言葉を使っていた。中世末ごろに近代的な体育が芽生え，18世紀末にドイツで，市民向けの教育として近代体育が始まった。このドイツ体操は19世紀を通じて欧米に広く普及し，各国で国民体育形成の基盤となる。しかし19世紀末になるとドイツ体操は形式的として敬遠されるようになり，代わりに合理的な体操として，スウェーデン体操が世界的に普及する。20世紀に入ると，スウェーデン体操は各国で，自国に合った体操へと改良が行われていった。戦時下では，戦技体育が実施された（第7章1，2参照）。戦後の日本ではアメリカの影響を受けて，スポーツを重視した体育が始まり，生涯体育へと向かっていく。

　体育の形態としては，はじめ個人に対して行われたが，近代以降になると，国家が，近代国家建設のために国民体育の必要性を認め，学校を設けて，体育科として実施するようになる。

　近代スポーツとの関係でいえば，18世紀末に生まれたドイツ体操が各国に広まり，およそ100年を経た19世紀末から，近代スポーツがイギリス（ただしパブリック・スクールを除く）やアメリカで体育として取り入れられるようになった。20世紀に入ると，各国で，教科体育においては体操を，課外活動ではスポーツを実施する形が一般的になっていく。

1　先史時代における体育

　先史時代の人間は，数家族でまとまり，狩猟・採集を目的として移動生活をしていた（バンド社会。第1章1参照）。だがその末期（紀元前7世紀ごろ）になると住みやすいところに定住し，共同生活を行うようになる。

　その段階で人間は，狩などの動作を教える，体育的な活動を始めたのである。若者は成人すると，共同生活に必要な役割，義務，しきたり，儀式などを長老から教えられ，それによって共同生活の正式な構成員として認められた。

　長老から教えられる事柄のなかには，身体的な訓練も含まれていた。槍や弓を扱うための身体訓練は，狩猟の技術として受け継がれ，同時に，部族間の戦いにおける重要な戦闘技術でもあった。

　続いて農耕が行われるようになると，寒川恒夫によれば，教えられる内容はさらに広がった。知的な内容，精神的な内容，体育的な内容の三つに分類されていたことがわかっている。とりわけ体育的な内容では，人間としての強靭さが求められていた。成人の儀式では，強靭さを養うために身体を傷つける痛みの体験，また精神的な苦痛を伴う恐怖体験が，若者に課せられていたのである。

2　古代ギリシャの体育から近代の体育へ

古代ギリシャの体育

　紀元前8世紀ごろのギリシャでは，国家（都市国家＝ポリス）間での戦争が慢性化しており，自由民（貴族）にとって身体を鍛える体育（ギムナスティケー）は，自国を守るという軍事的な目的もあって，最も重要な事柄であった。同時に，体育に力を入れたことは，勇者を弔う葬祭競技であった古代オリンピック（紀元前776年～紀元後393年）での活躍にもつながっていたのである。

　だが紀元前6世紀以後，古代オリンピックが賞品目当ての競技会に徐々に変

質するにつれて，体育に対する考えかたも，勝つためのトレーニングへと徐々に変わっていった。身体を大きくする過食やバランスの悪いトレーニングによって，教養を欠いた異常体型をした巨人が多くなり始めていた。それでも基本的には自由民が，優れた兵士になることを目標にして己を鍛え，競技会に参加していたのである。

しかし次第に，都市国家は安定し，報酬で雇われた傭兵が国の軍事を担うようになった。軍事から解放された自由民は身体を鍛える苦労を避けるようになり，贅沢な暮らしを求めるようになった。その時期に体育で重視されたことは医療面の効果であり，不健康を改善するために積極的にスポーツを行うことが奨励された。

プラトン（Π. Plátōn，前427-前347）は，トレーニングや医療を重視する上記のような体育を批判し，人間の成長に応じた教育的な側面を重視した体育のありかたを唱えた。プラトンは，幼児期の子どもの体育には栄養と運動が必要であり，また，勇気を育むことや遊戯も大切であると述べている。6歳以上の少年たちには，陸上競技的な五種競技とともに，レスリングなどの戦闘訓練を重視していた。

プラトンの弟子であるアリストテレス（Aristotelēs，前384-前322）は，医術の目的である健康をさらに増進させ，過剰な食事や過度のトレーニングを避ける中庸（ほどよいこと）が必要であると説いている。アリストテレスもまた体育を，人間の成長に不可欠なものと捉えていた。古代の体育における医療的・養生的な考えかたは，ルネサンス期の医学者メルクリアリス（第2章2を参照）にも継承されている。

3　近代体育の制度化

14世紀にイタリアで始まったルネサンスは，15世紀以後，西ヨーロッパに広まった。それはギリシャやローマの古典文化復興にとどまらず，人間精神の革新を求める文化運動となった。その根本に存在したのがヒューマニズム（humanism）である。

ヒューマニズムの時代 (15～17世紀)

十字軍以後, ヨーロッパには自由な都市が形成され, 人々の交流や交易が活発となった。人々は封建制度やキリスト教からの厳しい束縛から解放され, 死後でなく現世における人間らしい自由な生きかたを求めるようになった。

その風潮によって, ヒューマニズム的な教育思考, 古代の伝統から転換した新たな教育思想によって, 15世紀ごろまで行われてきたキリスト教の教育, 騎士の教育, 大学の教育が転換され, 新たな学校体育の萌芽が生まれた。

まず, 寄宿舎制の学校で体育が試みられた。しかし教科としての体育 (教科体育) の実施には至らず, あくまで教科外であった。走, 跳, 投, 水泳, 剣術, 乗馬, レスリング, ダンス, 遊戯といった内容が試みられた。

絶対主義時代の騎士学校 (17～18世紀)

中世末期から近世初期にかけて, 君主 (統治者) が国を支配する絶対主義といわれる形態が発展した。絶対的な権威を誇った君主のもとで臣民をコントロールする重要な役割を担ったのは, 軍人と役人であった。軍人と役人の教育は, 中世の上級学校や大学で行われていた健康に関する授業程度では間に合わなかった。

17世紀の後半になると, フランスやドイツでは騎士の訓練のために騎士学校が設けられた。騎士の訓練を目的とする学校であったが, 知的教育, 躾教育, 騎士教育の三つの教育が柱であった。身体に関する教育では, 騎士に求められた乗馬, 剣術, 曲馬術, ポーム・ゲーム, 教練, 水泳, 一般運動習練が実施された。つまり前近代から近代に至る時期の体育は, 君主と臣民のあいだに存在する軍人と役人に施される程度であり, 体育も騎士に求められるものであった。

4　市民体育の成立

市民体育誕生の背景

18世紀後半にイギリスで, 19世紀前半にフランス, アメリカ, ドイツで, 産業革命が起こった。従来, 王や貴族以外の階層は大半が農民であったが, 多くの

農民が工場労働者となり，工場経営によって富を手にした新興ブルジョアジー（中産階級）も増えた。とはいえ，農民や工場労働者の労働・生活・健康の状態は悪かった。

同じ時期にフランスでは人権宣言が発せられ，世界的な市民社会の到来が告げられた。思想家ジョン・ロック（John Locke, 1632-1704）による「身体に根ざした教育」，思想家ジャン＝ジャック・ルソー（Jean-Jacques Rousseau, 1712-1778）による「自らの気づきの姿勢の大切さ」，さらに教育家や医師から身体教育や健康養生の必要が主張され，汎愛学校（下記参照）で市民体育論が誕生し，それを基に各国で国民体育が形成されていくのである。

ドイツ汎愛学校での市民体育のさきがけ

1780年代に「博愛」を掲げた汎愛教育者ヨハン・バセドウ（Johann Basedow, 1724-1790）たちにより，ドイツのデッサウでは汎愛学校（Philanthropinum; 1774-1793）が開設され，体育の実践が始められた。彼らは身体感覚が理性を磨く重要な要素であると考え，スポーツ活動に熱心に取り組んだ。ドイツの汎愛学校とイギリスのパブリック・スクールは，同時代に体育を発展させた代表的な学校であった。

ヨハン・クリストフ・グーツムーツ（Johann Christoph GutsMuths, 1759-1839）は，1784年にザルツマン（Christian Gotthilf Salzmann, 1744-1811）が中部ドイツのゴータ近郊のシュネッペンタールに設立した汎愛学校の教師であった。グーツムーツは，世界で初めて運動場で，走・跳・投・平行感覚を養う運動などを少人数の授業で実践し，今日の教科体育の基本的な仕組みを作ったのである。彼による汎愛学校での体育は各国に普及し，各国で体育の基礎となった。

グーツムーツによる市民体育の始まり

グーツムーツは，ドイツの絶対主義体制のもとで臣民が疲弊しきっていることを憂い，身体訓練を基盤にした社会変革が必要であると感じていた。そして新たな人間像の確立のために，それまで存在しなかった市民のための体育（市民体育）の確立に尽力したのである。

彼は，従来の抽象的でわかりにくい身体教育ではな

J. C. グーツムーツ（J. C. ガッツムースによるリトグラフ）

く，身体の部位を具体的に示して実施する体育理論を組み立てた。また指導法の改善のために新しい教材を増やし，施設や用具を工夫し，理解しやすい数量化された材料を用いた。体育の目標は，体力・技能・美の三つを併せもった身体を育成することであり，勇気と自信に満ちた精神を育むことであった。

　1793年，グーツムーツがその内容を『青少年の体育』と題して出版すると，たちまち各国で翻訳され，イギリス（1800年），フランス（1803年），アメリカ（1802年），オランダ（1806年），イタリア（1827年），日本（1879年）で刊行された。グーツムーツの体育論は，各国の市民体育の基盤となったのである。

5　市民体育から国民体育へ

ドイツの市民体育が各国で国民体育へ

　19世紀前半にヨーロッパの国々で，ナポレオン戦争や民族独立運動が起こり，ナショナリズムが高揚すると，国民軍隊の育成に大いに力が注がれた。19世紀前半に広く普及したグーツムーツの市民体育はナショナリズムと結びつき，国を守る国民体育の形成のために積極的に実施されるようになる。ドイツでは「トゥルネン」（本章 7 を参照），フランスでは「ジムナスティーク」，デンマークやスウェーデンでは「ギムナスティーク」，チェコでは「ソコル」の名称で，国を守る手段として盛んに実施されたのである。

　ドイツで19世紀後半に，グーツムーツの後を継いだヤーン（Friedrich Ludwig Jahn, 1778-1852）は，身体運動を通しての新しいドイツ人作り，集団作りを目指した。ヤーンは，グーツムーツの体操を体系づけて，学校体操として実施し，国民体育の形成を目指したのである（本章 7 に詳述）。

フランスの国民体育（ジムナスティーク）

　フランスでは，フランシスコ・アモロス（Francisco Amoros, 1770-1848）が国民体育を始めている。1789年のフランス革命によって近代国家成立の基盤が一定の確立をみたころであったが，まだ軍事と教育における国民的な制度を作るこ

とが残されていた。制度の確立には，啓蒙主義に基づいた教育であることや，合理的な身体運動であることが条件とされていた。

19世紀初頭，ヨハン・ハインリヒ・ペスタロッチ（Johann Heinrich Pestalozzi, 1746-1827）の教育方法をスペインで実践していたアモロスは，フランスに帰化してドイツのグーツムーツやヤーンが使った器具を設置し，体育の授業を実践して注目を浴びた。アモロスの体育の特徴は，人の運動技能を細かく計測し，そのデータを基にした運動課題を科学的に指導に生かしたことである。また，彼は身体運動と道徳能力との密接な関係を重視し，その考えかたを『道徳的ジムナスティーク的身体教育』と題して1830年に出版した。この本を使って，学校，軍隊，社会で彼の体育が広く実施されていった。

1880年，フランスにおいて学校体操が必修化され，徒手体操，器械体操，軍事訓練が学校で始められた。1890年以降になると，スウェーデン体操とスポーツ競技が重視されるようになる。

各種のスポーツ活動は，すでに1850年以降に盛んになっており，1880年代以降はスポーツの道徳・健康教育の効果が注目されるようになった。ピエール・ド・クーベルタン（第7章3を参照）やフィリップ・ティシェ（G. Philippe Tissié, 1852-1935）は，運動会の開催を推奨していた。その影響で，中等学校にスポーツクラブが生まれ，1899年までに全国の半数の学校にスポーツ・クラブが誕生したのである。

スウェーデンの国民体育（ギムナスティーク）

スウェーデンでは，スウェーデン国民体育の父と称されたパー・ヘンリック・リング（Pehr Henrik Ling, 1776-1839）が，ギムナスティークと呼ばれた国民体育を始めた。リングは当初，グーツムーツの影響を受け，デンマークで国民体育を学校や社会に根づかせたフランツ・ナハテガル（F. Nachtegall, 1777-1847）の体育学校で指導を受け，祖国に戻ったのちに国民体育の基礎を作り上げた。リングの体育はのちに合理的体操と呼ばれ，「スウェーデン体操」の名の下で体系化されて世界各国に普及した。

19世紀前半の国民意識の高まりと，国内での独立運動の高揚による国家分裂の危機の中で，リングによる国民体育は形成されていった。その特徴は，「身体の法則に従う調和的な身体運動」と呼ばれるもので，教育体育，兵式体育，医療

体育，美的体育の四つから構成されていた。教育体育とは，人間の意志（考え）を身体に反映させるための体育であり，兵式体育とは，他人の意志を支配下に置くための体育であった。医療体育とは身体の病を治すための体育，美的体育とは，人の意志と感情を身体によって表現するための体育であった。方法は単純で美しく，生徒に対して身体運動の質と量，生徒の運動の喜びを感じとりながら行うものであった。

スウェーデン体操自体が「合理的な体操」であると高く評価され，イギリス，フランス，アメリカ，日本などに広まり，学校体育制度に導入された。

イギリスの初等学校への体操導入

イギリスのスポーツといえば，上流階層の子弟が通う全寮制私立パブリック・スクール（中等学校）が有名だが，一般の子どもが通う初等学校では，19世紀前半，グーツムーツによる体育から始まった。1822年にグーツムーツに学んだポキオン・クリアス（Phokion Clias, 1782-1854）が，また1825年にヤーンの弟子 C. フェルカー（C. Voelker）が，イギリスにドイツ体操を導入した。あとをついだアルヒバルト・マクラーレン（Archibald Maclaren, 1820頃-1884）は，改良を加えて1861年に英国式体操として発展させている。

イギリス政府は，1870年に初等教育法を，1895年に体育の規定を定めて，新たにスウェーデン体操や教練を学校の授業で実施するようになる。

イギリス　パブリック・スクールでのスポーツ奨励

一方，富裕階層の子弟が通う全寮制の私立パブリック・スクール（中等学校）では，19世紀前半になると生徒たちのあいだで酒・タバコ・喧嘩が横行し，学校生活が荒廃していた（トマス・ヒューズ『トム・ブラウンの学校生活』［1857年］に詳細に描かれている）。1830〜70年頃，各学校ではその状況の改善のために生徒にスポーツを奨励し，モラルを重んじた自主性や自発性を取り戻す教育を実施したのである。以後，パブリック・スクールにアスレティシズム（Athleticism；体力，技能，記録向上を計画的，組織的，専門的な訓練によって追及する競技主義）の精神が根づいていく。

1902年になると，新たに公立の中等学校（グラマー・スクール）が設立され，中等職業学校も誕生する。そこでは正課の授業においてスウェーデン体操が実施

され，課外ではスポーツによるゲームが盛んに実施されていったのである。

アメリカにおける体育

　アメリカ合衆国は国家としての集権制が強くなく，各州に権限が委ねられているため，州ごとに異なる体操が実施されていた。アメリカで最初に行われた体操は，1824年に，ヤーンの弟子チャールズ・ベック（Charles Beck, 1798-1866）によって導入されたドイツ体操（トゥルネン。本章7を参照）であった。また1830年代に，女性解放論者であるキャサリン・ビーチャー（Catharine E. Beecher, 1800-1878）が，男女の特性を考慮した女子教育として，健康で知的な妻，母親，主婦をイメージした実践を始めた。彼女は少女のための体操をキャリセニクス（Calisthenics）と呼んで，手具を用いた体操をまとめた。さらにダイオ・ルイス（Dio Lewis, 1823-1886）が，老若男女のための「新体操」を考案している。アレーや棍棒を用いて，身体を柔軟にし，健康の促進を目指すものであった。ルイスの新体操は1886（明治19）年にリーランド（次項参照）によって日本で紹介され，日本で最初に実施された体操となった。

　1866年，カリフォルニア州の州法で，ドイツ体操やスウェーデン体操（ビーチャーのキャリセニクス）が学校において必修として実施された。これを契機に，他の多くの州に同様の動きが広がっていく。

　一方，ドイツの教育学者で幼児教育の祖フリードリヒ・ヴィルヘルム・アウグスト・フレーベル（Friedrich Wilhelm August Fröbel, 1782-1852）による，遊びや作業を中心にすべきものとする考え（遊戯論）を背景に，アメリカでは年を追うごとに課外活動としてスポーツの価値が過度に強調され，大学生が行うような野球，フットボール，陸上競技などのスポーツが，年少の生徒たちにも実施された。しかしそれによって年少の生徒たちに勝利至上主義が芽生えたことから，1910年ごろになるとトーマス・ウッド（Thomas D. Wood, 1865-1951）やクラーク・ヘザリントン（Clark W. Hetherington, 1870-1942）らによる「新体育運動」が起こり，健全化が図られていった。

6 近代体育改革とスポーツの台頭

体操改革運動

　アドルフ・シュピース（Adolf Spieß, 1810-1858）やアルフレッド・マウル（Alfred Maul, 1828-1907）による集団・秩序体操や，リングのスウェーデン体操は，19世紀後半になるとヨーロッパに広く普及し，学校で実施されるようになっていた。しかし20世紀に入ると，集団・秩序体操のもつ意図的・形式的といった欠点を克服し，より人間的な動きを追求する研究が各国で始まった。ドイツ，フランス，スイス，アメリカで起こった体操改革運動は，従来のグーツムーツの体育などに存在しなかった女性の体育やスポーツを発展させる先駆けとなった。

　ドイツでは，ベス・メンゼンディーク（Bess Mensendieck, 1864-1957）が，生理的機能の向上を目指した運動を提唱した。その特徴は，女性解放運動の視点から，正しい姿勢の形成や身体の各器官の強化にあった。

　フランスでは，演劇の教師であったフランソワ・デルサルト（François Delsarte, 1811-1871）が，感情を身体で表現することを提唱した。その特徴は，心と身体の調和を大切にした自然な動き・運動であった。デルサルトの考えかたはアメリカやドイツで幅広く支持され，大きな影響を及ぼすことになる。

　スイスでは，音楽家であったエミール・ジャック・ダルクローズ（Émile Jaques-Dalcroze, 1865-1950）が，音楽のリズムを活用した運動を提唱していた。もともとは音楽教育の分野で新たな教育法を模索していたダルクローズは，そこから生じるリズム的な動きを身体運動に反映させたのである。それはあくまで音楽を主体にした運動だったが，ダルクローズの弟子のルドルフ・ボーデ（Rudolf Bode, 1881-1971）は運動を主体にして，生き生きとした運動を生み出すために音楽のリズムを活用することを考えた。

　アメリカではイサドラ・ダンカン（Isadora Duncan, 1878-1927）が，踊りの技術面にこだわる従来のバレエの流儀から「肉体を解放」し，あくまでも自由な動きに重きを置くモダン・ダンスの確立を目指す運動を展開していた。彼女の運動は，体育界のみならず芸術の世界からも大きな反響を呼んだ。

オーストリアの自然体育

オーストリアでは，カール・ガウルホーファー（Karl Gaulhofer, 1855-1941）とマルガレーテ・シュトライヒャー（Margarete Streicher, 1891-1985）が「自然体育（Naturliches Turnen）」を生み出した。彼らは，ドイツのシュピースやマウルによる集団・秩序体操に対して，新たに自然性の原理に基づき，子どもの発達段階に応じて，しかも簡単に環境に適合した身体運動の体系を考えだしたのである。この自然体育は20世紀初頭の世界に大きな影響を及ぼすことになるが，その特徴として以下の五つがあげられる。

①自然体育は，ドイツのエミール・フォン・シェンケンドルフ（Emil Gustav Theodor von Schenckendorff , 1837-1915）が1890年ごろから複数の都市で始めた，伝統的な遊戯を復興させようとする取り組みが，遊戯促進運動を参考にしていたことによって，屋外での体育が新陳代謝の促進や内臓器官の強化といった効果をもつことを発見できた。②スウェーデン体操が，目的に合わせてスポーツを取り入れることによってマンネリの打破に成功したことに着目し，目的に合わせて運動を構成する発想を取り入れた。③スポーツ促進運動から，のびのびとした運動形態やスポーツの魅力を学び，取り入れた。④体操改革運動から，ボーデらが提唱した音楽的なリズムの大切さを学んだ。⑤ドイツの青年運動におけるヴァンデルング（遍歴，徒歩旅行，ハイキング）からも学んでいる。

自然体育はドイツのみならず，スイス，イギリス，フランス，オランダ等にも大きな影響を及ぼし，各国の体育改革の基本となった。その後の一時期，ナチズムの時代の体育に利用されたこともあったが，第二次世界大戦後には再び，戦後体育の出発に世界的に影響を及ぼした。

アメリカの新体育運動

アメリカでは，20世紀初頭までドイツ体操とスウェーデン体操（ビーチャーのキャリセニクス）が学校体育の中心であった。しかし1920年ごろから，前述のトーマス・ウッドやヘザリントン，ルーサー・ギューリック（Luther Gulick, 1865-1918）の三人が，新たに新体育運動を体系化している。彼らは，従来の体操がいずれも局所的な矯正運動でしかなく，総合的な人格や性格に関わる教育には不充分であるとして，"Human Body" の尊重へ向かう学習を提唱した。それが彼らの「児童中心主義」の体育であった。

ウッドとヘザリントンは，アメリカで発達したプラグマティズム（Pragmatism）の教育理論を基に，1910年に，教材を体操からスポーツやゲーム，ダンスに切り替えて，新体育を作成している。

19世紀後半，イギリスから若きキリスト教徒による YMCA（Young Men's Christian Association）運動がアメリカで広まり始めた。ギューリックは，マサチューセッツ州スプリングフィールドの YMCA 訓練校の体育責任者で，スポーツにより若者の体力を育成しようと考え，冬場のトレーニングや女性のためのスポーツとして新たにバスケットボールを誕生させている。バスケットボール，つづくバレーボールは，YMCA 運動によって国内外へ広く普及し，新体育運動の普及に大きな役割を果たした。以後，新体育運動はスポーツを教材としながら，身体を通しての教育として発展していくのである。

日本での近代体育と改革

1872（明治5）年，明治政府によって発布された「学制」のもと全国に学校が設置されるようになり，教科として，体術（体操）の実施が各学校に義務づけられた。ただし本格的に体操が実施されるようになるのは，1878（明治11）年に体操伝習所（のちの東京教育大学，今日の筑波大学）で，アメリカから招聘された医師ジョージ・リーランド（George Adams Leland，1850-1924）による体操講習が始まってからであった。

明治政府によってアーマスト大学から招聘されたリーランドは，明治11年から8年間にわたり体操伝習所において，全国の道府県から集められた体操教師に対してダイオ・ルイス考案によるヨーロッパ・アメリカ系の木製ダンベルや木製ステッキを利用した普通体操を講習した。こうして約1年間，普通体操を学んだ体操教師たちは各道府県に戻り，積極的に普及に努めたのである。

1886（明治19）年から新たに兵式体操が導入されると，学校での体育は，普通体操を中心に兵式体操を加えた二種類が実施された。しかし欧米の体操改革運動と同様に，日本でも体操の単調さや効果について疑問が持たれるようになり，1904～1907（明治37～41）年に，体操遊戯取調委員会による調査が行われた。その結果，続く大正時代には，単調な普通体操の代わりにリズミカルなスウェーデン体操と遊戯が導入されることになったのである。

大正時代の体育カリキュラム

　大正時代の体育は，先の体操遊戯取調委員会の研究結果を基に決められた1913（大正2）年の「学校体操教授要目」にしたがって全国で実施された。この「要目」において体操科の教材は「体操，教練および遊戯」となり，スウェーデン体操を柱としたカリキュラムとなった（名称も変わり，普通体操は「体操」に，兵式体操は「教練」に改められた）。

　「体操」は，「下肢ノ運動」，「平均運動」，「上肢運動」，「頭ノ運動」ほか，呼吸，胸，背，腹，身幹側方，懸垂，跳躍運動であった。「教練」は，『歩兵操典』に準拠して実施されていた。「遊戯」では，競走を主とするもの（徒競走，バスケットボール，フットボール，他），発表的動作（物語を体で表現する）を主とするもの（桃太郎，渦巻，他），行進を主としたもの（十字行進，他）が実施されたのである。

昭和初期の体育カリキュラム

　大正期は教練が重視され，またスポーツが広く隆盛するようになった。1925（大正14）年に要目の改正が始められ，翌大正15年に「学校体操教授要目」が改正された。以後，1936（昭和11）年に「新教授要目」が定められるまで，体育はこの要目に従って実施されたのである。大正15年の要目は，体操科の教材を「体操，教練，遊戯および競技とす。但し男子の師範学校，中学校及び男子の実業学校に在りては剣道及び柔道を加うる」としたものであった。

　教材となった体操とは，古いスウェーデン体操に比べて，表現豊かで律動的・美的であったデンマークのニールス・ブック（Niewl Bukh, 1880–1950）の基本体操，オーストリアのガウルフォーファーによる自然体操，フィンランドのビョルクステン（E. Björksten, 1870–1947）の新スウェーデン体操，ドイツのボーデの表現体操などが全国的に行われた。

戦後の体育──学習指導要領の変化

　戦後の体育は，アメリカの影響を受けて，戦前の軍事化・非民主化された体育を反省することから始まり，今日でいう「生涯スポーツ」の方向に向かった。概略すれば，戦後まもなく軍事的な教材である武道が廃止され，遊戯やスポーツが盛んになった。また戦前の形式主義的・画一的・訓練主義的な徒手体操や行進などの指導は姿を消し，放課後の体育活動の民主化が促進されたのである。

以下で，各時期の政府の体育方針を示した学習指導要領と当時の教育的背景を紹介しながら，今日までの変容を概略的にたどってみよう。

〔1945〜1950年代〕

1947（昭和22）年に出された「学習指導要綱」によって，戦後の新体育が示された。中心は，民主的人間形成のために，生活体験を重視した生活体育であった。1958（昭和33）年に行われた要領改訂では，体育科独自の基礎的運動能力と運動技能を伸ばすことが重点とされた。

この時期は，アメリカで主流となっていた「スポーツを通しての教育」という体育の考えかたが基本になっていた。スポーツや運動の実践を重視して，そこから新たな価値観や効果を見いだそうとするもので，スポーツや運動を教育の手段と考えていたのである。スポーツの実践によって，児童生徒に礼儀正しい態度や道徳心を育成しようとする考えかたであった。

〔1960〜1970年代〕

1968（昭和43）年の要領の改訂では，「体力」を向上させることが中心に置かれた。続いて1977年の改訂では「運動の楽しさ」が強調され，学校体育において児童生徒が運動の楽しさを味わうことが彼らの生涯体育につながる，という考えかたが示された。従来の身体訓練に偏重していた学校体育から，スポーツの持つ本質に重きが置かれるようになったのである。

背景には「スポーツに関する教育」という考えかたがあった。ドイツなどでは，スポーツに関する生理・心理・バイオメカニクス・原理・社会学・教科教育など，スポーツの本質に迫る科学的な研究が盛んに行われ，その成果に基づいた教育実践が学校で行われていた。それらは運動教育やヒューマン・ムーブメントの名称で，社会的に注目されていたのである。

〔1980年代〜〕

1989（昭和64）年の同要領の改訂では，児童生徒にとって「運動の楽しさ」を経験することが彼らの「生涯スポーツ」につながる，という考えかたが継続的に追求された。1998（平成10）年の同要領ではこれを引き継ぎつつ，さらに「心と身体を一体としてとらえる」ことが強調された。心身共にリラックスさせる「身体ほぐしの運動」の側面と「体力を高める運動」の二側面から，体力づくり運動が進められたのである。

2008（平成20）年の同改訂では，体育・保健体育の授業数が90時間から105時

間に増加した。固有の伝統文化を尊重する立場から，中学では男女の別なく，武道の必修化，部活動を体育の一環として位置づける，体育・保健科の特質に応じた「武道」の適切な指導を行うとしている。

　背景には，先進する「スポーツの中の教育」という考えかたがある。運動やスポーツに内在しているさまざまな価値観に注目し，必要に応じて運動やスポーツを選ぶことである。つまり各自が，体育授業の何が楽しいのかを追求していれば，何が生活を楽しく豊かにする運動であるか，また何がスポーツの文化的な価値かを理解することができる。そのため生徒は学校でスポーツのさまざまな価値に触れる必要がある，ということである。

　生徒が洗練されたプレーを習得する，スポーツの文化的理解力をつける，スポーツに関する支援などについて学ぶことは，心身の発育・発達の課題を担っており，スポーツ教育論につながっている。

7　トゥルネンとスポーツ

スポーツに対する抵抗の歴史

　スポーツ（近代スポーツ）の伝播は，世界各地にそれが受容され，各地域独自の身体運動の文化がやがてスポーツとみなされるようになる，といった単純な様相ではなかった。スポーツが世界各地に伝播し，受容されていく過程では，各地域独自の身体運動文化とスポーツとの摩擦も生じたのである。

　たとえば1894年にピエール・ド・クーベルタン（第7章3を参照）が，のちにスポーツの世界的普及に寄与していくこととなるオリンピックの再興を提起する会議を開いた際に，ベルギー体操協会連合の会長キュペルス（Nicolas Cupérus, 1842-1924）はその会議への招待に対して，「スポーツは体操の原則とは相容れないものである」と述べて，会議への参加を断っている。

　19世紀末以降，スポーツに対するこうした抵抗は，ほかにも，オランダの教育者やチェコの体操団体ソコル（Sokol）の関係者，あるいはドイツでトゥルネン（Turnen）を行っていた者たちのあいだで生じたことが指摘されている。そして

クーベルタンの母国フランスにおいても，スポーツの国際的な普及が批判されていたことがあった。さらに，欧米のスポーツを盛んに受容してきた日本においても，1895（明治28）年に設立された大日本武徳会が，スポーツに対して批判の目を向けていたことが指摘されている。

このようにスポーツに対する抵抗が世界各地で生じていたことに鑑みるならば，スポーツの歴史は，その伝播や受容の歴史である一方で，それに対する抵抗の歴史であったといえる。

ドイツ固有の身体運動文化「トゥルネン」

スポーツは19世紀末以降，イギリスの植民地拡大と深く関わって伝播していくとともに，イギリスの影響を受けた人々が自国に導入するなどして，世界各地に普及していった。こうしたスポーツの伝播・普及に対して最も抵抗したのは，ドイツでトゥルネンを行う者たち（トゥルナー）であったとされている。

ドイツにスポーツが導入される以前から，ドイツではトゥルネンと呼ばれる活動が行われていた。トゥルネンは，19世紀初頭に教育者フリードリヒ・ヤーン（Friedrich Ludwig Jahn, 1778-1852）が創始した，器械体操や徒手体操を中心とするドイツ固有の身体運動文化である。トゥルネンは一般に「体操」と日本語訳されるが，体操以外にも走，跳，投，水泳，球技など多様な運動種目を実践する活動であったため，現在の体操競技のようにトゥルネンをスポーツの1種目として捉えることには無理がある。1860年代に器械体操や徒手体操がトゥルネン活動の中心となるが，19世紀末のドイツにおける工業化や都市化によって深刻化した青少年の健康問題を背景として展開された遊戯促進運動（Spielbewegung）の影響を受け，走，跳，投，球技などもトゥルネン活動のなかに普及していった。

また，トゥルネンは，身体運動だけでなく，国民意識や民族意識の涵養をも目的としており，ヤーンは精神や身体の鍛錬を通じてナポレオンの支配からドイツ民族を解放し，ドイツを統一するためにトゥルネンを創始したのであった。

もっとも，ドイツ統一を求めるトゥルナーの考えは，ドイツの領邦体制の維持を謳うウィーン体制に反するものであり，1820年の禁止措置や「1848・49年革命」時の弾圧によって，トゥルネンの活動は停滞する時期があった。しかし1850年代後半からトゥルネンは再び活発に行われ始め，トゥルネン協会（Turnverein）の設立や，ガウ（Gau）やクライス（Kreis）といった地域連合の設

フリードリヒ・ヤーン
(Walter Umminger, *Sport Chronik*, Sportverlag, 2000)

トゥルネンの多様な運動（Carl Diem, *Weltgeschichte des Sports und der Leibeserziehung*, Cotta,, 1960）

立によって組織化されていく。

　1868年にはトゥルネンの統轄団体であるドイツ・トゥルナー連盟（Deutsche Turnerschaft、以下 DT）が結成され、この団体は、身体運動を行う団体としてはドイツで最大規模となっていったのである。普仏戦争の勝利を経て、1871年にドイツ帝国が創設されたことによって、トゥルナーの悲願であったドイツ統一が実現したのち、DT は体制的で排外主義的な性格を帯びていった。

スポーツの組織化とトゥルナーのスポーツ批判

　1836年にハンブルクでボートクラブが設立されたことを端緒として、スポーツはイギリスからドイツへと伝播し、ドイツにさまざまなスポーツ・クラブが創られ、競技会が催されていく。スポーツ競技会の参加者は、同じ競技規則のもとで、より多くの者と競争し、記録や成績を比較することを望み、各スポーツ種目の統轄団体の設立と統一的競技規則の作成を求めた。こうした要求によって、1880年代から1910年代にかけて、さまざまなスポーツ種目の統轄団体が設立されたのである（表5-1）。

　一方、このように各種目の統轄団体が創設された1880〜1910年代に、トゥルナーはスポーツを批判していった。スポーツ批判は DT の幹部やトゥルネン教

師など，トゥルネンの指導的立場にいる者たちによってなされた。彼らはスポーツ批判を通して，トゥルネンとスポーツを区別していった（表5-2）。

また，1912年以降はトゥルネン活動の中でも行われていた陸上競技，フットボール，水泳の統轄権をめぐって，DTと三つのスポーツ連盟（ドイツ陸上競技連盟，ドイツフットボール連盟，ドイツ水泳連盟）が対立した。統轄権の問題では，DTがDT内で行われる運動種目の全面的統轄を主張する一方で，三つのスポーツ連盟はドイツで実施される各運動種目がそれぞれ一つの団体のみによって統轄されるべきであるとして，統轄権の専門分化を主張した。1930年に和解するまで，相反する統轄方法を唱えるDTと三つのスポーツ連盟は，互いが妥協できる点を見出すための交渉を続けていった。

表5-1　ドイツの各スポーツ統轄団体の設立年表

1883年	ドイツボート連盟（DRV）
1884年	ドイツ自転車連盟（DRB）
1886年	ドイツ水泳連盟（DSV）
1890年	ドイツアイススケート連盟（DEV）
1891年	ドイツ陸上スポーツ連盟（DASV）
1898年	ドイツ陸上競技連盟（DSBfL）
1900年	ドイツフットボール連盟（DFB）
1902年	ドイツテニス連盟（DTB）
1905年	ドイツスキー連盟（DSV）
1907年	ドイツゴルフ連盟（DGV）
1911年	ドイツフェンシング連盟（DFB）
1911年	ドイツボクシング連盟（DBV）

表5-2　トゥルナーによるスポーツ批判：トゥルネンとスポーツの差異

①平均的成績を目指して多面的に行われるトゥルネンと，最高成績を目指して一面的に行われるスポーツ
②健康の維持・増進を謳うトゥルネンと，スポーツにおける身体の酷使
③愛国心や国民意識の涵養を目指すトゥルネンと，異国のものであるスポーツ
④国民の共有財産としてのトゥルネンと，スポーツの閉鎖性
⑤トゥルネンにおける共同体意識や全体への奉仕の意識と，スポーツにおける個人主義
⑥愛国心や国民意識の涵養を目指すトゥルネンと，スポーツの国際性

トゥルネン＝スポーツ抗争

　1880年代から1910年代にかけてトゥルナーが行ったスポーツ批判，そして1912年から1930年まで続いた DT と三つのスポーツ連盟の対立は，一般に「トゥルネン＝スポーツ抗争」（以下「抗争」）と言われている。

　「抗争」は，第二帝政期（1871〜1918年）とワイマール期（1919〜1933年）のドイツで展開していく。第二帝政期の後半に，ドイツの各スポーツ連盟は，国際オリンピック委員会や各スポーツ種目の国際的な統轄団体を中心に確立され始めた，国際的なスポーツの組織編制に加わっていった。他方で，19世紀の半ば以降に欧米列強が推進した帝国主義政策によって植民地獲得競争が過熱していくなかで，戦争の機運が高まった。ドイツでは軍人のみならず民間団体によっても戦争準備の必要性が唱えられ，DT や各スポーツ連盟は，戦争準備のために青少年の心身を強化する活動を共同で展開していた。

　またワイマール期は，ベルサイユ講和条約によって廃止された一般兵役義務を補うために，そして第一次世界大戦や戦後のインフレによる国民の健康悪化の結果として増大していく社会保障費を削減するために，DT や各スポーツ連盟が連合して国民の健康を増進するさまざまな活動を展開していった時期であった。他方で，第一次世界大戦の開戦責任を負わされることで遠ざけられた，オリンピックをはじめとする国際的なスポーツの組織編制への復帰を，ドイツのスポーツ界が試みていく時期でもあった。

　「抗争」は，トゥルネン・スポーツ界において国際的な課題と国内的な課題とが交錯するなかで展開していったのである。

トゥルネンからスポーツへ

　「抗争」は，トゥルネンというドイツ固有の身体運動の文化と，スポーツという国際化していく文化のあいだで，運動の方法や目的の差異，運動種目の統轄方法の差異を浮き彫りにするものであった。

　しかし，「抗争」を解決しようとする試みが，カール・ディーム（Carl Diem, 1882-1962）によってなされていた。ディームが指導的立場に立つ組織は常に「抗争」に関与していた。彼は「抗争」が展開された時期に，ドイツ陸上競技連盟の書記長（1903〜1908年）と会長（1908〜1913年），ベルリン・オリンピック組織委員会事務局長（1913〜1916年），そして市民層のトゥルネン・スポーツ諸団体の連

合組織であるドイツ帝国体育委員会の事務局長（1917～1933年）を歴任した。

　これらの役職を通じて，ディームは第一次世界大戦前におけるドイツ国民の戦争準備や，大戦後のドイツ再建に向けた国民の健康増進といった，トゥルネンとスポーツに共通する活動に双方の結節点を見出した。これによって，彼はトゥルネンとスポーツの差異から生じた問題の解決を図りながら，オリンピックを中心とするスポーツの国際交流を推進し，スポーツの国際的な組織編制に準拠した体制をドイツで構築していったのである。

　そしてディームは，「抗争」終結後の1936年に再度，ベルリン・オリンピック組織委員会事務局長として，競技の記録，観客数，報道の規模においてそれまでの大会をしのぐベルリン・オリンピックの開催を指揮したことによって，「ドイツ・スポーツのクライマックス」を築きあげた。こうして，ドイツにおいてトゥルネンとスポーツは和解したのである。

第6章

スポーツの技術，戦術，ルールの変遷

　　スポーツは，長いあいだ人々によって，信仰，娯楽，狩，移動の手段として行われていた。しかし近代以降，多くの人々がスポーツを競技として楽しむようになり，スポーツにおける勝利は選手の名声につながり，プロ選手として生活をする者まで生まれてきた。それに伴って，各スポーツの持つ技術，戦術，ルールは重要な価値を持つものとなっていった。

　　これまで，長い歴史の中でスポーツの特徴的な流れをみてきたが，ここではテニス，サッカー，スキー，スケートを取りあげて，具体的に，技術，戦術，ルールが変わる様子を歴史的に見ていくことにしょう。

1　技術発展の3段階

　スポーツにおける技術の今日的意味合いとしては，一般的に「テクニック（technic）」と解される場合が多い。しかし，スポーツの技術を歴史的に概観した場合，必ずしもそうとはかぎらない。スポーツの技術の発達過程は，次のように三つの段階に分けることができる。実用術としての段階（第1段階），実用の目的を離れて，次第に「遊戯」として行われるようになる段階（第2段階），「競技」として組織的に争われるようになる段階（第3段階）である。

実用の術としての発達段階（第1段階）

　スポーツ的運動形態は，「実用の術」として発生したことから，スポーツ技術もこの原初的形態に則して発展する段階を経た。もっとも基本的な技術としては，外敵から逃げたり，獲物を獲得したりする術として「走る」という技術が養われ，小川や深い谷を渡る術として「跳ぶ」という技術が養われた。文明の発達によってさまざまな道具が作りだされ，これらを操る技術も必要になった。部族間，都市間，国家間の対立による戦争が起こるようになると，格闘，弓矢，剣術，馬術などの必要性から，それらの技術が発展した。この段階では，日常生活，生産，軍事などの切実な必要性から発生した実用術として発展する段階であったといえる。

遊戯として行われる発達段階（第2段階）

　戦乱の時代を経験して，比較的長い平和な時代に入ると，それまで「戦技」として行われていた技術が，「遊技」として行われるようになる。わが国においても比較的平和な時代が長く続いた江戸時代には，それまで殺傷するための術であった剣術，弓術，柔術などが，武士の武芸として発達した。剣術では，真剣の代わりに木刀を用いるなど，それまで実戦のための鍛錬であったのが，いつしか鍛錬そのものに価値が見出されるようになった。これは，実用術を脱して，運動そのものを楽しむ遊戯的性格が強くなったことを示している。もはやこの段階になると生命の犠牲はなくなり，約束によって遊戯的に腕自慢や力自慢が行われる

ようになった。しかしながら，お互いに技を競う場合でも，単純に二者間の勝敗に興味の焦点が絞られ，競技方法も地方によって異なるものであった。

競技として組織的に争われるようになる段階（第3段階）

　産業革命，帝国主義といった社会背景に呼応して，19世紀に入ると，それまで土着化され一地域に根ざして行われていたスポーツ的な活動の一部が，次第に組織化・合理化されていった。この動向において，ルールは安全性と公平性が追求され，技術の進歩に合わせて，ゲームの興味を維持・増加するように改善された。施設が改良され，新たな用具が開発されることによって，技術も高度になり，反対に技術が高度になることによって，施設・用具も改良されていった。

　この段階に至ると，数量化・定量化された，より普遍的な基準によって形成されたルールで競技が行われるようになる。時間や距離の計測方法の発展が基本となったことはもちろんのこと，スポーツ・ルールにおける基本要素として，空間（グラウンド，コート，ゴールなど），時間（試合時間，スコアリング方法など），用具（ボール，バット，ラケットなど），審判・マナー（判定方法，競技観を形成するマナー）に関するルールが規定されるようになった。

　このように普遍的なスポーツ・ルールの創出過程を経ることによって，それまでの一地域に土着化された活動である必要性はなくなり，地域組織，国内組織（National Federation），国際組織（International Federation）へと，より大きなスポーツ組織が結成され，グローバルに展開されるようになる。世界的競技となるため競技者数も多くなり，技術・戦術の高度化も急速に進展される。それにともなって，用具の開発，ルールの改正などが行われていくのである。

2　テニス

近代テニス（ローンテニス）の誕生

　現在行われているテニスは，1873年12月，ウォルター・ウィングフィールド少佐（Walter Clopton Wingfield, 1833-1912）がクリスマス・パーティーで知人に紹

介した「スファイリスティーク（Sphairistike）」を原型として発展したものである。その後これは「ローンテニス」と呼ばれるようになった。それ以前の「テニス」とは、イングランドでは「リアル・テニス」、スコットランドやオーストラリアでは「ロイヤル・テニス」、アメリカでは「コート・テニス」、フランスでは「ジュ・ド・ポーム」という呼称で、壁に囲まれた屋内のコートで行われる宮中遊戯であった。

　スポーツ史のうえでは、「テニス」とは宮廷内で行われていた室内遊戯を指し、現在行われているテニスは「ローンテニス」あるいは「近代テニス」と呼ぶのが一般的である。初期のローンテニスでの技術・戦術・ルールの変遷から、近代スポーツの発展史を概観してみよう。

初期のルール

　ウィングフィールド少佐が紹介した「スファイリスティーク」は、それ以前に存在していたテニス球戯を発展させたものであった。もっとも画期的だったのが、屋外で行うことを前提にしていたことで、これはその後の「近代テニス」の急速な普及に大きく貢献することとなった。

　彼が考案した競技エリアは、当初はテープで区切りをつけてヘアピンで止めただけのもので、砂時計のような形をしており、コートの後方の幅はネットの部分より広かった。ネットの高さは支柱のところで5フィートもあり、中央部分はそれより4インチだけ低くなっていた（1フィート＝約30cm、1インチ＝約2.5cm。1ヤード＝0.91m）。

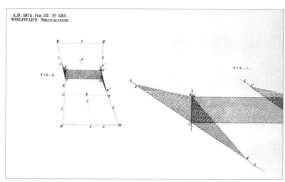

ウィングフィールド少佐と特許申請に用いたコート図（日本庭球協会『テニス500年』講談社、1978）

初期のローンテニス(Christopher Dunkley, *Tennis Nostalgia*, Open Door Ltd., 1977)

　コートの片方には，ネットから適当な距離のところに線が1本引かれ，その線の中央からサイドラインに平行に1本の線が後ろの線まで伸びていた。もう一方のコートには中央の区切り線はなく，小さな菱形の区画があった。サーバーは，この区画の中から軽いゴム製のボールをネット越しに打つのであった。得点については，「ラケッツ」の得点法（1ゲーム15点先取，サイドアウト制）が採用された。

普及と共通ルールの作成

　それまでは，一部の上流階級の独占物であった宮廷遊戯としての「テニス」であったが，「ローンテニス」の登場によって，屋外（芝生の上）でも簡易にできるようになり，さまざまなスポーツ・クラブで行われるようになった。そのなかに，ロンドン南部ウィンブルドンの「オール・イングランド・クロッケー・クラブ（All England Croquet Club）」があった。クロッケーが主な活動種目であった同クラブであったが，会員たちはローンテニスに魅了されていった。

　1875年，同クラブ総会において「シーズン中，ローンテニス用とバドミントン用に別個のグラウンドを用意すること」という決議がなされ，1877年の総会において，クラブの名称が「オール・イングランド・クロッケー・アンド・ローンテニス・クラブ」に改称された。その数週間後，初のローンテニスの選手権大会の開催が発表された。これが全英選手権（通称ウィンブルドン）の始まりであった。

しかし，ウィングフィールド少佐が考案した初期のルールは，各クラブの運用の都合によって変更されており，統一されたルールは存在しなかった。そこで，初めての選手権大会開催に合わせて，クラブのメンバー 3 名が中心となって統一ルールが作成された。これがのちに「ローンテニス」のルール管理・制定の権利を所有していた「マリルボーン・クリケット・クラブ（Marylebone Cricket Club）」により，承認・採用されることになった。

　このルールによると，コートは長方形で長さ78フィート，幅27フィート，サービスラインはネットから26フィートと定められ，ネットの高さは中央部で 3 フィート 3 インチ，支柱部で 5 フィートに下げられた。支柱は，サイドラインから 1 ヤード外に立てられた。得点については，「リアル・テニス」の得点法（現在のテニス採点法と同様）が採用された。このルールは，それまでの「ローンテニス」のルールと大きく異なるため，実質的にはまったく新しい競技の制定ともいえるインパクトの強さであった。

統轄組織の成立と全英選手権大会（ウィンブルドン）の開催

　第 1 回目の選手権大会の成功により，その後のルール改定は，すべて「オール・イングランド・クロッケー・アンド・ローンテニス・クラブ」によってなされた。「マリルボーン・クリケット・クラブ」は，ルールに関するあらゆる権利を「オール・イングランド・クロッケー・アンド・ローンテニス・クラブ」に移譲したのであった。さらに1889年，同クラブは，自主的にルール改定に関する権限と賞金つき対抗試合の規定に関する権限を，新たに設立された「ローンテニス協会（Lawn Tennis Association）」に譲った。

　第 1 回目の選手権大会は，参加者22名，開催日程は 3 日間であった。初のタイトルを獲得したのは，ハロー校卒業生で「ラケッツ」のプレーヤーであったスペンサー・ゴア（Spencer William Gore, 1850-1906）であった。ゴアが自ら考案したボレーは，単なるネット越しの軽い打球の域を超えていた。彼は，ネットに近づき手首を巧みに回転させ，かなりのスピードでボールを打ち返した。ゴア自身もこの大会を振り返って「ネットは両端の部分で高くなっており，『リアル・テニス』の場合と同様，サイドラインに沿って真っすぐよりもむしろ対角線上にプレーしたほうが有利であった。また，サービスラインはネットからかなり離れていたので，きつくスピンを利かせたリアル・テニス風のサービスは効果的であっ

た」と述べている。初期のテニスは有閑階級の社交の場として利用されることが多かったため，優雅にグラウンド・ストロークを続けることが通常であったが，ゴアはネットに詰め寄りボレーを決め球に最初の選手権を勝ち取ったのであった。これは，ネットの高さが現在より高かったことから，自然と考えだされた技術・戦術であった。さらに，サービスコートが現在より広かったこともあり，サービスフォームはアンダーハンドでドライブを利かせた打法が主流であった。

ルールの確立

第1回目の選手権大会後，ネットとの高さは支柱で4フィート9インチ，中央で3フィートに下げられ，サービスラインはネットから22フィートに引かれ，サービスコートは狭くなった。このことは，圧倒的な勢いで優勝したゴアのネットプレー，サービスに対して，より公平に技術・戦術が平準化するためのルール改正であった。

1878年の第2回大会では，ハドウ（Patrick Francis Hadow, 1855-1946）が前年覇者のゴアに挑戦した。ゴアのネットプレーに対抗してロビングを打ち上げる作戦で，ハドウが第2回大会の勝者となった。彼は試合後のコメントで，「ロブが，ゴアのように強い選手に対する唯一の防御手段であった」と語った。その後，1879，1880年大会では，ハートレー（John Thorneycroft Hartley, 1949-1935）が堅実で防御的なグラウンド・ストローク技術を駆使して2連覇した。

1880年のルール改正では，サービスラインはネットから21フィート，ネットに触れて入ったサービスはノーカウント（サービス・レット），プレーヤーはネットに触れたり，ボールがネットを越える前に打ったりすることを禁じられ（ネット・タッチ，ネット・オーバーの禁止），ネットの高さは支柱で4フィートとなった。サービスコートがさらに小さくなったものの，ネットがさらに低くなったことにより，オーバーハンドでサービスを打つプレーヤーが飛躍的に増加した。

そして1881年の大会では，新たな技術・戦術を駆使したプレーヤーが現れた。アイルランド出身の双子のレンショー兄弟である。弟のウィリアム・レンショー（W. C. Renshaw, 1861-1904）は，1881年大会で初優勝を飾り，その後も計7回優勝した。兄のアーネスト・レンショー（J. E. Renshaw, 1861-1899）は，1888年大会で優勝し，二人で組んだダブルスでは7回優勝した。レンショー兄弟の特技はスマッシュであり，「レンショー・スマッシュ」と呼ばれた。それまでのロビ

ング攻撃に対する画期的な反撃方法であった。

　1883年のルール改正で，ネットの高さは支柱で3フィート6インチに下げられ，コートの大きさ，ネットの高さは現在と同じとなった。その後は，サービス，グラウンド・ストローク，ボレー，スマッシュといった近代テニスにおける基本技術が，一定の施設（コート）内でより洗練されていく時代へと移った。

技術と用具の変化

　近代テニスは，イギリス発祥の他のスポーツと同様に，世界中に伝播していった。技術史の面で注目すべきは，プレースタイル（特にグリップの握りかた）の地域性である。イギリスでは，すべてのショットがワングリップで打てる「イングリッシュ・グリップ」（いわゆるもっとも薄いグリップ，現在はコンチネンタル・グリップと呼ぶ）が主流であったが，大西洋をわたったアメリカ東部では，やや厚いグリップである「イースタン・グリップ」，さらに遠方の西部では，いわゆる最も厚いグリップである「ウェスタン・グリップ」が好まれる傾向があった。

　厚いグリップは，グラウンド・ストロークにおいて，よりスピンをかけた攻撃的なボールを打つことができる。しかしその反面，グラウンド・ストローク，ボレー，サービスなどショットによって，グリップを持ち替える必要がある。

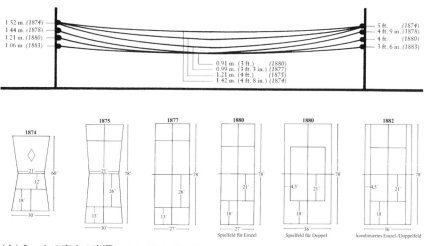

（上）ネットの高さの変遷(日本庭球協会，前掲書)
（下）コート区画の変遷(ハイナー・ギルマイスター『テニスの文化史』大修館書店，1993)

| コンチネンタル・グリップ | イースタン・グリップ | ウェスタン・グリップ |

テニスのグリップの違い(筆者撮影)

　ローンテニスが伝播した当時のラケットは，現在のものの約2倍の重さの木製ラケットであった。そのため，ウェスタン・グリップなどの厚いグリップでの打法は，強靭な体力を持った一部のプレーヤーにしか真似のできないものであった。しかし1970年頃から，アルミニウム，グラスファイバーなどの合成樹脂製のラケットが開発され，より軽く，スイートスポットが広く，剛性の高いものが出現してきた。そのため現在では，一般プレーヤーでもウェスタン・グリップでフォアハンドストロークを打つことが容易となっている。スポーツの技術の変遷には，スポーツ用具の革新も大きく影響しているのである。

3　フットボール

ローカル・ルールの乱立

　19世紀中ごろ，イングランドの各パブリック・スクールでは，さまざまなルールでフットボールが行われていた。イートン校，ハロー校などでは，手を使うこと，相手のすねを足で蹴ることを禁止するルールを採用していた。このルール

に従ってプレーされるフットボールは,「ドリブリング・ゲーム」と呼ばれていた。対して,ラグビー校などでは,手でボールを持って走ることを認めるルールを採用していた。このルールに従ってプレーされるフットボールは「ランニング・ゲーム」と呼ばれていた。

　今日のようにスポーツの国際連盟があったり,国内の協会（ナショナル・アソシエーション）が組織されていたりして,これらの機関によってルールが整備・改正され,多くのチームや傘下組織がそれに従うというような状況ではなかった。原則として,それぞれのクラブやパブリック・スクール内で培われてきた伝統的なルール条文に,不条理で不明確な箇所が指摘されれば,自主的・自治的に修正が行われた。交通や通信手段の未発達ということもあって,それぞれの学校,それぞれの地方ごとに異なったルールがあった。19世紀の後半まで,校内競技が中心とならざるを得なかった状況の理由として,以下の3点が考えられる。

① 強烈な自尊心が,それぞれの学校で伝統的に行われているフットボールを固守させた。
② 少なくとも中規模以上の学校においては,ハウス・マッチ（寄宿舎対抗の試合）に重要な意味をもたせていた。
③ 少数の学校がみずからの地位を誇り,彼らが「パブリック・スクール」であると認め合う学校間の試合だけしか行おうとしなかった。

1871年ごろのケンブリッジ大学のフットボール
（オルドジフ・ジュルマン『世界サッカー史』ベースボールマガジン社,1977）

ルールの統一へ

このように，自尊心の高い自校意識を持っていたことなどが，学校間のスポーツ交流を妨げていた。しかし，やがてケンブリッジ大学やオックスフォード大学では，さまざまなパブリック・スクールの出身者が，それぞれの学校のルールを持ち込んでくるようになり，ルールを統一する必要性が生じた。

1848年，ケンブリッジ大学トリニティ・カレッジで，共通ルール作成のための最初の会議が開かれた。この会議では，のちにフットボールをサッカーへと発展させていく「ドリブリング・ゲーム」を主張する側（イートン校，ハロー校，ウェストミンスター校など）と，ラグビーへと発展させていく「ランニング・ゲーム」を主張する側（ラグビー校，マールバラ校など）との対立が顕著になった。そこで，ラグビー型のフットボールが戦術上でもっとも重視している特徴的ないくつかのプレー（相手を故意に蹴ること，相手を故意につまずかせること，手にボールを持って走ることなど）を禁止するか否かについて，議論が進められた。しかし，両グループの一致点を見出すことができないまま，それぞれが独自の発展に向けて進み出すことになった。

パブリック・スクールにおいても，寄宿舎対抗の校内試合から近隣の対校試合へと興味が移るにつれ，各学校間のルールを擦り合わせる必要性が生じてきた。当初は，2校間がそのつど交渉すれば済む作業であったが，より多くの対校試合が行われるにつれ，より普遍的な統一ルールの作成が求められた。また，19世紀中ごろから，イングランドとウェールズにおけるフットボールの人気が高まり，学校だけでなく，労働者が組織したクラブチームも数多く出現するようになった。1888年ごろには約1,000，1900年ごろには約8,000のクラブが存在したといわれる。

サッカーとラグビーへの分化

1863年，イートン校，ウェストミンスター校，ハロー校の卒業生のクラブ，ドリブリング・ゲームを支持した労働者クラブを中心としたイングランド南部のクラブ代表者がロンドンに集まって統一ルールを定める会議を開き，「フットボール・アソシエーション（Football Association，以下 FA）」を設立した。同年12月，FA は，1848年に定められたケンブリッジ・ルールをもとにした新ルールを採用することに決定した。このルールによるフットボールは，「アソシエーショ

ン・フットボール」と呼ばれた。会議に参加していたラグビー校などの代表者は、手を使うことを禁止する新ルールの採用を拒否した。手を使うことを認めるルールを支持したクラブは、その後、1871年に「ラグビー・フットボール・ユニオン（Rugby Football Union）」を結成することとなった。

　ラグビー・ルールにおいては、それまで批判の的であった粗暴性を排除するルール改正を行った。たとえば、ボールを持っていないプレーヤーへのハッキング（蹴る行為）、トリッピング（足をひっかける行為）は禁止された。

　19世紀末になると、スクラムを組んで密集でボールを前方に押し込むという戦術が考案され、頻繁に用いられるようになった。そこで公平性を高めるために、1チームの人数を70名から20名に減少させた。この改正の目的は、レフェリーの負担を軽減することはもちろん、密集内での反則行為を未然に防ぐことであった。その後、アソシエーション・ルールはサッカーへ、ラグビー・ルールはラグビーへと、別々のスポーツ競技へと普及・発展して今日に至っている。

　北国の荒々しい自然と闘い、外国との戦闘を予期しつつ、みずからの意志と身体を鍛錬する必要があった人々の師弟が多く在学していたのが、ラグビー派のパブリック・スクールであった。対して、産業革命を経験して急激に変貌しつつあった時代と社会を前向きに捉えようとしていた人々の師弟が多く在学していたのが、サッカー派のパブリック・スクールであった。ラグビーは「エリートのスポーツ」、サッカーは「労働者のスポーツ」といわれることもあるが、これは、帝国主義・植民地主義の時代に展開されたパブリック・スクールでのそれぞれのフットボールの思想を反映しているのである。ラグビーはアマチュア主義を貫き、サッカーは商業的な方向へ進んでいった。その後のそれぞれの方向性も、初期のルール形成からかいまみることができる。

4　冬季スポーツ

a　スキーの技術と用具の歴史

　人間は、地上で生活を始めたころからスキーをしていたと考えられている。

今から6,000年ほど前に描かれたと考えられる岩絵が，ノルウェーの極地圏内にある北部のレェディ島（赤い島）で発見されている（図6-1）。岩絵には，手にオノをもち，頭に兎の耳をつけた人間が，獲物を追いかけていると思われる様子が描かれているのである。人類最初のスキーの使用は，トナカイや鹿などを狩猟するための手段であったことが，この岩絵などから想像される。またスウェーデンでは，約3,000年前に実際に人間が使っていたと考えられるスキー板が，湖の底から見つかっている。今から2,500年ほど前に描かれたと思われるロシアのオネガ湖畔のベッソフ・ノスで発見された岩絵には，人間が頭にまじないと擬装のためのオオカミの面をつけて，大鹿を追う様子が描かれている。

図6-1　スキーが描かれた岩絵（福岡孝行『スキー発達史』実業之日本社，1971）

　古代から使われていたスキー用具には，地方によって違いがあった。古代からスキーが行われていたのは，スカンジナビアから西岸ベーリング海峡にいたる地域，樺太から沿海州，朝鮮北部からバイカル湖，バイカル湖からデンマークを結ぶ線から北側の北極海沿岸に至る地域である。そこでのスキー用具は，表6-1のように，極地型・北方型・南方型の三つに分類できる。

中世における戦争に使われたスキーと用具

　8世紀から11世紀にかけて，西ヨーロッパ沿岸部で侵略を繰り返し，人々に恐れられていたスカンジナビアのバイキングたちが武芸として重視していたのは，レスリング，水泳，剣術のほか，スキーであった。10世紀にノルウェー全域を平定したハラルド王は，家臣のなかで特にスキーの名手を取り立て，国の誇りにするほどであった。また雪上での戦いにおいて，伝令や偵察にスキーを巧みに使って戦いを有利に進めた。

表6-1　古代スキー用具の3類型

型	長さ・幅	左右の長さ	滑走面	分布圏
極地型	1m〜1m50cm	同じ	アザラシ，トナカイの皮	北アジア全般，ヨーロッパ北東部
北方型	長板2m 短板・狭い	違う	長板に皮なし 短板に皮あり	フィンランド，スカンジナビア全般
南方型	2m近い	同じ		スカンジナビア，フィンランド南部，スラブ，朝鮮北部

デンマークの歴史家グラマスティスカ（Saxo Grammaticus, 1160-1220）は，中世における雪上での戦に，すでにスキー部隊が登場したことを紹介している。1700〜1721年のスウェーデンと周辺国との大北方戦争において，スキー部隊が雪上戦で活躍していた。

　大北方戦争を機にして，ノルウェーでは1742年から軍隊に正式にスキーが登用され，スキー用具の杖，締め具，スキー，脚絆，皮紐付皮ナップザック，皮紐付キャンパス製背負袋に関する軍隊での規程が作られたのである。また，当時のスキーはまだ左右の板の長さが違い，どちらかの短いスキー板を片足で後方に蹴って，その推進力で長いスキー板に体重を乗せて前方に滑っていたのである。

スポーツ化した近代のスキー

　丘陵の多い北欧諸国では古くからスキーが行われていた。いちはやくスポーツ化したのはノルウェー南部のテレマーク地方であった。首都オスロ周辺のテレマーク地方の丘陵地で，斜面を滑り降りるのではなく，山野を滑走するスキーが始まった。そしてノルウェー式スキーの父ソンドル・ノルハイム（Sondre Nordheim, 1825-97）たちにより，1840年ごろからスキーが盛んになったのである。

　1843年，世界初のスキー競技会がノルウェーのトロムソで開催された。当時は統一した技術があったわけではなく，参加したラップ系，フィンランド系，スラブ系の選手たちは，独自の用具と滑りかたで競走した。競技種目は，ノルウェーで以前から行われていた滑降とクロスカントリーを混ぜた競技であった。

　約20年経った1862年に，再びスキー競技会がトリシルで開催された。その時から競技種目が，今日の基本となるジャンプと滑降へと変わった。同時に組織が立ち上がり，以後，毎年継続的に競技会が開催されるようになった。競技会が継続していくうちに，スキーは競技的要素の強いものとなっていったのである。

スキー技術と用具の進歩

　この時期，テレマーク出身のノルウェー・スキーの父ノルハイムは，競技会で活躍するだけでなく，スキー技術と用具の発展に大きな貢献をしている。

　まず技術について，彼は今日のノルウェー式スキー技術（ノルディックスキー技術）の基礎を確立している。開発した滑走技術は，テレマークやクリスチャニア

といわれる技術で，なだらかな地形を左右交互に廻転しながら，軽やかに滑る技術である。この技術の特徴は，左右の脚を交互に前に開き出しながら，先行した足先の方向に廻転する技術（左足を右前方に出せば，右方向に廻り，逆に右足を左前方に出せば，左方向に廻る）である。

　またジャンプ（跳躍）（図6-2）は，なだらかな斜面を助走し，切り立った踏切から勢いよく跳び出し，着地した地点までの距離を競争した。今日のような急なジャンプ台から跳び出すのとは違い，わずかな傾斜を助走して，高低差で2～3m低い，平らな雪面に跳び出し，倒れながら着地した。徐々に，ジャンプ滑走面は傾斜のある斜面（ジャンプ台）となり，高く遠くへ跳ぶ，今日のジャンプ競技に近いものに変わっていった。

　またノルハイムは，スキー用具の開発に貢献している。1800年以降使われてきたスキー板の止め具（現在のビンディング）は，板に靴先を固定するトー・バンドと，板に靴の踵（かかと）を固定するバック・バンド式で，靴を板に固定していた。しかし，この用具では踵がスキー板から自由にならず，テレマーク動作をするには難点があった。ノルハイムは，トー・バンドをそのまま靴の踵に回し，板と靴を固定するバック・バンドをなくして，板に靴先だけを固定する締め具を考案した。これによって，靴先でスキー板を自由に操作できる（踵が自由になる＝ヒールフリー）ようになったのである（図6-3）。

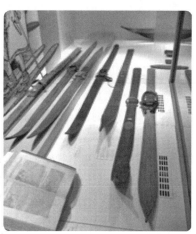

図6-2　ノルウェー式スキーのジャンプ（福岡孝行，前掲書）
図6-3　ノルハイムのスキー用具（右端。他の用具に比べて，中ほどにくびれと踵にまわすベルトがある）（ドイツスキー連盟所蔵）

さらに，従来のスキー板は先端から末端まで板幅が同じで，中ほどのくびれ（サイドカーブ）がなかった。しかしノルハイムが，前方8.4cm，中央部6.9cm，後部7.6cmとして，中央部がくびれたスキー板を作ると，今日までくびれた形が引き継がれている。

　ノルウェー式技術は，オーストリアの滑降技術とは違い，ノルディック競技種目として距離競技，バイアスロン，複合種目などとして，オリンピック大会や世界選手権大会の種目になり，今日に引き継がれている。

アルペン式スキー技術と用具の誕生

　1880年，ノルウェーの冒険家フリチョフ・ナンセン（Fridtjof Nansen, 1861-1930）が北大西洋のグリーンランドをスキーで横断したことから，ノルウェー式スキーは世界に広まった。しかし，1890年ごろからヨーロッパ・アルプスに位置したオーストリアに紹介されたノルウェー式技術は，マチアス・ツダルスキー（Mathias Zdarsky, 1856-1940）によって，アルペン式スキー技術に生まれ変わった。

　ツダルスキーは，ノルハイムと同じようにスキーの名手であり，技術や用具の開発者であった。彼が開発したスキー技術は，長い一本杖（ストック）を使い，プルーク姿勢（ハの字）を基本にした技術で，アルプスの急斜面を安全に転ばずに滑降する技術であった。その技術を紹介した彼の著書『アルペンスキー技術』（1890年）は版を重ね，広くヨーロッパに広まった。

　1900年以降，オーストリアの軍隊スキーの父，ゲオルグ・ビルゲリー（Georg Bilgeri, 1873-1934）大尉は，ノルウェー式スキー技術とアルペン式スキー技術を合体させた。さらに，ツダルスキーが発明したアルペン式金具の重い欠点を軽量化することに成功した。

　1920年代に入り，インスブルックの山奥アールベルグに住むスキー指導者ハンネス・シュナイダー（Hannes Schneider, 1890-1955）は，急斜面の安全のみに配慮がほどこされたアルペン式スキー技術を，力強くなめらかに滑る技術に改良した。彼は人間技とは思えないほど華麗で，巧みにスキーを操ることから「スキーの聖人」と呼ばれ，技術，用具，指導，映画化など，多岐にわたり活躍した。

　彼のプルークを基本とした「ホッケ姿勢」に代表される技術は，地名にちなんでアールベルグスキー技術と呼ばれ，世界的なスキー技術となった。また，彼

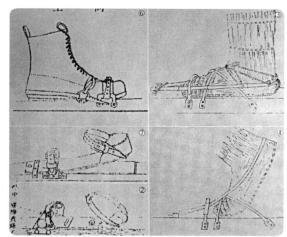

図6-4　ビルゲリー式締め具(左下3段目)（前掲書）

はスキー板の滑走面に溝を入れ，板の両サイドにスチール（鉄）のエッジをつけたスキー板を開発した。また，アーノルド・ファンク監督（Arnold Fanck, 1889-1974）の制作したスキー映画「白銀の乱舞」「聖山」など，世界的ブームのきっかけとなった映画に主演した。

　ツダルスキーに始まるアルペンスキー技術が改良され，滑降を競う競技が1920年ごろより開催されるようになり，1930年以降，ノルウェーのノルディック競技とオーストリアのアルペン技術が，オリンピック大会や世界選手権大会の競技種目となっていった。

b　スケートの技術と用具の歴史

初めのブレードは動物の骨

　スケートの始まりは，スキーと同じく古代にさかのぼる。北欧のスカンジナビア半島では，氷の上を滑るために削られたウマ，ウシ，エルク，アカシカ，ヒツジなどの動物の骨が発見されている。骨は削られて穴があけられ，履物に縛りつけて用いられたと考えられる。

　今日のスケートの発祥は，中世のオランダである。オランダは海抜が低く，運河や川が道路に代わる重要な交通網であった。そして冬季に多くの運河や川が凍ると，そこはスケート場に変わった。

鉄のスケート靴

　はじめ，人々は氷上を木のスケート靴で滑っていたが，1250年ごろに木靴の底に鉄製のブレード（刃。図6-5）を取りつけたスケート靴で滑る者が現れ，次第に広まった。最初，鉄のスケート靴はエッジだけの粗末なもので，踵(かかと)や爪先が多少固定できるだけであった。木のスケート靴と比べれば，割れない靴へと改善されたものの，木のスケート靴よりも足首を痛めやすかった。靴とブレードが組み合わさったのは，鉄のスケート靴ができたあとだった。

　1555年に民俗学者オラウス・マグヌス（Olaus Magnus, 1490-1558）が著した『北方民族文化誌』に，ストック状のものを舵取りに使い，短いスキー板のようなスケート靴で滑走する人々を描いた木版画がある。また16世紀のフランドルの農民画家ピーテル・ブリューゲル（Pieter Bruegel, 1530-1569）は，「ベツレヘムの人口調査」（1566年）と題する絵で，ソリ遊びをする凍った川の岸辺で，スケート靴をはく人の姿を描いている（図6-6）。この絵に描かれたスケートは，板状のものを金具で補強し，先端は細く尖って上を向いている。この人物はその板に靴をはいた足を載せて紐で固定している。

スピードスケートとフィギュアスケートに分かれる

　13世紀以降，オランダではスケートが次第に人々に広まったが，スケートに求める楽しみは階層により違っていった。一般の人々は，速いスピードで氷上を移動することに魅力を感じていた。対して，貴族階級の人々は，氷上での優雅な芸術的な動作に魅力を感じるようになった。おのずと，関心の違いが，滑る技術の発展方向を二つに分けた。

図6-5　鉄製のブレード

図6-6　ブリューゲル「ベツレヘムの人口調査」(ベルギー王立美術館蔵)

貴族たちの滑りかたは，まるでワルツを連想させるような，背筋をピンと伸ばして両腕を組む優雅な姿勢の滑走の技術を生み出していった。他方，スピードに魅力を感じる一般の人たちは，腰を曲げ手を広げてバランスをとりながら，走るような格好で滑走する技術となった。

フィギュアスケートの発展

1660年にオランダからイギリス本国へ伝えられた貴族の滑走術は，シルクハットとモーニングの衣装とともにイギリスで流行した。イギリスでは1750年ごろから，優雅な姿勢で，トレースによって曲線を描く技術に重点が置かれるようになる。18世紀に砲兵隊副官ロバート・ジョーンズ（Robert Jones）によって，初のフィギュアスケートの指導書『スケーティング論』（1772年）が出版され，アウトやインのエッジでサークルやハート型を描く技術が紹介された。

ドイツでは体育教師グーツムーツが1793年に『青少年の体育』を著し，フィギュアスケートをスポーツとして位置づけた。1795年にはフィートが『体育百科事典』で紹介している。フランスでも1813年にガルシンがフィギュアスケートに関する著書を発表するなど，ヨーロッパ各地で滑走方法や図形の研究が盛んになっていった。

イギリスでは19世紀になると，優雅な芸術性よりも難度の高いターンや図形の創作に関心が高まり，コンパルソリー・フィギュアの原型へと発展していった。

ヨーロッパの移民からスケートが伝わったアメリカでは，19世紀中ごろにバレエ教師のジャクソン・ヘインズ（Jackson Haines, 1840-1875）が，バレエのポーズやダンスのステップをスケートに取り入れ，音楽に合わせて滑走を行った。ヘインズが1868年と1871年にヨーロッパを訪れたとき彼から指導を受けた人々は，コンチネンタルスタイルを発展させフリースケーティングの原型へと発展させた。

図6-7　J.ヘインズ

スピードスケートとフュギュアスケートの競技化

　他のスポーツと同じように，18世紀ごろからスケートもスポーツ化した。最初に行われた競技会は，1763年にイギリスで行われた直線コースによるスピードスケート競技会であった。この後，各地でスピートスケート競技会が開催され，1892年に国際スケート連盟（ISU）が結成される。この時のISUの会議で，スピードスケートの世界選手権大会およびヨーロッパ選手権大会，フィギュアスケートの世界大会，これらを毎年1回行うことが決定された。

　翌年1893年にオランダのアムステルダムで第1回スピードスケート世界選手権が開催された。第1回男子フィギュアスケート世界選手権は1896年にセントペテルブルグで開催された。第1回女子フィギュアスケート世界選手権は1906年にスイス・ダボスで開催されている。

日本での下駄スケートと雪スケート

　日本におけるスケートの発祥には，三つの説がある。①1792年北海道の根室にロシアのアダム・ラクスマン（Adam Luxman, 1766-1806）が伝えた。②1861年，函館にイギリスのトーマス・ブラキストン（Thomas Blakiston, 1832-1891）が伝えた。③1877年，札幌にアメリカのウィリアム・ブルックス（William Brooks, 1851-1938）が伝えた，という三つの説である。

　1891年には，新渡戸稲造がアメリカから，3足のスケートを札幌農学校へ持ち帰っている。幕末期には下駄に竹や鉄を取りつけたソリ状の滑り下駄があったが，海外からもたらされたスケートに影響を受け，下駄に金属製のブレードを組み合わせた下駄スケートが作られた。1908年には諏訪湖で下駄スケートによるスピードスケートの大会が開催されている。北海道では，昭和30年代まで，金属製のブレードを長靴に革バンドで固定した雪スケートが，子どもたちの冬の玩具として人気があった。機械スケート，ガチャスケートなどとも呼ばれた。

第7章

スポーツと世界平和

第5章で，体育やスポーツは各国で近代国家建設の一翼を担ってきたことを見てきた。しかしやがて，第一次，第二次世界大戦を迎えると，体育やスポーツは戦争への備えとして，さらに戦時下では戦技体育に形を変えて実施されたのである。

私たちは過去の悲しい誤りを繰り返してはならない。そのために，戦争準備の経緯や戦時下での俘虜の様子といったものと，誠実に向き合わなければならない。

一方で，平和の祭典である近代オリンピックの復興について，歴史的経緯から理念をしっかり学び，理解をしていこう。

1 近代の戦争と体育・スポーツ

　体育・スポーツ史研究では，これからの体育・スポーツのありかたを考究するうえで，近代日本がたどってきた戦争への歩みを省察し，その過程で変容してきた体育・スポーツの実態と問題を国際関係の中で再検討することが，きわめて重要な課題の一つとなっている。なぜなら，第二次世界大戦後，日本はめざましい復興を遂げたが，戦後生まれの世代の日本人の多くが，近代日本がたどった戦争の歴史や軍事史，国際関係史，捕虜の問題などを充分に理解する機会を持つことができないままと思われるからである。

　また，近代日本における戦争と体育・スポーツとの関係を明らかにすることを通して，体育・スポーツの歴史を学ぶ私たちが，国際平和や国際交流にどのような役割を果たすことができるのか，その考察の手がかりを得ることができるとも考えられるからである。

　ここでは，まず近代における体育・スポーツと戦争との関係について概観し，次に，戦争による「俘虜（捕虜）」と体育・スポーツに焦点をあてて考察を行う。それらを通して，スポーツと国際平和について考えてみよう。

a　近代における体育・スポーツと戦争との関係

ヨーロッパの状況

　近代は，西欧史・日本史ともに，第二次世界大戦終結をもって幕を閉じる。世界規模での戦争が繰り返された近代──。近代は，「戦争の時代」であったともいえる。そのなかで，体育・スポーツの歴史もまた，戦争によって大きな影響を受けながら展開した。

　ドイツでは，1933年にナチスが政権を掌握，ヒトラー総統は，教育のなかで特に体育を重視した。1926年には，ユングフォルク（10〜14歳の少年団），ユング・メーデル（10〜14歳の少女団），メーデル（14〜21歳の女子団），ヒトラー・ユーゲント（14〜18歳の青少年男子）によって構成されたヒトラー・ユーゲントが組織され，スポーツ，集団キャンプ，合宿，見学・視察旅行などの活動が活発に行

われた。

　1936年制定のヒトラー・ユーゲント法によって，ドイツ全土の青少年がこの組織に組み込まれた。またワンダーフォーゲル運動や青少年団体，労働者団体やユダヤ人の体育・スポーツ団体など，すでに組織されていた諸団体もヒトラー・ユーゲントに吸収され，あるいは解散，統廃合を余儀なくされたのである。ドイツ体育連盟もまた，1938年にはヒトラーの命名により，ナチス全国体育連盟となった。

　1936年にベルリンで開催された第11回オリンピック競技大会は，「ナチ・オリンピック」とも称されるように，国内的には国威の発揚，対外的にはヒトラー政権の誇示という，ナチスの政治目的に利用された大会となった。その後ナチスは対外侵略を推し進め，1939年ポーランドに侵入，第二次世界大戦を引き起こすが，ドイツの敗戦とともに崩壊した。

日本の状況

　日本では，日清戦争，日露戦争の勝利によって国粋主義がますます高揚するなかで，教育においても教練重視の傾向が強まり，学校体育における軍事教練の位置づけが明確になった（具体的な状況については第7章2を参照）。運動会では，軍隊や戦争を模倣したゲームが増え，戦争ごっこなども流行するようになった。高等教育機関においても勝つことが重視されるなど，戦時体制下では，学生スポーツもまた思想善導に用いられた。武道への関心も再び高まり，1895（明治28）

ベルリン・オリンピックのポスターと，オリンピックを観戦するヒトラー
（Wolfgang Eichel, *Illustrierte Geschichte der Körperkultur*, Sportverlag Berlin, 1984）

年には，武徳の保護・奨励を目的とする大日本武徳会が発足した。

　日露戦争による国力の消耗は激しかったが，その結果として欧米列強の注目を集めた日本は，スポーツの場面においても急速に国際大会に登場するようになっていった。嘉納治五郎は，クーベルタンの要請によってアジアで初の国際オリンピック委員会委員に就任，日本人選手のオリンピック初参加（ストックホルムでの第5回大会）に向けて，1911（明治44）年に「大日本体育協会」が設立された（第7章3を参照）。

　第一次世界大戦から第二次世界大戦までのあいだは，国内でも対外関係においても緊張が高まりつつあった時期である。国際的なスポーツ大会参加や明治神宮体育大会開催などを通して国民のスポーツへの関心も高まっていったが，一般の人々にとってスポーツは，新聞報道やラジオ放送（1925［大正14］年放送開始）を通して触れ親しむという段階であった。軍隊教育においてもようやく，フットボールやバスケットボール，重量挙げなどの競技スポーツが採用されるようになった。

戦時体制と体育・スポーツ

　1931（昭和6）年の満州事変勃発を期に，日本は急激に戦時体制を強め，学校体育への国家的統制の強化と学校教育における武道の必修化が進められた。1937（昭和12）年の日中戦争勃発から1941（昭和16）年の太平洋戦争突入に至る国家総動員体制下では，さまざまな国家政策が展開された。1938年には厚生省が設立され（国民体力の向上をめざした企画や調査などを行う体力局も同時に設置される），翌1939年には，国民体力政策の一環として体力章検定が制定された。また同年，12歳から19歳までの勤労青年男子の青年学校への就学が義務づけられるなど，教練重視の教育政策が展開された。

　1938年に政府主催で開催された明治神宮国民体育大会では，体力章検定と国防競技（手榴弾投げや武装競技など）が取り入れられるなど，軍事色の高まりと国家総動員体制のもと，体育やスポーツにも国家的統制が強化されていった。大日本武徳会も改組され，柔道，剣道，弓道，銃剣術，射撃を中心に，実践的な武道が奨励された。

　1941年の国民学校令では，小学校は国民学校へ，「体操科」も「体錬科」へと名称変更された。体錬科では，身心を鍛錬し，皇国民に必要な能力の育成を目標

とし，教材は，体操，教練，武道（柔道・剣道）からなっていた。

オリンピックでは，アジアの地における初の大会として，1940年に東京で第12回大会を開催することが決定した。しかしながら，この東京大会は，日中戦争拡大のため返上，開催地をヘルシンキに変更したが，そのヘルシンキ大会も，また次の第13回大会（開催地：ロンドン）も，第二次世界大戦により中止となった。戦争は，オリンピックの歴史にも，度重なる中止という暗い影を落としたのである。

b　戦争俘虜とスポーツ

日本におけるドイツ兵俘虜

「俘虜」といえば，私たちはまず，第二次世界大戦後シベリアに抑留されていた日本兵捕虜の悲惨な収容所を思い浮かべる（「俘虜」と「捕虜」は同義語であるが，第二次世界大戦の場合は，慣例に従い「捕虜」とする）。周知のように，当時シベリアでは，日本兵捕虜たちが，酷寒と飢餓のもと重労働に耐えながら，「ダモイ（帰国）」を合い言葉にひたすら帰国できる日を待ち望んでいたのであった。日本人のシベリア抑留は，日本の戦後史の空白部分として今後さらに解明されていかなければならない問題である。

このような悲惨な収容所生活とは対照的に，第一次世界大戦時徳島県に開設されていた板東俘虜収容所では，ドイツ兵俘虜たちが多彩な体育・スポーツ活動を行い，それを通して地元の人々との交流を深め，厳しい戦争の影にも敵と味方，俘虜と管理者という，国境や立場を超えた人類愛の花を咲かせた。このことは，時代や世界情勢の違い，戦争文化の違いによって，俘虜の取り扱いや俘虜のありかたに違いはあるにしても，今日の私たちにいろいろな意味で文化のありようや意義を考えさせてくれるものである。

日本におけるドイツ兵俘虜収容所

第一次世界大戦の際，日本は日英同盟を結んでいたため1914（大正3）年8月ドイツに宣戦布告し，同年11月当時ドイツの租借地であった中国・膠州湾の青島要塞を攻略した。降伏したドイツ軍兵士約4,700名は俘虜として日本に送られ，東京，静岡，名古屋，大阪，姫路，丸亀，松山，徳島，福岡，久留米，大

分，熊本の12カ所の収容所に収容された。その後，収容所の統合，新設，移転がなされ，彼らは最終的には，習志野，名古屋，青野原，板東，似島，久留米の6収容所に収容された。各収容所の俘虜たちは，1920（大正9）年1月に解放されるまで，望郷と焦燥の念にかられながらも，それぞれの状況に応じてさまざまな文化活動を行いながら，収容所生活を送っていた。

「俘虜」は，国際条約に基づいて制定された取扱規則等によって人道的に処遇されることが定められていたが，当時の日本では，具体的な管理方針や対応は各収容所当局によって異なっていた。したがって，体育・スポーツをはじめとする俘虜たちの文化活動も，所長の管理方針によって，また収容所の立地条件や施設によっても違いがみられた。

板東俘虜収容所

特に，元ドイツ兵俘虜たちによって「模範的収容所」と評された徳島県の板東俘虜収容所（1917年4月9日開設，1920年4月1日閉鎖）では，約1,000名のドイツ兵俘虜たちが，戦時俘虜でありながら，収容所新聞『バラッケ（Die Baracke. Zeitung für das Kriegsgefangenenlager Bando, Japan）』（1917～1919年。「バラッケ」とは，俘虜たちにとって日本での仮の住居となった収容所の兵舎・バラックのこと）の発行をはじめ，さまざまな文化活動を許され，比較的ゆとりのある収容所生活を送っていた。その一環として彼らは，祖国で行っていたようなしかたで体育・スポーツ活動を行い，それを通して地元の人々との交流を深めた。また，1918年6月1日に板東のドイツ兵俘虜たちがベートーヴェンの第9交響曲を演奏し，それがこの曲のアジアにおける初演であったとされる。

スポーツが大衆化し始めた時期にあった当時の日本の，しかも俘虜収容所という特殊な状況のなかで，板東の俘虜たちのあいだでは，俘虜将校を委員長として「スポーツ委員会」が組織され，その傘下に，テニス，サッカー，トゥルネン，ファウストバル，シュラークバル，レスリングや重量挙げなどを行うクラブが成立し，多彩で組織的な活動が繰り広げられたのであった。収容所内にはあらかじめ小規模の運動場が設けられていたが，さらに俘虜たちの作業によって，所内にはトゥルネンやレスリングの練習場，ビリヤード場，九柱戯場（九柱戯とは，ボウリングの原型とされるヨーロッパの民衆スポーツ。9本のピンで行う）などが，また収容所の外には，サッカー場，テニスコート，球技用の競技場や水浴場などが

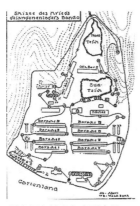

（左）板東俘虜収容所全景（『板東俘虜収容所案内図』，1917年）
（右）トゥルネンクラブの組立体操（いずれも鳴門市ドイツ館蔵）

造られた。「スポーツ週間」や「トゥルネン祭」が開催され，また所外への散歩・遠足も頻繁に実施された。遠足先での水泳大会や競歩大会なども開催されている。

　健康管理と精神衛生上，俘虜たちを所内に拘束しておくことは好ましくないと判断し，散歩・遠足をはじめ体育・スポーツ活動を積極的に認める収容所当局の方針と，俘虜たちの，健康保持と精神衛生にとって運動が重要である，という考えかたとがあいまって，板東俘虜収容所では，約2年9ヵ月の収容所生活のあいだ（休戦条約締結後運動を控えていた時期もあったが），特に身体活動が盛んに行われていた。異国での俘虜生活を送る彼らの体育・スポーツ活動に寄せる関心や期待は大きく，これらの活動が俘虜生活にとって大きな意味をもっていたことは，収容所新聞『バラッケ』の随所にうかがえる。

地元の人々との交流

　ドイツ兵俘虜たちの体育・スポーツ活動は，所外との交流や地元の体育・スポーツの近代化においても重要な役割を果たしたといえる。たとえば，大日本武徳会徳島支部は，俘虜たちを招いて「ドイツ武術研究演武会」を開いて武術の研究を行い，また収容所に武道家を派遣した。地元の人々は，日頃から鉄条網越しに見物していたが，頻繁に実施された俘虜たちの所外への遠足や競歩大会を通じて交流を深めた。地元の青年たちもまた，俘虜たちの重量挙げをまねたり，俘虜

たちの帰国後払い下げられた俘虜愛用のテニスラケットを使ってテニスのまねごとをしたりするなど，ドイツ兵俘虜たちの活動を通して近代スポーツを愛好するようになっていった。

1918年6月1日には，板東の俘虜たちがアジアで初めてとされるベートーヴェンの第9交響曲の演奏を行ったことについてはすでに述べたが，その同じ日に，地元の小・中学校の教師・生徒たちが収容所を訪れ，ドイツ兵俘虜によるサッカーやテニス，器械体操などを見学している。そしてこれがきっかけとなって，のちに俘虜たちが板野郡立農蚕学校（現・徳島県立板野高等学校）に出張し，体操の実技指導を行うようになった。

このようなドイツ俘虜たちの活動の背景に，収容所長の松江豊寿（1872-1956）の俘虜に対する温かい方針があったことも忘れてはならない。会津藩士の長男として生まれた松江は，ドイツ兵俘虜たちを，祖国ドイツのために戦った英雄として博愛と武士道の精神で厚遇し，地元の人々との交流を奨励した。そのような松江所長の理解と協力のもとに，ドイツ兵俘虜たちは，スポーツの他にも，牧畜や製パン，楽器演奏などの技術・文化を地元の人々に伝えた。

ドイツ兵俘虜の活動の意義

当時日本では，ようやく一般大衆に近代スポーツが普及し始め，陸軍においても競技スポーツが重視されるようになっていた。また競技スポーツの組織化が進められ，全国的な規模で体育・スポーツ大会も開催されるようになっていた。当時の日本の体育・スポーツがこのような発展段階にあったとき，陸軍管轄下の板東俘虜収容所のドイツ兵俘虜たちはすでに，高度に組織化した体育・スポーツ活動を意欲的に行っていたのである。またそれを通して地元の人々との交流を深め，地元の体育・スポーツの発達に重要な役割を果たしたのであった。

以上のように，板東のドイツ兵俘虜たちの活動は，日本の一地方におけるスポーツの近代化を考察するうえでも，きわめて興味深いものであるといえる。

ドイツ兵俘虜カール・フィッシャー

ドイツ・ワンダーフォーゲル運動の初期の指導者として知られ，「ワンダーフォーゲル運動の父」と称されるカール・フィッシャー（Karl Fischer, 1881-1941）もまた，板東俘虜収容所のドイツ兵俘虜の一人であった。

のちにワンダーフォーゲルと名づけられるドイツの青年運動は，1896年，ベルリン郊外シュテグリッツにおいて，青年たちに速記術を教えていた大学生ヘルマン・ホフマン（Hermann Hoffmann, 1875-1955）によって始められた。ワンダーフォーゲルといえば，日本では，それが移入されたときから山登りのような青少年の野外活動として発達してきたが，ホフマンが創始したこの運動は，ドイツの青年や学生が集団で山野を徒歩旅行し，訪れた村々で食事を作り，民謡を歌い，歴史を語り合うというものであった。

1900年，ホフマンが外交官となってシュテグリッツを離れたのち，彼のあとを継いでこの青年運動の指導者となったのが，彼の弟子で速記術の団体の議長を務めていたカール・フィッシャーであった。この運動は1901年11月に「ワンダーフォーゲル（Wandervogel）」（「渡り鳥」の意味）と名づけられた。

フィッシャーは，父親の死によって大学を中退，また反対派との対立などからワンダーフォーゲル運動からも退き，1907年1月海軍に志願して中国・青島に赴いた。除隊後も中国にとどまり仕事に従事していたが，第一次世界大戦が勃発，現地召集兵として日本軍と戦ったのであった。

俘虜として日本に送られたフィッシャーは，当初収容された松山俘虜収容所の公会堂分置場で俘虜仲間に速記術を教えながら約2年5カ月を過ごしたのち，四国の丸亀・松山・徳島の3収容所を統合して新設された板東俘虜収容所に移り，そこで解放されるまでの約2年9カ月を過ごした。

板東俘虜収容所において俘虜たちが上演した演劇の脚本が今に残っているが，そこに「陽気で活発なフィッシャー曹長もそこに居る──ワンダーフォーゲルの父」と書かれている。

収容所の活動とフィッシャーのスポーツ観

前述したように，板東俘虜収容所では多彩で組織的な体育・スポーツ活動が行われていた。

1919（大正8）年4月17日には競歩大会が開催されている。収容所新聞『バラッケ』には，この競歩大会について報じた記事が掲載されており，フィッシャーも出場していたことがわかる。当時38歳であった彼は年配組には所属せずに，一般の出場者85名のうち57位でゴールしており，タイムは2時間38分22秒であった（なお板東俘虜収容所の競歩大会は，帰国の近づいた1919年12月10日にも開催

されている。しかしこの時の参加者リストにフィッシャーの名前はない）。

1919年3月29・30日には「スポーツと娯楽の夕べ」が開催され，平行棒や鞍馬（あんば）等の演技，レスリングやボクシングの試合，音楽グループによる演奏などが俘虜仲間を前に披露された。

収容所新聞『バラッケ』1919年4月号には，この夕べを報じる記事が掲載されているが，その末尾に K. Fischer という署名がある。外務省記録の俘虜名簿によると，フィッシャー姓の俘虜4名のうち名前の頭文字がKであるのはカール・フィッシャーのみであることから，この記事は彼が書いたものと特定できる。

この記事で注目されるのは，まず，フィッシャーが日本の柔術（柔道）に興味を持っていたことである。彼は，「我々のヨーロッパの格闘技に日本の柔術を照らし合わせるということは，すばらしい考えである」と述べて，俘虜仲間の講演によってすでに柔道について学んでいたが，この夕べにおいてもレスリングやボクシングの技を実例として柔術の技が披露されたことを報じている。そして，自分たちの身体活動に吸収すべき点として，「技だけではなく，首の筋肉強化がいい柔術家をつくりあげる」ことを特筆している。収容所生活で学んだ日本の伝統文化・柔術に関する興味深い叙述である。

またフィッシャーは，収容所における俘虜仲間のトゥルネン活動の成果を評価し，トゥルネンにおける身体訓練の重要性を強調している（トゥルネンについては第5章7を参照）。彼は，日常的な用具を用いた組立体操は，器械体操よりも身近な運動ととらえていたようである。

さらに，日頃の収容所生活の中で鍛錬した身体の美を，ギリシャ彫刻の像のようなポーズをとって披露するという俘虜仲間の演技を通して，身体の鍛錬は技術を体得することなくしては成立しないが，正しい身体訓練によって身体の美を追究することもすばらしい成果を生み出すことにつながる，と述べている。また，身体訓練とそれによって生まれる美は人間の生への健全

フィッシャーが出場した競歩大会のイラスト
（収容所新聞『バラッケ』1919年4月号，鳴門市ドイツ館蔵）

な欲求の証しであり，技術を体得する活動と身体を鍛錬する活動が調和したときにすばらしい成果を表すことができる，とも考察している。フィッシャーの創始したワンダーフォーゲル運動では身体の訓練と精神の鍛錬が重視されていたが，これらの叙述からもそれがうかがえる。

一方，スポーツそのものに対しては，空虚な異国の有閑階級のぜいたくな遊びであり「想像力に乏しく思想も持たないもの」として，フィッシャーは批判的な見解を持っていたようである。しかし，たとえそのようなものであるにしても，俘虜仲間の活動のように，スポーツは，行いかた，用いかたによっては決して無意味なものではない，と価値を見出していたことが読み取れる（ドイツにおけるスポーツ批判については第5章7を参照）。

なお，ワンダーフォーゲル運動には，すでにワイマール期のころからナチズムの素地をみることができる，ともいわれているが，1910年代末に日本の収容所で書かれたフィッシャーの文章からは，そうした傾向はうかがえない。

1920年，俘虜解放ののちドイツに帰国したフィッシャーは，不遇の生涯を終えたとされる。ドイツの青年運動がナチズムへと移行していくなかで，晩年のフィッシャーの思想と生活に日本での俘虜生活が影響を与えたのかどうかは今後さらなる検討が必要である。

ドイツ兵俘虜のスポーツ活動が語りかけるもの

このように，第一次世界大戦時，徳島県の板東俘虜収容所では多彩なスポーツ活動が展開されていた。異国の収容所という限られた状況下で，俘虜たちにとってスポーツは，身体的にも精神的にも重要なものであった。またそれらの活動を通して，俘虜たちと地元の人々との交流が繰り広げられ，人類愛の強い絆が結ばれた。

かつての収容所跡地およびその周辺では，俘虜たちの足跡を今に伝える公園や施設が整備され，また俘虜たちが築いたドイツ橋・めがね橋も遺されており，日独友好の象徴となっている。ドイツ兵俘虜たちの活動と地元の人々との交流は，スポーツが世界共通の文化であることを，時代を超えて今日の私たちに語りかけている。

2　日本の戦争と体育・スポーツ

　戦争は，強靱な肉体と精神力を持つ男子を必要とした。そのため，心身の鍛
練に効果がある運動や体操，スポーツ，武道は，それらを実施する人々の思いに
かかわらず，戦争に組み込まれていく。「富国強兵」のスローガンのもと，陸軍
の強い影響下で，戦前の体育は展開されてきた。健全な心身の育成をめざして明
治期に始まった体操科は，軍国主義化が進むなかで，軍事訓練の予備的な位置づ
けとしての兵式体操や教練の比重が大きくなっていく。そして，太平洋戦争下に
おいては体錬科となり，戦技訓練の時間へと変質していった。スポーツはその自
由を失い，精神性が強調され，体力養成が使命となる。体育やスポーツが着実に
段階を踏みながら，軍国主義に染められていく過程で，何が失われていったのだ
ろうか？　その失われたものを通して体育やスポーツの本質を考えていくことと
しよう。

軍事訓練としての武士階級の体操

　西洋の体操が日本に伝えられたのは江戸末期で，武士階級の軍事訓練の一環
として導入されている。欧米列強国の軍事的圧力と，薩摩藩や長州藩など西国雄
藩の動きに危機感を募らせていた幕府は，1867（慶応3）年にフランスの軍事教
官団を日本に招き，幕府兵士の育成・強化にあたらせた。ところが，幕府兵士た
ちは基礎的身体能力が欠けていて最新の軍事訓練に適応することができず，まず
は基礎体力の養成に力を注がねばならなかった。フランス人教官たちが，自らが
本国の軍隊で経験した徒手，器械体操を教えたところ，短期間のうちに成果があ
がり，のちに和歌山藩や静岡藩などのいくつかの藩でもこのフランス式伝習が導
入されている。

　このように，幕末から明治初期にかけて，軍事訓練の基礎として，あるいは
藩学校の教育の一部として，ヨーロッパに起源をもつ身体訓練法が導入された。

兵式体操の導入と強化

　1868（明治元）年に明治政府が樹立されてから1945（昭和20）年の太平洋戦争

の終結に至るまで，日本の重要な政策の一つは「富国強兵」であった。明治政府は「国民皆兵」の考えかたのもとに常備軍の編成を目指し，1873（明治6）年に徴兵令を公布する。満20歳になった男子は，身分の区別なく徴兵検査を受け，3年間の兵役に就いた。

学校での体育の始まりは，1872（明治5）年の学制の発布以後であるが，内容は健康教育的な性格を持つ普通体操として発展しており，軍事訓練としては位置づけられていなかった。ところが1883（明治16）年に徴兵制が改正され，中学校以上の官公立学校の歩兵操練科の卒業証書を持っている者に対して軍隊での兵役期間の短縮を認めたことから，文部省は歩兵操錬科の内容を規定する必要に迫られることになり，体操をめぐる文部省と陸軍省との関係が始まる。

1884（明治17）年，文部省は体操伝習所（1878年に設立された体育教員・指導者の養成機関）に対して，学校で行われる歩兵操練科の程度，実施方法，およびそれを小学校で実施することが適当かどうかを調査するように命じた。体操伝習所は陸軍の現役の歩兵大尉を迎え入れ，調査に取りかかる。そして，中学校と師範学校で4年間，陸軍式体操や号令などを行うことや，小学校高学年での歩兵操練の一部実施を認める報告がなされた。

日本の学校体育が，兵式体操重視のもとに，兵式・普通体操の二本立てとなるのは，1886（明治19）年の学校令の公布以後である。兵式体操の普及・強化にもっとも影響力を発揮したのが，文部大臣森有礼（1847-1889）であった。教育は個人のためではなく国家のためにするのであり，体育は国民を，天皇制国家を支える「臣民」にまで教育する重要な手段であるというのが，森の考えかたであった。

学校令によって，体操科は必修科目となり，高等小学校では男子に隊列運動が，中学校と師範学校では兵式体操が課された。中学校では4年生と5年生で実施され，内容的には歩兵操練の初歩となる程度であったが，師範学校では兵式体操の参考書として『歩兵操典』『体操教範』『射的教程』『野外演習軌典』などの陸軍省出版物があげられており，強い軍事的意図を感じさせる。1888（明治21）年には小学校の隊列運動が，兵式体操に改称された。

森有礼（『近世名士写真其2〔1934-35年〕』近世名士写真頒布会，1935）

こうして，軍隊式の規律訓練が，小学校低学年を除くすべての男子に課されることになった。

武道の正課採用

日本は，1894（明治27）年の日清戦争と1904（明治37）年の日露戦争を経験した。とりわけ，銃や大砲といった火力兵器の不足を，銃剣突撃をして敵と至近距離で戦う白兵戦で補った日露戦争は，学校体育への在来武術採用論を刺激した。

1895（明治28）年，日本古来の各種の武芸を保護奨励し，国民の士気を養成することを目的に，京都に大日本武徳会が設立されている。

武道の学校体育への採用については，撃剣（剣道）界からの政府への活発な働きかけがあった。しかし，正課としてはなかなか採用されず，日露戦争中の1905（明治38）年の第21帝国議会でも，武道正課案は否決されている。

文部省が体操伝習所に剣術及び柔術の教育上の効果を調査するように命じたのは，1883（明治16）年である。答申では，身体の発達，持久力，護身力，気力などを養うことができるとしながら，身体の調和的発達を妨げること，危険を伴うこと，闘争心を誘発し勝負にとらわれやすいこと，心身の発達に応じた指導が困難であるなどの理由で，正課の体育授業への導入は不可とした。そして，この答申が文部省の武道に対する方針となり，その後も変わっていなかった。

しかし，剣道関係者の熱心な努力が実って，1906（明治39）年の第22帝国議会で，撃剣・柔術またはそれを体操化した運動を，中学校の体操科で採用する案が可決された。ただ，文部省は実地調査を行ったうえで全国中・師範学校校長会に諮問するなど，慎重な姿勢を崩さなかった。そして，5年後の1911（明治44）年になってようやく中学校施行規則を改正し，武道は正式に中学校の体操科の教材として採用されることになった。翌年には師範学校でも採用されている。

体操科への陸軍の干渉

1906（明治39）年，陸軍大臣寺内正毅（1852-1919）は，文部大臣牧野伸顕（1861-1949）に対して書簡を送る。それは，学校体操を陸軍の体操である兵式体操に統一し，その教員に陸軍を満期除隊した軍人（下士官）をあてるようにしてはどうかという打診であった。

これに対して牧野は，学校の体操と軍隊の体操では目的が異なるので，学校

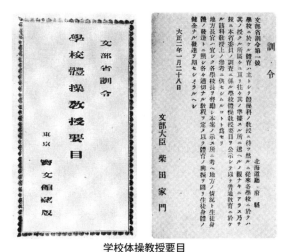

学校体操教授要目
(東京教育大学体育史研究室編著『図説 世界体育史』新思潮社，1964)

での体操を兵式体操のみとすることは難しいこと，無条件に退役軍人を教員とすることは困難であるが，しかし，それぞれの目的に反しない範囲で接近させることは双方にとって都合の良いことであるので，調査委員会を設置して検討することは問題ない，と回答した。

翌年，陸軍省と文部省から委員が出て，第1回の学校体操調査会が開催された。しかし，両者の主張は平行線をたどり，合意には至っていない。

1909（明治42）年，委員を一新して第二次共同調査会が開始された。文部省側からは，欧米留学から帰国し，東京高等師範学校の教授となっていた永井道明(1869-1950)が委員として参加した。永井は，陸軍戸山学校を訪れ，ヨーロッパでは学校体育でも軍隊体育でも，基本的な身体訓練としてスウェーデン式の体操が導入されている状況を説明し，陸軍もこのような状況に鑑み，スウェーデン体操を導入するように説得にあたった。

この説得が功を奏して，学校体操整理統一案が合意され，普通体操と兵式体操の並立の時代が終わる。兵式体操の集団訓練は教練となり，体操の内容はスウェーデン体操に統一された。

こうして，1913（大正2）年の「学校体操教授要目」が誕生する。結果的には陸軍側の主張は取り下げられることになったが，陸軍が体操科に介入する姿勢は，この後も続いた。

青年団の統制と体育の奨励

　日露戦争終結後，政府は各地の青年集団を支配体制下に置こうとしていた。対象とされたのは義務教育修了後に中学校や師範学校に進学しなかった者たちで，この年齢層の青年たちにも国家主義的な教育を注入する機会が必要であった。

　1915（大正4）年，内務大臣と文部大臣の連名で訓令「青年団体の指導発達に関する件」が発せられた。陸軍大臣の名前はないものの，この訓令への陸軍省の影響力は大きく，青年の思想善導を図りたい内務省，徴兵前軍事教育を実施したい陸軍省，学校卒業後の青年教育の場として活用したい文部省の思惑が入り交じっていた。こうして，地域で自主的に発展してきた若者集団への国家統制が始まる。「青年団」という名称が全国的に広まり，青年団は修養機関と性格づけられた。

　この訓令に対して多くの青年団関係者から強い批判の声が上がったが，青年団への政府の影響力は強まり，結果的には，各地の青年団では修身や教練的なものが重視され，剣道，柔道，弓術などの武道が実施された。野球やテニスなどのスポーツも普及し盛んになっていったが，軍隊を退役した在郷軍人や小学校教員の指導のもとに小学校でなされることが多く，陸軍式の体操も行われていた。

　青年団の体育活動は軍国主義の影響下にあり，青年たちは国防と生産を担う存在として期待された。

現役将校の学校への配属

　1925（大正14）年に「陸軍現役将校学校配属令」が公布され，中学校以上のすべての学校で，陸軍の現役将校が教練を担当することになった。

　第一次世界大戦後，政府は内外の世論や大戦の戦後処理のために開催されたワシントン会議の決定によって，軍備を縮小せざるを得なかった。このような状況下で，陸軍は軍の近代化，機械化を果たすための財源を確保する目的で，約9万人の常備軍を削減したが，国防力の低下を避けるために，徴兵前の若者たちに対する軍事教育を強化することを計画した。常備軍削減で余った現役将校を学校（大学，専門学校，高等学校，中学校，師範学校）に配属することは，兵力を温存することにつながる軍縮対策であった。

　中学校や師範学校では，各個教練や部隊教練，射撃，指揮法，軍事講話など

を教材として教練が実施された。これらは，戦技，兵技の訓練であり，軍隊教育の予備教育であった。

1926（大正15）年，20歳までの青年たちを対象に，青年訓練所が設置される。青年訓練所では，職業的・公民的教育とともに，教練が実施された。教練の時間数は4年間で400時間とされており，修身および公民科100時間，普通科200時間，職業科100時間と比べて突出している。青年訓練所で実施される総時間数の5割を教練の時間が占めていた。青年訓練所設置の目的は明白であった。

学校で，地域で，若者たちを戦争に動員する仕組みが着々と整備されていく。

学校体育の戦時体制化

1927（昭和2）年の金融恐慌と1929年にアメリカで始まった世界大恐慌によって，日本経済は行き詰まりを見せる。大不況は企業の倒産や労働者の解雇，労働運動の激化などにつながり，その打開策として，日本はアジア大陸に向けて帝国主義的な進出をめざすことになる。1931（昭和6）年，満州事変が勃発して15年に及ぶ侵略戦争が始まり，国内体制は急激に戦時体制化していった。

学校体育の戦時体制化は，武道の必修化から始まる。1931年に中学校令施行規則が改正され，剣道と柔道が体操科の必修の内容となった。剣道と柔道はわが国固有の武道であり，質実剛健の国民精神を育て，心身を鍛錬するのに適しているという理由からであった。同様に，師範学校規則も改正され，武道が必修化されている。

青年訓練所は実業補習学校と整理統合され，1935（昭和10）年に青年学校に改編された。青年学校は男女とも2年間在学する普通科と，男子は5年，女子は3年制の本科からなり，普通科男子には体操科が，本科の男子には教練科が課されていた。青年学校で行われる体操は，陸軍系統の体操教範によって指導がなされることになっていた。

1939（昭和14）年には政府は青年学校を義務教育化する。中学校や師範学校などに在学していない満12歳から満19歳までの勤労青年男子は，青年学校に必ず就学しなければならなくなった。本科の男子は，第1学年から5学年まで，年間各70時間の教練科の授業を受けることになっており，その指導は正規の教員以外に主として在郷軍人から採用された者があたっていた。教練重視の教育政策は，戦時体制に対応して国民を予備兵力化する意図で展開されていた。

体操科から体錬科へ

　1937（昭和12）年の盧溝橋事件をきっかけに，日本と中国は全面戦争に突入した。近代戦は総力戦体制の確立を必要とする。国内では，国民精神総動員運動が展開された。この運動は「挙国一致」「尽忠報国」「堅忍持久」（一つの目的のために国全体が一体となり，国民は国家に忠義・忠誠を尽くし，国から与えられた恩に報いる。そのために辛さや苦しさに耐え，我慢強く持ちこたえる）の三大スローガンのもとに，国民を戦争に動員するための官製の国民運動であった。

　しかし，日中戦争が長期化し泥沼化すると，1938（昭和13）年には国家総動員法が制定され，労働，経済，物資，施設など，国民生活全般にわたって国家統制が行われた。そのような戦時体制の確立を背景にして，1941（昭和16）年12月8日に太平洋戦争に突入する。

　戦争に国民を動員していくためには，国民の教化が不可欠であった。1941年，国民学校令及び施行規則が公布され，小学校は国民学校となる。国民学校の教育の目的は，忠良なる皇国臣民を錬成することであった。

　このような考えかたのもとに，翌年，「国民学校体錬科教授要目」が制定される。体操科は体錬科と名称を変更された。体錬科の目的は，身体の鍛錬と精神の錬磨を一体的に行い，闊達剛健な心身を育成し，「献身奉公」の実践力を培うことにある。それは，当然のことながら，国防力を担う心身の錬成であり，「お国のため」に役に立つ皇国民を育てることであった。

　体錬科の内容は，体操，教練，遊戯競技，衛生，武道となる。高等科男子に対しては，特に教練が重視された。初等科の男子にも剣道と柔道が必修化され，女子には薙刀を課しても良いことになっている。武道の指導においては，心身を鍛えるとともに，「武士の精神を涵養する」ことが期待されている。

　しかし，このように精神性に目を向けていられる時間は長くは続かなかった。拡大する戦局の中で，戦争は激しさを増した。日本は徐々に劣勢に立たされ，兵士は不足する。そういった状況の中で，体錬科は戦技訓練の場へと変質していった。「陸上競技」は「陸上運動」とされるようになり，従来のように技量を争うのではなく，戦地に出征するための能力錬成が目標となった。武道は戦技としての性格を強めた。やがては，行軍，戦場運動，銃剣道，射撃などの戦技訓練が重視されるようになり，グライダー訓練や通信訓練，海洋訓練なども加えられていく。

課外スポーツの国家統制

軍事体制化していくのは，体育の授業だけではない。課外体育活動でも，校友会や学友会などを改組した学校報国団による国家の統制が強化されていった。

学校報国団の統括責任者は校長で，すべての生徒と教職員で組織された。各校における学校報国団の規則と予算は，文部省の承認を得て実施することになっており，国家管理の枠の中に組み込まれた。校友会などの校内組織は，活動の自由を失い，学校当局の管理下に置かれることになる。そして，校友会組織の一部として活動した体育会などの組織は，学校報国団鍛錬部とされ，武道班（柔道，剣道，弓道など），鍛錬班（陸上，水泳，相撲，体操，集団訓練など），球技班（野球，庭球，蹴球など）に再編された。

1941（昭和16）年，文部省は「大日本学徒体育振興会」を発足させ，学生や生徒の体育団体に対する全国的な統轄組織を確立した。学生や生徒の日常的なスポーツ活動や大会は政府の統制下に置かれることになり，自由なスポーツを行うことは不可能になる。

国防競技の登場と体力重視の政策

1937（昭和12）年，西宮球場で大阪府内の青年学校が参加して「国防スポーツ第一回競技大会」が開催された。この大会では，「行軍競走」「団体障害物競走」「土嚢運搬継走（リレー）」「担架継走」「手榴弾投擲」「綱引」など7種目で構成されており，集団競技や武装競走が重視されていた。国防競技の登場である。種目名からわかるように，それらは戦技訓練であった。1939（昭和14）年には明治神宮国民体育大会にも国防競技が採用され，1942（昭和17）年からは「戦場運動」に名称を変える。

国民精神総動員運動において政府は，戦争のための国民思想の統一を図ろうとした。そのような社会情勢の中で，スポーツだけが個人の自由のために存在することは許されなかった。1937（昭和12）年12月，政府は「国民精神総動員に際し体育運動の実施に関する件」を発する。スポーツは，国民精神を奮い起こし，体力向上に寄与することを求められた。その目的は，国家の使命に従うことであり，戦場でも銃後でも，戦争を支える国民を養成することであった。

政府は陸軍省の強い要請を受けて，1938（昭和13）年に厚生省を設立する。1935（昭和10）年の徴兵検査の結果を見て，陸軍省は男子の体力の低さを憂慮し

た。厚生省には「体力局」が置かれ、その事業には「体育運動団体の統制」が含まれており、スポーツ団体の活動方針を競技力向上から国民体力向上へと転換させることを企図していた。

　実際に、体力増強をアピールする標語のもとに、集団的体育行事が多くなった。合同体操会、体操大会、団体行進などが盛んになっていくが、厚生省の国民の体力向上のための諸施策はなかなか成果をあげることができず、その実施機関の設立を望んでいた。

オリンピック東京大会の中止とスポーツ大会の変質

　このような状況の中で、スポーツ団体は変質していく。1938（昭和13）年、大日本体育協会が改組した。それまでの大日本体育協会は、各種目別競技団体の統括団体であり、スポーツの健全な発達を促進することが目的であった。しかし、この改組では、国民体力の向上と国民精神を奮い起こさせることを目的に加える。

　その年、1940（昭和15）年に東京で開催される予定だったオリンピック東京大会の中止が決まる。中国との戦争の勝利に向けて物心両面ともに全力で邁進しているときに、オリンピック大会どころではない、というのが、政府の中止の理由であった。この政府の意向を受けて、組織委員会は中止を決定せざるを得なかった。日本のスポーツ界は、オリンピック参加という目標を失う。

　その後、大日本体育協会は国民精神総動員運動に連動した「国民精神作興体育大会」や、ヨーロッパ列強に対抗した日本・満州国・中華民国の連携による「東亜新秩序」建設への協力を目的に、日本、満州国、中華民国、タイ、フィリピン、ハワイの4カ国2地域からの参加者による「紀元二千六百年奉祝東亜競技大会」を主催した。スポーツ界は、国策に協力する範囲での活動へと縮小せざるを得なかった。

　そして、スポーツ大会で実施される競技種目も大きく様変わりしていく。手榴弾投げや土嚢運び、弾丸箱や担架のリレーなどの戦技訓練が「国防競技」として考案され、大会も開催されるようになる。1939（昭和14）年には、全国的な総合スポーツ大会である明治神宮国民体育大会が厚生省主催の大会となり、国防競技が種目として加わった。

体力章検定（東京教育大学体育史研究室編，前掲書）

体力の国家管理

　厚生省は，国民の体力の国家管理を着々と推し進めていった。1939（昭和14）年，15歳以上25歳以下の男子を対象に体力章検定を実施した。体力章検定は，100m走や2000m走，手榴弾投，重量物の50m運搬などの種目で戦場での能力や作業能力を測定するもので，「初級」「中級」「上級」の3階級の合格基準を設定し，合格するとバッジが与えられた。1942（昭和17）年からは，女子も対象となる。

　身体発育，疾病や運動機能などの体力検査を義務づけたのが国民体力法で，1940（昭和15）年に制定された。軍人などを除く26歳未満の男子と20歳未満の女子を対象に体力管理医が定期検査を行い，その結果は各自所持の「体力手帖」に記録された。体力章検定と合わせて，個人の身体や健康にまで国家管理が及ぶことになる。

新体制運動と「体育新体制」の確立

　1940年以降，日独伊三国同盟を結んだドイツの，ヨーロッパにおけるイギリス・フランスを相手の快進撃は，日本の支配階級を幻惑させ，ドイツの勝利に便乗しようと焦った。強力な国内体制の構築を企図して新体制運動が始まる。

　「バスに乗り遅れるな」。1940（昭和15）年10月，日本の既成政党は相次いで解散し，大政翼賛会が結成された。労働組合も解散して，11月に大日本産業報国会として一元化される。翌年，大政翼賛会は，大日本産業報国会などの官製国民運動団体の他，町内会や部落会，隣組まで傘下に入れ，太平洋戦争下で国民生活の隅々まで統制し，全国民を戦争協力体制に組み込む組織となった。

　新体制運動は，スポーツ団体の戦時体制化にも拍車をかけた。「体育新体制」

という言葉が生まれ，民間スポーツ団体は積極的に国民の体力向上と国民精神の振作を通じて，国家総動員体制の確立の一翼を担った。「体育奉公」というスローガンのもと，国防能力の向上，生産能力の向上に役立つものとしてスポーツは位置づけられ，戦争に利用された。

1942（昭和17）年3月，大日本武徳会が改組され，内閣総理大臣を会長とし，文部，厚生，陸軍，海軍，内務の各省が管轄する政府の外郭団体となった。伝統の柔道，剣道，弓道に加えて銃剣術と射撃を加えた「五武道」として戦時体制に合わせた。

4月には，大日本体育協会とその傘下のスポーツ団体が，大日本体育会に改組した。大日本体育会は政府の外郭団体であり，会長は内閣総理大臣が務めることになっていた。初代会長は東条英機（1884-1948）である。大日本体育会は文部省と厚生省の下に位置づけられ，副会長は文部大臣と厚生大臣であった。

各競技団体は部会として包摂され，各府県に支部が新設された。こうして，政府の体力政策の一元的な実施機関が誕生し，「体育新体制」は完成する。

戦争の激化と消えるスポーツ

1943（昭和18）年になると，スポーツの用語は，敵性用語として統制された。例えば，野球では，「ワンストライク」→「よし1本」，「ワンボール」→「一つ」，「セーフ」→「よし」となっている。競技名が変わるものもあり，ラグビーは「闘球」とされた。

このような統制や用具の不足，生徒や学生の勤労動員や出征，本土空襲の激化，食糧不足などで，スポーツはだんだん行われなくなり，やがて1945（昭和20）年8月15日の敗戦を迎える。

しかし，戦時体制下の極限状態の中でも，日本人たちはスポーツを忘れていなかった。終戦直後の9月，京都大学のグラウンドでラグビーの試合が行われているし，10月には東京六大学野球のOBたちが紅白試合を実施している。四国のある商業学校では，終戦からまだ2カ月もたっていない10月6日に野球の試合を行った。

日本スポーツの復興の歩みは，駆け足で始まる。

3　オリンピック・ムーブメントと世界平和

　前節まで，近代の戦争がスポーツに及ぼしてきたさまざまな影響をみてきた。ここでは，戦争の対極にある「平和」とスポーツとの関係について取りあげる。近代オリンピックが生まれた歴史的な背景を知るとともに，ピエール・ド・クーベルタンと嘉納治五郎の教育思想を概観し，オリンピック・ムーブメントとは何なのか，またなぜオリンピックが国際親善や世界平和につながるのかを考えよう。

「勇気と感動」の奥にあるもの

　アスリートであれば必ず一度は夢見るオリンピック。1896年にアテネで14カ国・241人の参加から始まったオリンピック大会は，今では参加国数が国連加盟国数（193カ国）を上回る地球規模のメガイベントとなった。直近の2016年のリオ・デ・ジャネイロ大会では，207の国と地域（難民選手団を含む）から約1万1千人のアスリートが集まった。1964年の東京，1972年の札幌，1998年の長野とすでに3回の大会が開かれた日本では，東京都が2020年に向けて4回目の大会準備を進めている。

　4年に一度，全世界の人々に「勇気と感動」を与えるオリンピックだが，その背後にはさまざまな問題が見え隠れしている。たとえば，テロ（ミュンヘン大会・1972年）やボイコット（モスクワ大会・1980年，ロサンゼルス大会・1984年）に代表される政治的な問題は，世界平和を謳うオリンピックの根幹を揺るがす一大要因となっている。ソウル大会（1988年）のベン・ジョンソンやシドニー大会（2000年）のマリオン・ジョーンズ，さらにはリオ・デ・ジャネイロ大会で100人以上が出場停止となったロシアの国ぐるみのドーピング問題は，世界のスポーツ愛好者に大きな衝撃を与え続けている。

　ところでオリンピックは，2012年と2015年にそれぞれ全面実施された中学校と高等学校の学習指導要領（保健体育：体育理論）の中で，授業で扱うべきテーマとして初めて位置づけられた。その趣旨は，オリンピックが「国際親善や世界平和に大きな役割を果たし」ていることを，生徒たちが理解できるようにすること

である。学校の体育教師はオリンピックに思いを馳せるだけではなく，オリンピックのよき理解者・よき批判者となることが求められるようになったといえよう。

　オリンピックはなぜ生まれたのか。オリンピックはなぜ4年に一度開催されるのか。オリンピックはなぜ世界平和につながるのか。日本はいつからどのようにしてオリンピックに参加するようになったのか。そもそも，オリンピックの理念，オリンピック・ムーブメントとは何なのか。

　オリンピックを理解しようとしたときに思い浮かぶこれらの素朴な疑問を意識しつつ，「勇気と感動」の奥にある歴史をひもとくことにしたい。

古代オリンピック

　私たちが目にするオリンピック大会は，今から約120年前に，フランス人のピエール・ド・クーベルタン（Pierre de Coubertin, 1863-1937）が古代のオリンピックに着想を得て始めたものである。それでは，古代オリンピックとは一体どのようなものだったのだろうか。

　古代ギリシャの各ポリス（都市国家）では宗教色に彩られたスポーツ競技祭が開かれ，オリンピア，デルフォイ，イストモス，ネメアのものは特に四大競技祭と呼ばれていた（表7-1）。全能の神ゼウスを祀るオリンピアの競技祭は最も古くかつ最も格式の高い大会で，紀元前776年から紀元後393年までの約1,200年にわたり，4年に一度のリズムで開催されていた。競技祭から次の競技祭までの4年間を1周期とする古代ギリシャの暦の単位は，オリンピアードと呼ばれ，このリズムは現代のオリンピックにも引き継がれている。

　実施競技は当初，約200mの直線コースを走るスタディオン走やこのコースを1往復するディアウロス走，同じく複数回往復するドリコス走，跳躍，円盤投げ，槍投げなどの走・跳・投種目が中心だった。やがてレスリング，ボクシン

表7-1　四大競技祭の概略

競技祭名	開催地	祭神	葉冠	創設年
オリンピック	オリンピア	ゼウス	オリーブ	前776年
ピュティア祭	デルフォイ	アポロン	月桂樹	前586年
イストミア祭	イストモス	ポセイドン	松，のち乾燥セロリ	前582年
ネメア祭	ネメア	ゼウス	生セロリ	前573年

グ，パンクラチオン（噛みつきと目つぶしだけが禁止されていた格闘技）といった格闘技や，戦車競走，競馬といった馬の競技などが加わっていくことになる。ギリシャやイタリアなどで出土した古代ギリシャ時代の水甕や酒杯，香油入れなどの陶器に描かれたスポーツは，当時の活気ある様子を今に伝えている。

ここで，古代オリンピックを支えかつクーベルタンに影響を与えた三つの思想に言及しておこう。

一つ目は，調和的な人間を表わす「カロカガティア（美にして善）」である。古代ギリシャの彫刻に，優美でしかも品のある力強さを感じたことはないだ

ディスコボロス（Elis Spathari, *The Olympic spirit*, Adam Editions, 1992, p.114）

ろうか。ミュロン作のディスコボロス（円盤投げ競技者）やポリュクレイトス作のドリュフォロス（槍をもつ青年）などに代表される作品は，当時のギリシャで理想とされた身体（筋肉・姿勢・動作）の力強さと美しさとが，品格に結びついた調和的人間像を表現したものである。

二つ目は，選手や観客が競技祭に向けて自分の国（ポリス）を出発してから帰国するまでの約3カ月間にわたる，「エケケイリア（聖なる休戦）」と呼ばれる制度である。この休戦制度は守られないことがあったものの，ポリス間の対立・抗争が絶えない時代において，オリンピアでの競技祭の定期的な開催を1,200年もの長きにわたって支え続けた要因となった。エケケイリアという古代ギリシャ人の知恵は，クーベルタンを介して近代オリンピックの平和思想に引き継がれている。

三つ目はスポーツと芸術の融合である。古代ギリシャの時代，アスリートは神々とともに，彫刻家や壺絵作家の表現対象そのものだった。古代オリンピックが開かれたオリンピアの神域では他のどこよりも多い，3,000体以上のアスリートの彫像が置かれていた。鍛え抜かれた身体と芸術とを結びつけようとするこの思想は，クーベルタンによって近代によみがえり，絵画・彫刻・文学・建築・音楽からなる芸術競技が，1912年から1948年までの計7大会で実施された。この思想はその後，芸術展示を経て，文化プログラムとして現在に受け継がれている。

中世から近代にかけてのオリンピック

　古代オリンピックは393年，古代ローマ帝国の皇帝テオドシウス 1 世（在位379-395）によって終焉を迎えたが，その記憶までが消え去ったわけではなかった。古代ギリシャ愛好熱が高まったルネサンス以降，ヨーロッパではギリシャ人旅行家パウサニアスの『ギリシア案内記』（160-176年頃）が注目され，古代のオリンピックに光が当てられた。

　オリンピックは，中世を代表する文学作品および初期近代英語に関する貴重な言語学的資料として名高いシェイクスピア（William Shakespeare, 1564-1616）の作品にも，顔をのぞかせている。「勝利の暁には，オリンピアの競技会で勝者に授けられるような栄冠を，彼らに約束するのだ」（『ヘンリー六世　第 3 部』第 2 幕第 3 場，1590-91年）と，「そしてまたわたしは見た。あなたがギリシャ軍に包囲されてもなお，オリンピアのレスラーのように悠然とひと息入れているのを」（『トロイラスとクレシダ』第 4 幕第 5 場，1601-02年）の 2 カ所に，"Olympian"という用語が刻まれている。

　オリンピックは文学作品の中だけにとどまっているものではなかった。1766年にイギリス人のチャンドラー（Richard Chandler, 1737-1810）によってオリンピア遺跡の一部が発見されると，古代オリンピックへの関心は一気に高まることになった。1829年にはフランス発掘隊がゼウス神殿の一部を，1875年から1881年にかけてドイツ発掘隊がオリンピア聖域の中心部を発掘した。これらの発掘成果は1878年のパリ万博における「オリンピア遺跡」の展示に結実し，古代オリンピックの情景は万博を訪れた多くの人々の目に焼きつけられることになった。

　考古学的研究が進むにつれ，オリンピックという名を冠する祭典やイベントなどが，ヨーロッパ各地で見られるようになった。これらのイベントのうち，近代オリンピックの成立に影響を与えたものとして，イギリスのマッチ・ウェンロック（Much Wenlock）で行われていたオリンピアン競技会と，ギリシャで開催されたオリンピア競技祭を挙げることができる。クーベルタンは1890年にマッチ・ウェンロックを訪れて競技会を楽しむとともに，主催者のブルックス博士（Dr. William Penny Brookes, 1809-1895）から競技会の国際化や開催都市の持ち回り，芸術競技の実施という次の時代を見据えたアイデアを聞かされた。一方，1859，1870，1875，1889年にアテネで開かれたオリンピア競技祭と，1891，1893年に開催された全ギリシャ競技会は，第 1 回近代オリンピック大会のアテ

ネ開催を受け入れる土台を築いた。

　近代オリンピックが始まる約100年前，近代体育の父と呼ばれるグーツムーツが『青少年の体育』（1793年）の中でオリンピックの復興を唱えたことは，体育・スポーツ指導者として注目しておきたい。

クーベルタンの思想形成過程

　1863年の元旦，のちに近代オリンピックを創設することになるクーベルタンが，パリ・ウディノ通り20番で産声をあげた。古典的な作風で知られた画家である父と慈悲の心の篤い母からなる裕福な男爵夫妻の第四子，末息子だった。これまで，7歳のときに経験した普仏戦争でのフランスの敗戦が，祖国の青少年教育への思いをクーベルタンに抱かせる契機になったといわれてきた。しかし，少年期のクーベルタンにとってよりショッキングな出来事だったのは，プロイセンとの和平交渉を担う臨時政府との戦闘により3万人にものぼる戦死者を出した，パリ・コミューン下における凄惨な戦いだった。彼は後年，「第二次パリ包囲戦，コミューンの狂気，最後の数日の殺戮と血糊のべとつくあの汚らわしい人間業とも思えぬ始末。これがフランスを悪夢のように通り過ぎていったのだ」（1896年）と回想している。

　戦争の悲惨な結末を目にした少年ピエールは，パリのマドリッド通りにあるイエズス会系の私立学校に通った。ギリシャ・ラテン語を中核とする古典語教育の中に身を置いた少年は，カロン神父の薫陶を受け，たちまち古代ギリシャ文明のとりこになった。ここで身につけた古代オリンピックを含む古典語教育の教養は，生涯を通じて彼の活動の源泉になっていった。

　1880年に学校を卒業した後，サン・シール士官学校へ入学手続きしたが程なく辞め，その後しばらく政治学分野の研究者養成を目的とする私設セミナーに通った。この間，クーベルタンはフェンシングやボクシング，乗馬，ボート，テニスなどのスポーツとともに，絵画や音楽などの芸術にも勤しんだ。そして，この時期に手にした2冊の本が，次に進む道を彼に切り開くこととなった。イギリスの教育について記されたテーヌ（Hippolyte Taine, 1828-1893）の『イギリス・ノート』（1872年）と，パブリック・スクールの生活が作者自身の体験から描かれたヒューズ（Thomas Hughes, 1822-1896）の『トム・ブラウンの学校生活』（1857年）である。

1883年，青少年教育への思いが高まった20歳のクーベルタンは，教育制度の比較研究のため，政治・経済・軍事・教育など多くの分野で世界の先頭を走っていたイギリスに渡った。そしてイートン校，ハロー校，ラグビー校などのパブリック・スクールを訪問し，先にあげた2冊の書物に書かれていたことが本当であることを知る。つまり，①イギリス社会の発展と安定に教育が大きな役割を果たしていること，②パブリック・スクールでは生徒を教師に服従させるのではなく，生徒に自由を行使する権限をもたせる教育が実践されていること，③これらの教育の中心にスポーツが位置づけられ，生徒たちが自分を犠牲にしながらチームのために努力したり，リーダーシップの資質を磨いたりしていたことである。

オリンピックの復興

　クーベルタンはイギリスからの帰国後，祖国フランスを争いのない秩序だった人間社会へと変革するために，青少年の教育システムを改革しようと考え，ルプレ（Frédéric Le Play, 1806-1882）の社会科学の手法を用いながら，イギリスでの調査研究をまとめた。そこから生まれた彼の提案は，「社会を変革するためには教育の中へスポーツを持ち込まねばならない」という，当時のフランスにおいては大胆かつ新鮮な主張だった。

　この主張をもとにクーベルタンが打ち出した次の行動は，学生スポーツを組織化することと，学校行政の上層部がスポーツを受け入れるような土壌を作ることだった。1880年代のフランスで成長を見せていた市民スポーツの組織化の流れを利用しながら，クーベルタンは各学校にスポーツ・クラブを結成させて対校競技会を開催するように導いた。他方，1888年には元文相・元首相のシモン（Jules Simon, 1814-1896）を委員長に据えた「教育における身体運動普及委員会」を立ち上げ，イギリス的な教育原理をフランスの学校体育に導入するという改革構想に，公的なお墨付きを得ようと奔走した。

　しかし，イギリス的な教育観にもとづくクーベルタンの行動に対して，反イギリス的愛国主義の立場からの抵抗が起こり，彼のスポーツによる中等教育

20歳の頃のクーベルタン
(Geoffroy de Navacelle, *Pierre de Coubertin : sa vie par l'image*, Weidmann, 1986, p.15)

改革の企ては厳しい展開を見せ始めた。そして，この行き詰まった展開の打開策を練っていたときに浮かんだのが，オリンピックの復興だった。古代ギリシャに関する深い教養，オリンピア遺跡への関心が高まっていた時代背景，スポーツの教育的な役割への注目，社会科学的なものの見方，マッチ・ウェンロックで見たオリンピアン競技会……。それまでにクーベルタンが吸収してきたさまざまな世界と，教育改革によって人間社会を変革していこうという人生の目標とが結び合わさった瞬間だった。

> そもそも「大衆化する」より先に「国際化する」必要があった。私はずっと以前からそのことを意識してきた。そして，ある冒険の企てを決心したのである。私の頭の中でこの国際化という必要性が，いつ，どのようにオリンピック競技会復興のアイデアと結びついたのか。それを語るのは難しい。……われわれフランスの若い競技精神と，筋肉陶冶の道で前をゆく諸国との間に接触をつくり出す必要があった。そしてこれらの接触に，議論の余地なき定期性と威信とを保証しなければならなかった。このような状況の中，諸国との接触を定着させることはオリンピズムの復活に立ち戻ることだと言えはしなかっただろうか。(1909年)

　1892年11月，フランス競技スポーツ協会連合の結成5周年記念行事の式典で，クーベルタンはオリンピック競技会の復興計画を初めて世に問うた。しかし，式典に出席していたスポーツの関係者たちは，クーベルタンが何か象徴的な意味でオリンピックの復興を持ち出したのだと勘違いし，誰も彼の意図を理解しなかった。

　問題を先取りしすぎたと考えたクーベルタンは，スポーツ界での関心が高まりつつあったアマチュアリズムの問題を議題とする国際会議を開き，この機会を利用して，もう一度オリンピックの復興を訴えることにした。フランス競技スポーツ協会連合の事務局長だったクーベルタンは，連合主催の「アマチュアリズム問題検討のための国際会議」の議題に，「オリンピック競技会の復興」をひっそりと紛れ込ませたのである。この国際会議は1894年6月16日から24日まで，パリ大学のソルボンヌ大講堂で開かれた。第一分科会には，アマチュア問題に統一基準が示されれば国際大会をスムーズに開けると考えた多くのスポーツ関係者が出席したが，議論百出でまとまらなかった。一方，第二分科会では日程通り

6月23日に，国際オリンピック委員会（International Olympic Committee，以下「IOC」）の設立，4年ごとの毎回異なる都市での持ち回り開催，競技種目，参加資格，第1回大会のアテネでの開催など，オリンピックの復興だけではなく具体的な条項も議決された。

　クーベルタンはのちに，次のような不思議な表現でこの国際会議を述懐している。

> 誰も私を理解していなかった。そのとき始まったのは完全かつ絶対的な無理解であり，これは長く続くことになった。……このことは私を孤独かつ，立ち向かいがたい困難な立場へと追いやった。（1931年）

　彼は1925年に国際オリンピック委員会の会長を辞任したのち，「もし輪廻というものが存在し，100年後にこの世に戻ってきたならば，私は現世において苦労して築いたものを破壊することになるでしょう」（1927年）とも述べている。これらの言葉は，その当時すでに，オリンピックがクーベルタンの思いとかけ離れたものになっていたことの証ではないだろうか。

　次節では，オリンピックの創設によって彼が何をしようとしたのかを理解するために，クーベルタンとは一体何者で，時代をどのように生きた人物だったのかを概観することにしたい。

クーベルタンの教育学

　オリンピックの復興者。このような私たちのクーベルタン評価は，オリンピックを考える上での大前提となっている。もしこの前提が崩れたとしたら，私たちの理解するオリンピックのイメージは変わってしまうのではないだろうか。

　実は，クーベルタンの生涯全体を俯瞰してきた研究者たちは，彼をオリンピックの復興者としてではなく教育改革者として評価し，彼の教育学の中にオリンピックを位置づけている。表7-2はクーベルタン教育学とでもいうべき彼の活動の全体像を，3期に分けて図式化したものである。

　前節で経緯をたどったように，クーベルタンの活動は他国の教育制度を積極的に視察するところから始まっている。この時期に出版した『イギリスの教育』（1888年），『フランスにおけるイギリスの教育』（1889年），『大西洋の彼方の大学』（1890年）は，その視察報告書である。クーベルタンはこれらの視察にもと

表7-2　クーベルタン教育学の全体像

	第1期：教育の比較期	第2期：革新期	第3期：大衆教育期
年代	1883-1894	1894-1917	1917-1937
目的	人間社会の変革（世界平和の確立）		
対象	フランス社会 学校教育界	国際社会 スポーツ界	人類・民衆社会 社会教育界
手段	学生スポーツの組織化	近代オリンピックの創設	教育の大衆化
主著	『イギリスの教育』	『20世紀の青年教育』	『万国教育連盟報』

づき，パブリック・スクールをモデルにしたスポーツによる教育改革運動を，フランス国内で実現しようと試みた。

　第2期は，近代オリンピックの創設によって自分の教育的思考を国際的なものへ発展させようとする，前代未聞の行動を起こした革新期である。クーベルタンは1896年にアテネで始まったオリンピック大会を軌道に乗せることに骨を折りつつ，スポーツによる教育改革を推進するための仕組み作りに取りかかった。

　　アテネでは，いわば歴史の衣をまとって仕事を運んだだけだった。会議も講演もなければ，精神的あるいは教育的なものへ目を向けることもまったくなかった。アテネ大会の直後に私が向かったのは，自分がとった行動に知的かつ哲学的な性格を呼び戻し，IOCにスポーツ団体以上の役割があることを直ちに示すことだった。（1931年）

　数ある仕組みの中で注目しておきたいのは，「オリンピック・コングレス（Congrès Olympiques）」と呼ばれる，彼のイニシアチブによって不定期に開催されたオリンピック・ムーブメント推進のための教育・学術会議である。これは，オリンピック大会の運営上の諸問題を話し合うことを目的に毎年定期的に開かれたIOC総会とは，明確に区別されるものである。

　オリンピック・コングレスとは，クーベルタンの言葉を借りれば「新しいオリンピズム」，すなわち「身体的，知的，道徳的そして審美的なすべての教育学」を作り出す活動である。オリンピック・ムーブメントを制度の面で確立させようとしたのがオリンピック大会の開催だとすれば，これをオリンピズムという思想的な面から確かなものにしようとしたのが，体育やスポーツの教育的な意味を複眼的に議論したオリンピック・コングレスであったといえよう（表7-3）。当時，人間性を育むという意味を十分に持ち得ていなかった体育やスポーツが，

表7-3　オリンピック・コングレスの概要

	年　月	場　所	テーマ	参加者数	
1	1894年6月	パリ	アマチュアリズムの原則の研究と普及 オリンピック競技会の復興	9ヵ国	78名
2	1897年7月	ル・アーブル	身体訓練と結びつく衛生・教育学・歴史ほか	10ヵ国	約60名
3	1905年6月	ブリュッセル	スポーツと体育に関する諸問題	21ヵ国	205名
4	1906年5月	パリ	芸術と文学とスポーツの結合	（数ヵ国）	約60名
5	1913年5月	ローザンヌ	スポーツ心理学とスポーツ生理学	9ヵ国	約100名
6	1914年6月	パリ	オリンピック・プログラムの統一と参加資格	29ヵ国	約140名
7	1921年6月	ローザンヌ	オリンピックのスポーツ・プログラムの変更 と参加資格	23ヵ国	78名
8	1925年6月	プラハ	オリンピック教育学	21ヵ国	62名

教育にとって不可欠なものであることを示すには，これらが人間にとって教養・文化たりうる存在でなければならなかった。したがって，教養・文化のさまざまな領域の担い手たちである文学者や文筆家，科学者，医学者，教育者，軍人などが一堂に会し，体育やスポーツについて議論する慣行を確立することが，クーベルタンの教育改革の歩みには求められていたのである。

　第一次世界大戦を境に，クーベルタンは自分の考えをさらに一歩前進させる行動に出た。1880年代に学生スポーツを組織化した際にその兆しを見せていた，スポーツを含む教育の大衆化である。具体的には，1917年設立のローザンヌ・オリンピック学院で実施した，傷ついたフランスおよびベルギー兵士たちに対するスポーツを含む授業の展開であり，1919年にIOC委員に対して表明した「スポーツ・フォー・オール（Tous les sports pour tous）」の理念である。

　青少年（オリンピック）を中心としたスポーツ教育学の守備範囲を広げ，成人を対象とする大衆教育という視点を注入することで，クーベルタン自身の教育学を完成させようとした時期と言える。1925年にIOC会長の職を辞したクーベルタンはすぐさま万国教育連盟（Union Pédagogique Universelle）を創設し，「労働者大学論」（1925年），「大衆大学憲章」（1926年），「大衆大学論」（1928年）を発表して，大衆や労働者を対象とする教育の改革に軸足を移した。『万国教育連盟報』第1号（1925-1926年）に掲載された「十本のたいまつ」（表7-4）は，地球上のすべての人々が受けるべき「教育の最も本質的な基礎」を示したものであり，クーベルタン教育学の一つの結節点であると言える。

第7章 | 3 オリンピック・ムーブメントと世界平和 | 149

表7-4 「十本のたいまつ（抜粋）」『万国教育連盟報』第1号（1925-1926年）

万国教育連盟は，すべての人々が（それぞれの能力や自由にできる時間の程度に応じて）以下に掲げる10領域の知識を獲得し所有することを，教育の最も本質的な基礎と考える。	
■個人の生存そのものを規定する四領域の知識	
□天文学の知識	無限だが実在する宇宙に関する知識。その宇宙に包まれて，人間の営みを可能にする地球という星が動いている。
□地質学上の知識	地球を支配する物理学，化学，力学の法則の知識
□歴史学の知識	人間の背後にあってそこから離れることのできない，文字に記録された60世紀の歴史の知識
□生物学の知識	植物の営みに始まり動物の生命を経て，自分の肉体の中に息づく生命の知識。人間はこれを維持し活気づけなければならない。
■人間の精神的・道徳的な発達に関わる三領域の知識	
□数学の知識	正に実体のない知識だが，その始まりを理解するに到らなくても利用できる具体的な知識
□美学の知識	その本質は定義できなくても，本能的に駆り立てられる美の知識
□哲学の知識	その意識が人間を道の探求へと駆り立てる善の知識。体系化された宗教や道徳はこの道の中において，人間に指針を与えようと申し出る。
■最後に，人間の社会生活を支配する三領域の知識	
□経済の知識	良きにつけ悪しきにつけ，必然的な結果を伴う富の生産・配分に関する知識
□法律の知識	すべての人間社会が制定している法律，ならびにその解釈から生まれる判例の知識
□民俗学・言語学の知識	その構成員や特性，言語の体系的な多様性とともに地球上に広がる民族の知識
これが「十本のたいまつ」である。炎の一つ一つは「ほとんど教養のない者の精神の中では道しるべのかがり火となり，知識が豊富な者の精神の中では煌々［こうこう］と輝く明かりとなる」。そして，同じ種火をもつ秩序の光がすべての人々に対して分け与えられることで，社会の平和が保証され，国際平和に効果的に貢献する。	

日本におけるオリンピック前史

IOCが組織されてから15年目の1909（明治42）年，柔道の創始者である嘉納治五郎（1860-1938）がアジア初のIOC委員に就任した。当時，日本はオリンピック・ムーブメントに参加するアジアで唯一の国となったが，地理的にも文化的にもオリンピックから遠く離れた国でもあった。欧米人とは異なり，古代・近代のオリンピックを知っている日本人は，20世紀の初頭にはほとんどいなかった。しかし，日本にオリンピックの知識が全くなかったというわけではなかった。

日本語の文献史上，オリンピックが初めて登場したのは，宣教師がローマ字で編集したキリシタン版と呼ばれる書物だった。『サントスの御作業のうち抜書』（1591年）という書物に，「如何に愚鈍なる糺し手，オリンピコといふ遊びに

出づるほどの者利運を開かんとては，裸になることを知らずや？」という一節があり，オリンピックを意味するオリンピコ（原文はポルトガル語の Olimpico）という言葉が顔をのぞかせている。

　明治に入り，古代オリンピックに関するまとまった知識が，西洋史・古代ギリシャ史という学問領域の中で語られるようになった。その中で最も古いのは，ウェルテル著・西村茂樹訳『泰西史鑑』（1869年）である。

　古代オリンピックについて言及したもう一つの知識領域は，体操伝習所の卒業生によって記された体育書である。体操伝習所は文部省が体育の研究と教員養成とを目的として1878（明治11）年に設立した，日本最初の体育の研究教育機関である。アメリカ人体操指導者のジョージ・リーランドの教えをもとに編まれた約100冊の体育書のうち，横井琢磨編『体育論』（1883年）と星野久成編『体操原理』（1887年），松田正典編『普通体育論』（1896年）の中に，古代オリンピックに関する記述が確認できる。

　一方，近代オリンピックに言及した初めての文献は，オリンピックの復興計画を伝えた碧落外史による「オリンピヤ運動會」で，これは日本体育会の機関誌である『文武叢誌』（1896年3月，4月）に掲載された。第1回大会の約1カ月後の1896（明治29）年5月13日付『読売新聞』には，アテネ大会（1896年）の様子が短いながらもイラスト入りで報告されている。また，パリ大会（1900年）とセントルイス大会（1904年），ロンドン大会（1908年）に関する新聞・雑誌の報告記事も，若干ではあるが存在している。

　クーベルタンと日本との関係で注目できる文献の一つは風流羈客「昨年のオリムピア競伎」（『世界之日本』，1897年）である。これはクーベルタンが *Century* に寄稿した英文のアテネ大会報告記事を雑誌編集者と思われる風流が抄訳したものだった。もう一つは人物批評の第一人者・鳥谷部春汀による「體育界の偉人クベルタン」（『中学世界』，1903年）である。これは当時40歳だったクーベルタンの思想について論じた *Fortnightly Review* の記事を抄訳したものであり，鳥谷部は当時の日本に必要な体育・教育思想として，クーベルタンの考えを青少年に紹介したのだった。

鳥谷部春汀による「クベルタン」記事（『中学世界』第6巻第14号，博文館，1903, 35頁）

嘉納治五郎のIOC委員就任と
第5回ストックホルム大会への参加

驚くことに，嘉納がIOC委員に就任する以前，日本はすでにオリンピック・ムーブメントに関わっていた国だった。1904年に開かれた第3回セントルイス大会では，クーベルタンは正式種目とは認めなかったものの，人類学競技にアイヌの人々が参加した。また，ギリシャの強い要望によりオリンピックの中間年に行われた1906年のアテネ中間大会への招待状が，大会組織委員会から日本体育会に届いていた。

嘉納治五郎（東京教育大学体育史研究室編著『図説 世界体育史』新思潮社，1964）

オリンピック・ムーブメントとのより直接的な関わりは，1905（明治38）年に，オリンピック・コングレス（1905年，ブリュッセル）への招待状が，ベルギー外務省を通して，外相の小村寿太郎（1855-1911）に届いていたことである。クーベルタンは公教育省（現在の日本でいう文部科学省）をもつ国の政府に対してコングレスへの招待状を送付したのだが，日本はその対象国に入っていたのだった。日本はこのコングレスには出席しなかったものの，クーベルタンが日本に初めて接触した事実として注目できよう。なお，このコングレスの運営を全面的にサポートしたブリュッセル駐在フランス公使ジェラール（Auguste Gérard, 1852-1922）は，1907年に駐日大使として東京に赴任することになる。

日本がオリンピックと主体的に関わるきっかけになったのは，実はクーベルタンが日本にいるジェラールに送った一通の手紙だった。1908（明治41）年10月24日，第4回オリンピック大会が終わろうとしているロンドンから，ブリュッセル・コングレスの協力者だったジェラールに宛てて，日本を代表するIOC委員の推薦を依頼した手紙が投函されたのである。

翌1909年1月16日，ジェラールは駐ロシア公使の本野一郎（1862-1918）の助言に従い，柔道を通した人間教育を実践するとともに，体育やスポーツの価値を理解していた東京高等師範学校校長の嘉納治五郎と会談し，IOC委員への就任を打診した。会談の終わりに承諾の返事を得たジェラールは，3日後の1月19日に，嘉納をクーベルタンに推薦する手紙を認めた。そして，5月下旬のIOC総会において，嘉納は全会一致でアジア初のIOC委員に選ばれることになる。スポ

ーツへの理解，教育界における指導的立場，正確に話す英語，国際的な視野，7,000人を超えた留学生の受け入れ。明治・大正・昭和初期の重要な教育者となる嘉納は，まさにクーベルタンがオリンピック・ムーブメントを担うIOC委員に必要だと考えていた資質を備えた，「打ってつけ」の人物だったのである。

　その後，嘉納はクーベルタンからストックホルム大会（1912年）への選手派遣の要請を受け，国内オリンピック委員会の設立に着手した。文部省や私立日本体育会といった既存の組織からの協力を得られなかった嘉納は，東京帝国大学総長，早稲田大学学長，慶應義塾大学塾長らと協議し，1911（明治44）年7月に大日本体育協会（現在の日本オリンピック委員会と日本スポーツ協会［2018年3月までは日本体育協会］の前身）を設立した。初代会長には自らが就任し，規約の中で，大日本体育協会は日本国民の体育の奨励を目的とし，IOCに対して日本を代表すると定めた。嘉納は国際的なオリンピック・ムーブメントに目を向けつつ，そのエネルギーを国内での体育奨励というムーブメントに利用したのだった。

　ストックホルム大会の予選会は1911年11月に，新設された羽田競技場で行われ，短距離走の三島弥彦（1886-1954）とマラソンの金栗四三（1891-1983）が，日本初のオリンピック選手として選ばれた。翌年，団長の嘉納と監督の大森兵蔵（1876-1913）を加えた4名が海を渡り，日本選手団によるオリンピック大会への初参加が実現した。今とは違い，十分な資金がなかった大日本体育協会は，寄付金を募ってオリンピック大会への派遣費用を捻出しなければならなかった。三島と金栗の競技成績は満足いくものとはならなかったが，日本のスポーツがオリンピックという国際舞台へ踏み出したという意味では大きな足跡を残した。

　ストックホルム大会をきっかけに，嘉納は生涯にわたって世界各国のIOC委員やスポーツ関係者との交流を進め，スポーツの教育的な価値を世界のスポーツ指導者たちと共有していった。また，オリンピック開催地への訪問の際には柔道の普及活動も行い，日本版オリンピズムとも言える「精力善用・自他共栄」という講道館柔道の基本理念を世界に発信していったことは，オリンピック・ムーブメントの大きな成果だったと言えよう。

クーベルタンと嘉納にとってのスポーツ

　クーベルタンと嘉納がオリンピックを通して出会うことができたのは，教育についての共通した考えと経験とが数多く存在していたからであり，単なる偶然

ではなかった。その中でもっとも基本的な共通点は，二人の教育観がハーバート・スペンサー（Herbert Spencer, 1820-1903）が示した体育・知育・徳育という三育論にもとづいていたことである。

　先に見たクーベルタン教育学の第2期（表7-2参照）において，彼は近代オリンピックの制度の基礎を固めながら，自身の教育学的理論の構築を進めた。『公教育ノート』（1901年）や『20世紀の青年教育』の三部作である『体育：実用的ジムナスティーク』（1905年），『知育：世界の分析』（1912年），『徳育：相互敬愛』（1915年）は，彼の教育学の理論的著作である。タイトルからわかるように，これらはまぎれもなく，スペンサーの三育に対応している。したがって，クーベルタンが体育やスポーツという言葉を使うとき，それは常に三育という教育学的な枠組みの中に位置づけられているのだと理解する必要がある。つまり，「体育だけ一生懸命やればよい」「スポーツだけうまくなればよい」という考えは，クーベルタン教育学には存在しないのである。

　嘉納も明らかに，スペンサーに影響を受けた教育者だった。「本来身体と道徳と智力とこの三つのものが並び進んで往ってこそ人間は堅実になる」（1917年）と考えた嘉納は，三育論に基づいた教育事業を大学卒業直後に立ち上げている。その事業とは1882年に創設された三つの私塾，すなわち英語を教える弘文館（知育）と道徳を教える嘉納塾（徳育），柔道を教える講道館（体育）のことである。

　嘉納は柔道の普及に努めるなか，1915（大正4）年に柔道を「心身の力を最も有効に使用する」道と定義し，1922（大正11）年には「精力善用・自他共栄」という柔道の基本理念を立言した。事実を観察する科学的な態度や正義感，公正さ，謙虚さをもって取り組む柔道の修行過程において得られたことを，言い換えれば，三育がバランスよく配合された柔道という教育活動において得られたことを社会生活に生かしながら，人格の形成を促そうとしたのだった。

　三育思想は，嘉納が校長を務めた東京高等師範学校の教育方針にも反映された。とりわけ，体育が他の教科と同等に扱われていなかった時代，校友会を立ち上げ，課外（運動部）活動に多くの生徒たちを参加させていったことは，クーベルタンによる学生スポーツの組織化と重なり，スポーツによる教育改革の事例としてたいへん興味深い。正課の授業（知育）と交わりながら人間性を向上（徳育）させ得るスポーツ（体育）の教育的な価値を，嘉納は学校教育での実践例を通して示したのだった。

身体的・知的・道徳的に自己を向上させるというクーベルタンのストア派的な教育観（オリンピズム）と，嘉納の修行的な教育観（精力善用・自他共栄）は互いに共鳴し合うものであり，その中心に位置していたのがスポーツだった。

世界平和とオリンピック・ムーブメント

　本節のテーマである「世界平和」とオリンピック・ムーブメントとの歴史的な関係性を，クーベルタンと嘉納の思想から読み解いていこう。

　クーベルタンは以下の引用のように，国際主義に基づく他国の理解が世界平和につながるという考えを，近代オリンピックの創設時に示した。

　他人・他国への無知は人々に憎しみを抱かせ，誤解を積み重ねさせます。さらにはさまざまな出来事を，戦争という野蛮な進路に情け容赦なく向かわせてしまいます。しかし，このような無知は，オリンピックで若者たちが出会うことによって徐々に消えていくでしょう。若者たちは，互いに関わり合いながら生きているということを認識するようになるのです。(1894年)

　(世界中の競技者たちはオリンピックにおいて) 互いにいっそう理解し合うことを学ぶ。……オリンピックの制度が繁栄するならば，……オリンピックはおそらく全世界の平和を確保する，間接的にではあるが有力な一要因となるだろう。戦争が起こるのは，国々が互いに相手を誤解するからである。異なった民族同士を切り離している諸々の偏見を乗り越えてしまうまで，わたしたちは平和を手にすることはできない。(1896年)

　つまりクーベルタンは，

　　1．紛争の種は他国への無知や誤解，偏見から生まれる。
　　2．したがって，私たちは世界の人々との相互理解を深めなければならない。
　　3．国際化された近代のオリンピックは，世界の相互理解を積極的に進める制度である。

という信念に基づいてオリンピックを復興させ，スポーツによる地球規模の教育改革運動に身を投じていったのだった。平和を希求する確固たる信念と教育改革

運動における粘り強さは，普仏戦争とパリ・コミューン下で目の当たりにしたような殺戮が地球上で二度と起こってほしくないという，クーベルタンの願いから来たものだといえる。

　嘉納に目を転じよう。彼が生まれ育った幕末から明治への変わり目は，外圧による門戸の開放，長州・薩摩などでの外国船との砲撃戦，外国人殺傷事件（生麦事件ほか）などを経験し，他国への意識が急激に強まった時代だった。他国からの外圧を意識せざるを得ない時代に生きていた嘉納もまた，他国の理解が世界平和につながるというクーベルタンと同じ考えを持つに至った。

　嘉納の顕著な教育的業績の一つに，教育者として近代日本で初めて留学生を組織的に受け入れたことがある。「真に善隣の道を尽してこそ，始めてその結果反射して我が国の大利益となるべし」（1902年）という考えにもとづき，嘉納は13年間で，私塾の宏文学院と東京高等師範学校とを合わせて，7,000人以上の清国留学生を指導した。

　1910年に書かれた "To the Japanese Teachers of English" と題する英語論文では，留学生の受け入れを支えた思想を一歩前に進める考えを表明している。

- お互いの異質性や特性が十分に理解されたとき，初めて最善なるものが実現される。
- 相互理解は全世界の結束，恒久的な友情，平和と幸福などの基礎となる。
- 外国語学習者は外国語に熟達するだけでなく，自国の歴史や文学にも精通しなくてはならない。

　他国に尽くしてこそ自国も繁栄するという考えと，他国との相互理解が自国や世界の発展につながるという考えは，のちに立言される「自他共栄」の萌芽だった。ジェラールとの会談で嘉納がIOC委員への就任を即座に受け入れることができたのは，単に学校教育の中で体育・スポーツを奨励していたからだけではなく，他国の人々との相互理解が世界の平和につながるという考えを持ち，同じ思想をもつオリンピックの理念に共感できたからでもある。

私たちにできるオリンピック・ムーブメント

　オリンピックには常に政治の問題，商業主義の問題，勝利至上主義の問題，

ドーピングの問題，スポーツ倫理の問題などがつきまとってきた。これらの問題はすべて，他者との相互理解という視点に欠けた結果であり，究極的にはオリンピックやスポーツにかかわる人々の人間性の問題である。

> 健全な民主主義と賢明かつ平和を愛する国際主義は，新しいスタジアムに浸透し，名誉と公平無私への崇拝をその場で支えることでしょう。こうした崇拝の念に助けられて，アスレティック・スポーツは筋肉を鍛えるという務めだけではなく，道徳心の改善や社会平和として行動することができるでしょう。このようなわけで，復興されたオリンピック大会は 4 年ごとに，幸福かつ親愛の情にあふれた出会いの場を，世界中の若者たちに提供しなければならないのです。(1894年)

　近代オリンピック創設直後に表明したクーベルタンのオリンピックへの思いは，人間としての温かさに満ちあふれたものである。この思いは理想的すぎるかもしれないが，これを何とか実現させようと考えた彼は，オリンピック大会と並行してオリンピック・コングレスを開催し，さまざまな分野の人々とともにスポーツと人間の関係について議論した。戦争の絶えることのない現代においても引き続き，人間社会の変革を実現させうるスポーツの人間的な価値の議論が求められている。この意味において，2010 年にシンガポールで第 1 回大会が行われた，青少年のためのオリンピック教育を目的に掲げたユース・オリンピック大会は，21 世紀型オリンピック・ムーブメントの一つのモデルとして期待される。
　アテネ大会（2004年）で，ハンガリーのアドリアン・アヌシュのドーピング検査拒否（失格処分）により，繰り上げで金メダルを獲得したハンマー投げ選手の室伏広治は，「金メダルよりも重要なものが，他にもたくさんある」と語り，金メダルの裏に刻まれていた古代ギリシャの詩人ピンダロスの詩を紹介しながら，オリンピックの「真実（価値)」とは何かを問いかけた。

> 黄金の冠を戴く競技の母オリュンピアよ
> 真実をつかさどる女王よ！

　この「真実」への問いかけと，その真実にもとづく行動こそが，私たちにできるオリンピック・ムーブメントだといえよう。

第8章

現代のスポーツと政治・経済・社会

　　現代社会において，スポーツの持つ価値は世界中で広く
認識されてきた。その証として，多くの国が生涯スポーツ
の振興に真剣に取り組んでいる。

　　あらゆる国の政治において，スポーツの政策は不可欠な
ものとなっている。また，スポーツ産業や経済は多くの国
で主要産業になりつつある。私たちは，それらを現代史と
して認識する必要がある。

　　ここでは，現代スポーツと政治・経済・社会のありかた
が，実際にどのような関係となっているのかを見てみよう。

1　日本のスポーツ振興政策とスポーツ基本法

　わが国のスポーツ政策は，戦後の混乱期から，1964（昭和39）年の東京オリンピック誘致・開催を契機に制定されたスポーツ振興法（昭和36年法律第141号。以下「振興法」）を経て，新たに制定されたスポーツ基本法（平成23年法律第78号。以下「基本法」）により，その歴史の新たな段階に入った。ここでは一連の流れをたどりつつ，スポーツの振興が唱えられながら国の基本的なスポーツ政策がなかなか策定されなかったこと，スポーツに関する基本的人権（スポーツ権）や障害者への配慮などの規定が盛り込まれたスポーツ基本法が制定・施行されるに至ったことについて，その経緯・理由やそれ以後の動きを述べることにしよう。

a　スポーツの振興政策とは

　政策とは，主として国家や政党から提示される政治上の方針や手段をいう。最近では，「新しい公共」の名のもと，NPO法人（特定非営利活動法人）の政治的方針などについても，政策のカテゴリーに含めることがある。

　スポーツに関する政策（主として振興），すなわちスポーツ政策は，一般の文化政策と同じように，わが国が法治主義（行政は法に基づいて行われなければならないとの考え）を採っている以上，法に規定されて行政として実施されるものである。法も文化に属するものであるから，スポーツの振興を目的とする法による政策は，二重の意味で文化性を持つものである。

　2011（平成23）年6月17日に振興法が全面改正され，基本法が制定され，同年8月24日に施行された。新法ではスポーツ権に関する規定が盛り込まれるなど，これまでの振興法とは異なった規定が新設され，既存の規定の修正・削除が行われた。振興法が制定されて以来，50年の歳月を経ての制定であった。

　戦後のスポーツ振興政策は，大きく以下の3期に分類できる。①戦後まもなくから振興法の制定を経て，1964年の東京オリンピックが開催されるまでの時期，②振興法の制定および東京オリンピックの開催後，新たに基本法の制定が準備されるまでの時期，③基本法制定以後の時期，である。

第8章 | 1 日本のスポーツ振興政策とスポーツ基本法 | 159

b 戦後の混乱期のスポーツ政策

終戦から，スポーツに関する基本的政策となった振興法制定までの経緯の概要は，表8-1のとおりである。

スポーツ振興政策の所管

戦争に敗れたわが国は，まず，文部省の機構改革で，スポーツ政策の担当部局として体育局（設置した課：体育課，勤労課および保健課）を復活させた（1945年

表8-1　スポーツ振興法の制定および第13回オリンピック東京大会までの主な動向（元号略）

年　月	内　　　　　　容
1945 年 9 月	文部省の機構改革で「体育局」復活
1946 年	体育局に「振興課」設置
1947 年	超党派スポーツ議員連盟が発足
1949 年 6 月	「社会教育法」成立，公布
1949 年 7 月	保健体育審議会（文部大臣の諮問機関）設置
1951 年 5 月	IOC で日本のオリンピック復帰決定
1957 年 2 月	スポーツ振興審議会（内閣総理大臣の諮問機関）設置
1958 年 3 月	内閣総理大臣あての要望書「スポーツ振興のための立法措置の強化について」（スポーツ振興審議会）　＊スポーツ振興法制定への影響大
1958 年 3 月	内閣総理大臣あての答申「スポーツ振興のための立法措置の強化について」（スポーツ振興審議会）
1958 年 5 月	文部省に「体育局」設置
1958 年 11 月	スポーツ振興法制定促進期成会結成（スポーツ団体，学校教育関係などの全国組織）
1958 年 12 月	文部大臣あての答申「スポーツ振興のための必要な立法措置およびその内容について」（保健体育審議会）
1959 年 5 月	東京オリンピック（第 18 回）開催決定
1959 年 6 月	スポーツ振興国会議員懇談会設置
1961 年 2 月	スポーツ振興国会議員懇談会で議員立法実現の決議
1961 年 4 月	スポーツ振興法制定期成大会（スポーツ振興法制定促進期成会）開催
1961 年 4 月	内閣総理大臣あての，スポーツ振興立法措置の早期実現の意見具申（総理府青少年問題協議会）
1961 年 5 月	「スポーツ振興法案」を第 38 回国会に自由民主党，日本社会党（当時），民主社会党（当時）3 党が共同提案として提出
1961 年 5 月	「スポーツ振興法案」衆議院可決
1961 年 6 月	「スポーツ振興法案」参議院で可決され，「スポーツ振興法」成立
1961 年 6 月	「スポーツ振興法」公布
1964 年 10 月	第 18 回オリンピック・東京大会開催

9月)。1946（昭和21）年には体育行政を文部省に一元化し，体育局に振興課（社会教育所管）を設置した。しばらくして体育局は廃止され，初等中等教育局などに再編成された（1949年）。その後，体育局が復活するなど内部的には変更があったが，2015（平成27）年10月1日にスポーツ庁が開設されるまで，スポーツ政策の基本的な所管は一貫して現文部科学省スポーツ・青少年局に引き継がれてきた。同局は同庁開設をもって廃止された。

スポーツに対する規制

　戦後の混乱期はスポーツへの関心は強かったが，一方でスポーツに対する規制の時期でもあった。文部省は戦後まもなく「新日本建設の教育方針」を公布し，そのなかで体育・スポーツ・学校保健の基本方針を述べた（1945年9月）。同時に，武道の実施についての制約に関する通牒（学校教育における課外での実施も禁止，同年11月）を発した。通牒とは，行政官庁が，所管する機関や職員に対して出す通知で，通達の古い呼び名である。こうして戦後の新しい体育・スポーツの方針を定めると同時に，一定のスポーツは規制したのである。国家により「スポーツをする自由」が制約を受けた時期であった。こうしたスポーツ政策は通牒や通達で実施されてきた。あくまでも文部省という上級機関が，下部の行政機関に対して，一種の職務命令を発する形で行われてきたものであった。

保健体育審議会の設置

　1949（昭和24）年に社会教育法が成立し，学校体育以外にも視野を広げ，学校外での「体育及びレクリエーション」を社会教育活動に含むことが規定された。同年，文部省に保健体育審議会が文部大臣の諮問機関（相談機関）として設置され，数年後には，答申「保健体育ならびにレクリエーション振興方策について」が公表された。答申は，諮問機関が，諮問を受けた事項について，行政官庁に意見を申し述べることである。その決定は諮問機関を拘束しない。

　保健体育審議会は，上記答申をはじめ，振興法制定に至るまでに，いくつかの立法措置に関する答申を行った。その一つが，答申「独立後におけるわが国保健体育レクリエーション並びに学校給食の振興方策について」（昭和31年度諮問第1号）である。社会教育法が成立したものの，「全国的規模において行われる国内運動競技や，オリンピックその他の国際的運動競技に要する経費を援助し，あ

わせて国内スポーツ施設の充実，その他スポーツの普及発達に必要な経費を援助するための法的措置が必要である」旨を述べている。しかし，スポーツに関する事業がすでに各省庁に分散していたこと，スポーツの定義の問題など，課題があったため立法に至らなかった。

スポーツ振興審議会の設置

立法措置の必要性を認めながらも，その課題を克服するために，保健体育審議会とは別個に，内閣総理大臣の諮問機関としてスポーツ振興審議会が1957（昭和32）年に設置された。この審議会はいくつかの重要な答申などを行っている。同審議会が設置された年の 6 月に「スポーツの国民一般に対する普及振興策等」について，10月に「体育指導委員の制度化とスポーツ施設の充実」について答申をした。翌年 3 月24日には，池田勇人首相に対しスポーツ振興のための法的措置の強化について要望書を提出し，同月28日には，「スポーツ振興のための法的措置の強化について」を答申した。この動きに連動して，同年10月31日に，時の灘尾弘吉文部大臣がスポーツ振興策を保健体育審議会に諮問し，12月に同審議会が「スポーツ振興のための必要な立法措置およびその内容について」の答申を行った。これが振興法のベースとなった。

c　スポーツ振興法

制定の経緯

本法は1961（昭和36）年に制定された。その目的は「スポーツの振興に関する施策の基本を明らかにし，もつて国民の心身の健全な発達と明るく豊かな国民生活の形成に寄与すること」である（1条）。ただし，実質上の制定目的は，第 1 回目の東京オリンピック誘致・開催にあったといわれている。目的は「スポーツの振興に関する施策の基本を明らかにし」とあるところから，日本におけるスポーツ政策に関する基本的な法律であったといえる。

規定に盛り込まれた内容は，条文の編成に従うと表 8 - 2 の通りである。

その後，最低限必要な事項については改正（一部削除）がなされた。大きな改正として，プロスポーツ選手の競技技術の活用（16条の 2 ）が追加され，スポーツ振興審議会以外の機関でも，スポーツ振興に関する計画の審議・答申などがで

表 8-2　スポーツ振興法の内容

章	法律内容
第 1 章：総則	本法の目的＝国民の心身の健全な発達と明るく豊かな国民生活の形成（1 条），スポーツの定義（2 条），施策の方針（3 条），スポーツの振興に関する基本的計画の策定＝国と地方（4 条）
第 2 章：スポーツの振興のための措置	国・地方による体育の日の行事の実施援助（5 条），国民体育大会の開催（6 条），地方によるスポーツ行事の実施・奨励，国の援助（7 条），青少年スポーツの振興（8 条），職場スポーツの奨励（9 条），野外活動の普及奨励（10 条），指導者の充実＝養成，講習会等の開催（11 条），施設の整備（12 条），学校施設の利用（13 条），スポーツの水準の向上のための措置（14 条），顕彰（15 条），スポーツ事故の防止（16 条），科学的研究の促進（17 条）
第 3 章：スポーツ振興審議会等及び体育指導委員	スポーツ振興審議会等（18 条），体育指導委員とその非常勤扱い（19 条）
第 4 章：国の補助	国の補助（20 条），他の法律との関係（21 条），地方公共団体の補助（22 条），審議会への諮問等（23 条）
附則	（略）

きるようになった（18 条関係）。さらに，地方公共団体のスポーツの事務について，条例を定めて，地方公共団体の長が管理・執行できるようになった（4 条 3 項関係）。他方，青少年スポーツの振興のための事業経費や一般のスポーツ施設整備のための経費への国の補助規定がなくなった（20 条関係）。

　この法律は，問題点として，①規定の内容が現在の状況に合っていないこと（たとえば，スポーツ振興法はアマチュア・スポーツを想定していたが，現在ではプロ・スポーツを抜きにしては考えられない），②スポーツ権に関する規定がないこと，③予算の裏付けがないこと（「予算の範囲内において」という上限があること），④努力義務規定が多く有効性に欠けること，などが指摘されてきた。

スポーツ振興基本計画（当初）の策定

　振興法 4 条 1 項に基づいて，2000（平成 12）年にスポーツ振興基本計画が策定された。振興法が制定されてから約 40 年後のことで，遅れた理由は予算の裏付けがなかったからといわれている。スポーツ振興投票の実施等に関する法律（toto 法，サッカーくじ法）が制定されたことで，財源が担保され，スポーツ政策の実施が可能と判断されたものである。

　同振興基本計画は，「スポーツの機会を提供する公的主体及び民間主体と，利用する住民や競技者が一体となった取組みを積極的に展開し，一層のスポーツ振

第8章 | 1 日本のスポーツ振興政策とスポーツ基本法 | 163

表8-3 スポーツ振興基本計画の内容

課題	目標・具体化
(1)生涯スポーツ社会の実現に向けた，地域におけるスポーツ環境の整備充実方策	・国民の誰もがそれぞれの体力や年齢，技術，興味・目的に応じて，いつでもどこでも，いつまでもスポーツに親しむことができる生涯スポーツ社会を実現。 ・目標：できるだけ早期に，成人の週1回以上のスポーツ実施率が2人に1人（50％）となることを目指す。 ・総合型地域スポーツクラブの全国展開（目標：①2010年までに全国の各市町村において少なくとも一つは総合型地域スポーツクラブを育成，②同年までに各都道府県に少なくとも一つは広域スポーツセンターを育成） ・スポーツ指導者の養成・確保，スポーツ施設の充実，地域における的確なスポーツ情報の提供体制の整備，住民のニーズに即応した地域スポーツ行政の見直しを推進。
(2)我が国の国際競技力の総合的な向上方策	早期にメダル獲得率が3.5％となることを目指す。
(3)生涯スポーツ及び競技スポーツと学校体育・スポーツとの連携を推進するための方策	生涯にわたる豊かなスポーツライフの実現と国際競技力の向上を目指し，生涯スポーツ及び競技スポーツと学校体育・スポーツとの連携を推進。

興を図ることにより，21世紀における明るく豊かで活力ある社会の実現を目指すものである」と述べ，今後のスポーツ行政の主要な課題として，表8-3中の左欄の項目を掲げ，その具体化を図ることとした。同計画は，生涯スポーツを第1順位に置き，また生涯スポーツ・競技スポーツのいずれも学校体育・スポーツとの関わりを意識したものになっている点に特徴がある。

スポーツ振興基本計画（当初）の改定

スポーツ振興基本計画は，その後5年後の見直しを行うという規定から，2006（平成18）年に改定された。改定された計画の狙いは，当初の計画と同じであったが，具体策が異なっている。「生涯スポーツ社会の実現に向けた，地域におけるスポーツ環境の整備充実方策」および「我が国の国際競技力の総合的な向上方策」は，基本的には当初版と同じである。相対的順位も変わっていない。しかし，第1順位に登場したのが，「スポーツの振興を通じた子どもの体力の向上方策」であった。文部科学省の「体力・運動能力調査」によれば，1985（昭和60）年頃から長期的に低下傾向にあり，また子ども間の格差が広がっていることから体力向上国民運動の展開などを行うこととなったものである。

d　基本法の制定経緯と内容

　振興法が制定されたのちの，スポーツ権規定を盛り込んだスポーツに関する基本的な法律の制定への動きは，表8-4の通りである。

スポーツ基本法要綱案のアピール

　本要綱案は，1997（平成9）年12月20日に開催された日本スポーツ法学会第3回学会大会中の総会において採択されたアピール文である。立案者は，本要綱案は，スポーツ権を中心とした基本的規定の法を目指したもので，スポーツ振興法は，行政の条件整備の必要を内容としたものと位置づけている。

　本要綱案は，条数が表記されず，盛り込むことが期待される内容を分野ごとに列挙したものであるため，「要綱案」とされたものである。①スポーツに関する権利，②国および地方公共団体，③スポーツの保護，④スポーツ団体の権利と義務，⑤スポーツの安全，⑥スポーツと環境，⑦スポーツに関する国際協調，⑧法令制定義務，⑧スポーツ振興法との関係，の諸分野にまとめている。

「スポーツ立国戦略」の決定・公表

　「スポーツ立国戦略」は，行政機関である文部科学省により2000（平成12）年に策定された「スポーツ振興基本計画」が，2回目の改定時期を迎えているところから，その改定に先立って，その基本的方針をということで検討されたものである。民主党政権で初のスポーツに関する基本的政策であった。2010（平成22）年3月から検討が開始され，スポーツ選手やスポーツに詳しい有識者等から意見を聴取し，スポーツ事業に携わる団体等へ現地調査を行い，スポーツ関係者と意見交換が行われた。同年7月20日に公表され，約20日間という短期間の国民との議論の場（いわゆる熟議）が設定された。同年8月26日に文部大臣により決定された。そこでは，競技力の向上などの重点策が盛り込まれたが，そのなかで，スポーツ基本法制定に向けての検討が指摘された。「スポーツ基本法などの関連法制の整備」の項で，「スポーツ基本法の検討」が掲げられ，「スポーツ振興法を半世紀ぶりに見直し，新しい政策の拠りどころとなる『スポーツ基本法』を検討する」と述べられた。そして，そのなかでは，「スポーツを通じて幸福で豊かな生活を実現することは，すべての人々に保障されるべき権利の一つであ

第8章 | 1 日本のスポーツ振興政策とスポーツ基本法 | 165

表8-4 スポーツ基本法制定に至るまでの主な動向（元号略）

年月	内容
1976年11月	「『国民スポーツの画期的な発展のために』―国民スポーツ基本法の制定を―」（日本共産党発表）
1997年12月	「スポーツ基本法要綱案」提案（日本スポーツ法学会）
1998年5月	「スポーツ振興投票の実施等に関する法律」成立
2000年9月	「スポーツ振興基本計画」（文部省告示：行政指針）
2006年9月	「スポーツ振興基本計画（第1次改定）」
2006年12月	スポーツ振興に関する懇談会（遠藤利明文部科学副大臣の私的諮問機関）設置
2007年8月	スポーツ振興に関する懇談会『『スポーツ立国』ニッポン～国家戦略としてのトップスポーツ～』において，新スポーツ振興法の制定を提言
2007年10月	自由民主党内に「スポーツ立国調査会」設置
2007年11月	超党派スポーツ議員連盟（1947年発足）が「新スポーツ振興法制定プロジェクトチーム」を設置（以後，15回審議）
2007年12月	教育再生会議（安倍政権下2006年設置）「第三次報告」において，スポーツ振興に関する国の責務の明確化などを提言（12月）
2008年4月	新スポーツ振興法制定プロジェクトチームに有識者からなる「アドバイザリーボード」を設置（以後，9回審議）
2009年4月	アドバイザリーボード「答申（中間まとめ）」において，スポーツ振興法を全面改正して「スポーツ基本法（仮）」を制定することを提言
2009年5月	・教育再生懇談会（教育再生会議を引き継いだもの）「第四次報告」において，スポーツに関する基本法の制定を提言 ・超党派スポーツ議員連盟が新スポーツ振興法制定プロジェクトチームの「スポーツ基本法に関する論点整理」を了承
2009年7月	「スポーツ基本法案」提出（第171回国会提出，自民党・公明党による議員立法，14日→衆議院解散により廃案）
2009年8月	政権交代（自由民主党→民主党）
2010年3月	「スポーツ立国戦略」策定への検討開始（文部科学省）
2010年5月	民主党スポーツ議員連盟発足
2010年6月	「スポーツ基本法案」提出（第174回国会に提出，自民党・公明党による議員立法，11日→継続審議→2011年6月1日撤回）
2010年7月	「スポーツ立国戦略（案）」の公表（文部科学省）
2010年8月	日本弁護士連合会：「スポーツ立国戦略」に基本的に賛成，スポーツ基本法制定をアピール。
2010年8月	「スポーツ立国戦略」策定：スポーツ基本法の整備を提言（文部科学省：行政指針）
2011年5月	民主党スポーツ議員連盟が民主党案を公表（国会不提出）
2011年5月	超党派スポーツ議員連盟「スポーツ基本法制定プロジェクトチーム」が発足（以後，自民・公明党案と民主党案を基に3回審議）
2011年5月	超党派スポーツ議員連盟がスポーツ基本法制定プロジェクトチームの超党派案を了承
2011年5月	衆議院8会派（＊）による超党派案〔スポーツ基本法案（第177回国会衆第11号）〕の提出
2011年6月	継続審議であった自民党・公明党案〔スポーツ基本法案（第174回国会衆第29号）〕の撤回
2011年6月	衆議院本会議において全会一致で可決，参議院へ提出
2011年6月	参議院本会議において全会一致で可決，成立
2011年6月	「スポーツ基本法」（平成23年法律第78号）公布
2011年8月	スポーツ基本法施行

（＊）8会派：民主党，自民党，公明党，共産党，社民党，国民新党・新党日本，たちあがれ日本，国益と国民の生活を守る会
（本表作成にあたっては，後出・後藤，2011（5頁一覧表「主な経過」）を参考にし，一部加筆した）

る。」と述べられている。この文言が新「スポーツ基本法」に盛り込まれた。

基本法の制定

　上記スポーツ立国戦略で，基本法制定が盛り込まれたが，それ以前にすでに基本法案は，2回にわたり国会に提出されている。第1回目は，振興法の全面改正として，2009（平成21）年7月14日に第171回国会に提出された。自民党・公明党提出の議員立法である。会期中に衆議院が解散され，審議未了として廃案となった。「スポーツ基本法」という表現が初めて法律案レベルで使用された。

　第2回目は，自民党と公明党により，振興法の全部改正として2010（平成22）年6月11日に国会に提出された。第1回目をわずかに変更したにすぎないが，「スポーツを行う者の権利利益」，すなわち，いわゆるスポーツ権が明文化されたこと及びスポーツ紛争の解決に触れた。継続審議扱いののち，撤回された。

　その後新たに提案された基本法は衆参両院にて全会一致で可決され，2011（平成23）年6月17日に成立，同年6月20日に公布された。本法の制定には自民党も民主党も一致していた。しかしマニフェストや先の自民党提出の基本法案などにみられるスポーツ政策には違いがあった。自民党は，スポーツ庁の設置，トップレベル選手の育成強化等に力点を置いてきた。これに対し民主党は，地域密着型の拠点作り，地域スポーツリーダーの育成といった地域スポーツの振興を通じたスポーツの一般国民への普及や育成を重視してきた。また，特に文部科学副大臣の鈴木寛参議院議員は，スポーツ基本法にスポーツ権の規定を盛り込むことに強い関心を持っていた。民主党政権下で策定された「スポーツ立国戦略」の下，制定が検討される基本法も，同政党の考えを反映したものとなることが予想された。結局，基本法の概要（制定当初）は表8-5の通りとなった。

　振興法と基本法の制定経過について，共通点としては，①オリンピック誘致がらみであること，②超党派での制定への活動が行われたこと（スポーツ振興法は3党の共同提案であり，基本法制定は衆参両議院で全会一致であったこと）などが挙げられる。他方，主な相違点としては，①時代背景が異なっていること（このため法に盛り込まれた内容が異なっていること），②周囲の熱に違いがあること（スポーツ振興法の場合は，国，国民，政党，学校関係者など，国や多くの国民が制定を望んでおり，基本法は，東日本大震災の影響もあると推測されるが，国民の盛り上がりに欠けるところがあったこと）などが挙げられる。

基本法の意義としては，①前文（法令の条項の前に置かれる文章）を入れ，そこにスポーツ権規定を設けたこと，②国や地方公共団体の責務としたこと，③プロスポーツも視野に入れたこと，④障害者に配慮した規定を加えたこと，⑤迅速・適正なスポーツ紛争解決施策を求めたこと，⑥国際競技大会の誘致などへの措置を求めたこと，⑦ドーピング防止に関する規定を設けたこと，⑧附則でスポーツ庁の検討に関する規定を盛り込んだことなど，振興法では規定されていなかった事項について触れたことである。しかし，振興法（2条）のようなスポーツの定義規定を設けなかったことは，法の対象である「スポーツ」を示していないこととなり，問題視する意見もある。現在，その徴候（たとえば，e-スポーツの「スポーツ」性の問題）が現れている。

e　基本法施行後の動向

基本法のもとで，以下のような政策が展開されてきている。

国際大会の誘致

国際競技大会の招致・開催支援などに関する基本法27条に基づき，2020東京オリンピック・パラリンピックの開催決定（2013年9月），関西ワールドマスターズゲームズ2021の開催決定（2013年11月），ラグビーワールドカップ2019の開催決定（2015年3月）などがみられている。

スポーツ推進政策の所管の変更

スポーツ庁が，2015年10月1日に基本法附則第2条（スポーツに関する施策を総合的に推進するための行政組織の在り方の検討）に基づき検討され設置された。スポーツ健康推進課，競技力向上課，スポーツ国際課，オリンピック・パラリンピック課，政策課の5課及び2参事官（地域振興担当及び民間スポーツ担当）により構成された。あわせて，有識者によって構成され，スポーツ庁長官の諮問機関としてスポーツに関する施策の総合的な推進等について審議するスポーツ審議会（同庁長官が任命，20人以内，任期2年）も設置された。これにより，中央教育審議会スポーツ・青少年分科会は同年9月30日までで廃止された。初代のスポーツ庁長官には，ソウル五輪背泳ぎ水泳金メダリストの鈴木大地氏が就任した。

表8-5 スポーツ基本法の内容

章	法 律 内 容
前文	1 スポーツは，世界共通の人類の文化 2 スポーツを通じて幸福で豊かな生活を営むことは，全ての人々の権利 3 スポーツは，次代を担う青少年の体力を向上させるとともに，人格の形成に大きな影響を及ぼす 4 スポーツは，地域社会の再生に寄与し，健康で活力に満ちた長寿社会の実現に不可欠 5 スポーツは，我が国の国際的地位の向上にも極めて重要な役割を果たす 6 地域におけるスポーツ推進により優れた選手が育ち，その選手が地域のスポーツ推進に寄与することにより我が国のスポーツ発展の好循環をもたらす 7 スポーツ立国の実現は，21世紀の我が国発展のために不可欠な重要課題であり，国家戦略としてスポーツに関する施策を推進するため，スポーツ基本法を制定する
第1章：総則	・**目的（1条）** 1 スポーツに関し，基本理念を定め，国・地方公共団体の責務，スポーツ団体の努力等を明らかにする 2 スポーツに関する施策の基本となる事項を定めることによる施策の総合的・計画的推進を図る 3 国民の心身の健全な発達，明るく豊かな国民生活の形成，活力ある社会の実現，国際社会の調和ある発展に寄与する ・**基本理念（2条）** 1 スポーツを通じて幸福で豊かな生活を営むことが人々の権利であることに鑑み，国民が生涯にわたりあらゆる機会と場所において，自主的・自立的に適性や健康状態に応じてスポーツを行うことができるようにする 2 青少年のスポーツが国民の生涯にわたる健全な心と身体を培い，豊かな人間性を育む基礎となるものであるという認識の下に，学校，スポーツ団体，家庭及び地域における活動を相互に連携 3 地域において，主体的に協働することによりスポーツを身近に親しむことができるようにするとともに，スポーツを通じて，地域の全ての世代の人々の交流を促進し，交流の基盤を形成 4 スポーツを行う者の心身の健康の保持増進，安全の確保 5 障害者が自主的かつ積極的にスポーツを行うことができるよう，障害の種類及び程度に応じ必要な配慮をしつつ推進 6 我が国のスポーツ選手（プロスポーツの選手を含む。）が国際競技大会等において優秀な成績を収めることができるよう，スポーツに関する競技水準の向上に資する諸施策相互の有機的な連携を図りつつ，効果的に推進 7 スポーツに係る国際的な交流及び貢献を推進することにより，国際相互理解の増進及び国際平和に寄与 8 スポーツを行う者に対する不当な差別的取扱いの禁止，スポーツに関するあらゆる活動を公正かつ適切に実施することを旨として，スポーツに対する国民の幅広い理解及び支援が得られるよう推進

	・3条以下 国の責務（3条），地方公共団体の責務（4条），スポーツ団体の努力（5条），国の参加及び支援の促進（6条），関係者相互の連携及び協議（7条），法制上の措置等
第2章：スポーツ基本計画等	スポーツ基本計画（9条），地方スポーツ推進計画（10条）
第3章：基本的政策	
第1節：スポーツの推進のための基礎的条件の整備等	指導者等の養成等（11条），スポーツ施設の整備等（12条），学校施設の利用（13条），スポーツ事故の防止等（14条），スポーツに関する紛争の迅速かつ適正な解決（15条），スポーツに関する科学的研究の推進等（16条），学校における体育の充実（17条），スポーツ産業の事業者との連携等（18条），スポーツに係る国際的な交流及び貢献の推進（19条），顕彰（20条）
第2節：多様なスポーツの機会の確保のための環境の整備	地域におけるスポーツの機会の確保のための事業への支援等（21条），スポーツ行事の実施及び奨励（22条），体育の日の行事
第3節：競技水準の向上等	優秀なスポーツ選手の育成等（25条），国民体育大会及び全国障害者スポーツ大会（26条），国際競技大会の招致又は開催支援等（27条），企業，大学等によるスポーツへの支援（28条）
第4章：スポーツの推進に係る体制の整備	スポーツ推進会議（30条），都道府県及び市町村のスポーツ推進審議会等（31条），スポーツ推進委員（32条）
第5章：国の補助等	国の補助（33条），地方公共団体の補助（34条），審議会等への諮問等（35条）
附則	施行期日（1条），スポーツに関する施策を総合的に推進するための行政組織の在り方の検討（2条），スポーツの振興に関する計画に関する経過措置（3条），スポーツ推進委員に関する経過措置（4条）等

スポーツ基本計画（第1期及び第2期）の策定

　基本法9条1項は，文部科学大臣に対して，スポーツに関する施策の総合的かつ計画的な推進を図るため，スポーツの推進に関する基本的な計画を定めることを求めた。これに基づきスポーツ基本計画（第1期）が，同法施行後，2012年3月30日に策定，公表された。骨子は表8-6の通りである。

　その後10年間，わが国のスポーツ政策は，5年後の見直しはあるものの，これに依拠して展開されることとなった。これまでのスポーツ振興基本計画と比較すると，トップスポーツや競技力向上については変更がみられるが（より強力な支援策の展開），地域スポーツ，生涯スポーツ，学校スポーツにあっては，それまでと大差がなかった。本計画は，東京2020オリ・パラの開催決定前の策定であることから，同大会を具体的に想定したものにはなっていない。

　2017（平成29）年3月には，第2期スポーツ基本計画が策定された。第1期計画の中間見直しであるが，東京2020開催決定後の策定であることから，全体

表8-6 スポーツ基本計画の内容

	課　題	目　標・具体化
1	学校と地域における子どものスポーツ機会の充実	・幼児期からの子どもの体力向上方策の推進 ・学校の体育に関する活動の充実 ・子どもを取り巻く社会のスポーツ環境の充実
2	若者のスポーツ参加機会の拡充や高齢者の体力つくり支援等ライフステージに応じた活動の推進	・ライフステージに応じたスポーツ活動等の推進 ・スポーツにおける安全の確保
3	住民が主体的に参画する地域のスポーツ環境の整備	・コミュニティの中心となる地域スポーツクラブの育成・推進 ・地域のスポーツ指導者等の充実 ・地域スポーツ施設の充実 ・地域スポーツと企業・大学等との連携
4	国際競技力の向上に向けた人材の養成やスポーツ環境の整備	・ジュニア期からトップレベルに至る戦略的支援の強化 ・スポーツ指導者及び審判員等の養成・研修やキャリア循環の形成 ・トップアスリートのための強化・研究活動等の拠点構築
5	オリンピック・パラリンピック等の国際競技大会等の招致・開催等を通じた国際交流・貢献の増進	・オリンピック・パラリンピック等の国際競技大会等の招致・開催等 ・スポーツに係る国際的な交流及び貢献の推進
6	ドーピング防止やスポーツ仲裁等の推進によるスポーツ界の透明性，公平・公正性の向上	・ドーピング防止活動の推進 ・スポーツ団体のガバナンス強化透明性の向上に向けた取組の推進 ・スポーツ紛争の予防及び迅速・円滑な解決に向けた取組の推進
7	スポーツ界における好循環の創出に向けたトップスポーツと地域におけるスポーツとの連携・協働の推進	・トップスポーツと地域におけるスポーツとの連携・協働の推進 ・地域スポーツと企業・大学等との連携

の第3順位に「国際競技力の向上」が上げられ，過去最高の金メダル数を掲示する等，オリンピック・パラリンピック色が濃くなっている。

個別法の制定

　スポーツ政策の目標実現には，一般的・抽象的な基本法だけでは不十分で，個別的な法律の制定が求められるケースもある。ドーピング防止活動の推進を規定する基本法29条に基づき，個別法として初めて「スポーツにおけるドーピングの防止活動の推進に関する法律」が2018年6月13日に成立した（同年10月1日施行）。2019年のラグビー・ワールド杯や東京2020オリ・パラを間近に控えて，罰則規定は無く，努力義務にとどまるものの，「クリーンでフェアなスポーツの推進」（第2期スポーツ基本計画）に向けて一歩を踏み出した。今後，スポー

ツ事故の補償に関する法律などの制定も期待される。

基本法の地方への影響

　基本法では，生涯スポーツ，地域スポーツの進展が強く唱えられ，地方自治体の責務であることを明言している（同法4条）。このため地域の行政に委ねられるところが大きく，同法が盛り込んだスポーツ権を規定に盛り込むなど，同胞の趣旨を活かした政策の展開が予測された。実際，同法制定後にスポーツ権に関して同様の規定を置いたスポーツ条例を制定するところも出てきている（例：山口県スポーツ推進条例）。また，従来から地方スポーツ振興計画として策定されてきた地方のスポーツ行政計画も，新たにスポーツ推進計画として各地方自治体で策定されている（例：松本市スポーツ推進計画）。

基本法の改正

　基本法自身の改正も，実態に合わせて行われた（2018年6月13日成立）。「国民体育大会」を「国民スポーツ大会」とし（2023年1月1日施行），「公益財団法人日本体育協会」を「公益財団法人日本スポーツ協会」とし（2018年6月20日施行），「財団法人日本障害者スポーツ協会」を「公益財団法人日本障がい者スポーツ協会」とした（2018年6月20日施行）。

今後の方向性

　第2回目のオリンピック東京大会（パラリンピックも引き続いての開催）が当面の一大イベントである。2020年7月24日からの開催に向けて，さまざまな課題が生じている（予算規模，テロ対策，会場への運行など）。これらの課題解決に向けた対応とともに，いわゆるオリンピック・レガシーも大きな課題（たとえば，施設利用，スポーツ庁の組織での「障害者スポーツ室」から「課」へ昇格）である。また大会後には，それまで大会に引きずられた国のスポーツ政策が，バランスのとれたスポーツ政策へと展開していくかどうかも注視されるべきである。

2 日本の学校教育とスポーツ

敗戦後の日本の教育改革

　1945（昭和20）年 8 月14日に日本はポツダム宣言を受諾し，第二次世界大戦に敗れた。そして連合国に占領されることとなり，その後の日本の教育を含めた諸改革は連合国軍総司令部（GHQ：General Headquarters）が主導した。GHQ の初代最高司令官にはマッカーサー（Douglas MacArthur）が就任し，民間情報教育局（CIE：Civil Information and Education Section）を設置するとともに，「教育の四大指令」を出した。この四大指令によって，これまでの日本の軍国主義，超国家主義的体制が徹底的に排除され，教育の「非軍事化」と「民主化」の実現が目指された。

　体育においても，GHQ の指令を受けて，これまでの「教練」や「武道」などに多くの禁止措置が実行された。特に，「軍事教育の学科及び教練は凡て廃止する」という基本方針のもと，学校の内外を問わず軍事教練的色彩を一掃するために，体操指導時の号令による一斉指導，秩序運動を廃止すること，体操や作業時以外においても集合・行進・敬礼などの習慣を禁止することなどが通達された。とりわけ「武道」に関しては厳格で，課外の部活動であろうが個人の趣味であろうが，学校では一切行うことが禁じられ，用具を置いてもいけないという指示がなされた。こうして，学校内外の軍事教練的習慣や伝統が徹底的に排除された。

　また，GHQ は戦後の日本教育の抜本的改革を図るため，1946（昭和21）年に第一次米国教育使節団を来日させ，約 1 カ月の調査・研究を経て，日本の教育再建に関する「第一次米国教育使節団報告書」を提出させた。この報告書には，「個人の価値と尊厳」を重視した民主主義教育の理念が貫かれ，日本教育の目的及び学科課程，国語の改革，初等及び中等学校の制度，教育行政，教育財政，授業法，教師の教育，高等教育，成人教育など多方面にわたる改革案が示された。そして，この報告書で述べられたことが，戦後の教育改革の具体策として，ほぼ実行されていった。6・3・3・4制の学校体系と小・中学校の義務教育化，男女共学など，現在の私たちに関わる教育制度の原型がここに成立したのである。

学習指導要領における位置づけ

　「第一次米国教育使節団報告書」の勧告にそって，1947（昭和22）年3月，文部省から「学習指導要領一般編」（試案）が発行された。これは，当時のアメリカの教師用指導書「コース・オブ・スタディ（Course of Study）」をモデルに作成されたものである。このときの「学習指導要領」は，教育課程の基準を示したものであり，指導計画の全部を示したものではなかった。指導要領に記載されていることを詳細に実行することが求められたわけではなかったので，「試案」として公表された。そして，具体的な指導計画は，国が定めるのではなく地域や各学校の実情に応じて立てるべきであるとされ，教師の自由裁量が許された。これは，教育の中央集権化を廃止し，地方分権化を促進させようとした米国教育使節団の意図によるものであった。

　一方で，学校体育は，戦前・戦中の「体操科」や「体錬科」という教科名やその軍事教練的な指導を一掃するため，他教科とは異なる改革が行われた。1946年9月，文部省体育局に「学校体育研究委員会」が発足し，今後の学校体育の刷新改善や学校体育指導上の具体的方策に関する調査・研究が行われた。そして，この委員会が出した答申を原案とし，1947年6月に「学校体育指導要綱」が作成・公表された。この要綱では，従来の「体錬科」が「体育科」として改められたこと，地域や学校の自主性を基本として現場教師の創意工夫を重視したこと，児童が求める教材として遊戯・スポーツが選択されたことなど，アメリカの「新体育」の影響を受けた児童中心主義の学校体育が強調された。こうして，「学校体育指導要綱」は他教科の「学習指導要領」同様に「試案」として全国に示された。「学習指導要領」ではなく最初に「学校体育指導要綱」と名づけられたのは，要綱が小学校から大学に至るまでの学校体系全体を見すえた，体育科教育の基本原理を示す性格を持っていたためである。そのなかで，運動と衛生の実践を通じての人間性の発展が目的とされた。

　この「学校体育指導要綱」が改められ，他教科同様に教師の手引書として刊行されるのが1949（昭和24）年の「小学校学習指導要領体育編」（試案）である。1951（昭和26）年には中学校と高等学校の学習指導要領も発表された。

　小学校の学習指導要領には，「健康で有能な身体を育成する」ことと，「よい性格を育成し，教養を高める」ことが目標とされ，児童の発達段階に応じた心身の健康と，身体活動を通じた人間形成が目指された。そして，児童に適した教材

には，スポーツ・体操・ダンスが選択された。具体的な教材としては，鬼遊び，リレー，ボール遊び，リズム遊び，器械遊び，模倣・物語遊び，水遊び，スキー遊びなどが例示され，高学年に至るにしたがい「遊び」から「運動」へと学習教材が高度化・組織化された。このように小学校学習指導要領体育編では，社会や児童の要求を意識し，文化的価値の高い教材や，児童の興味や発育発達に応じた種目が選択された。

　また，中学校・高等学校の学習指導要領では，「保健体育科体育編」として試案が出される。ここで「保健」と「体育」の概念が規定され，保健体育科の性格が明らかにされた。健康は教育の基本目標であり，学校における健康教育は，保健指導計画に基づいて生徒の健康の保護・増進をはかりながら，健康生活についての理解・態度・技能・習慣の発達を目指す教育の分野として位置づけられた。一方，体育はいろいろな身体活動をとおして教育の一般目標達成に貢献する教育の領域であるとされた。そして，身体活動は健康の増進に不可欠であり，健康教育と体育は密接不離の関係にあることから「保健体育科」として統合された。保健は健康という目標を，体育は身体活動という方法を意識し，それぞれの学習活動と教材が選択された。体育では，主としてサッカーやバレーボールなどのスポーツがレクリエーションとして位置づけられるとともに，それらの活動をとおした身体諸機能の発達と，生徒の全人的発達が期待された。

　以上のように「試案」から出発した「学校体育指導要綱」と「学習指導要領」は，次第にその性格を変えていく。1952（昭和27）年に占領軍が撤退し，日本国として独立を果たすが，その後の日本は独自の教育改革を模索していくこととなった。1958（昭和33）年の学校教育法施行規則の一部改正に伴って，「学習指導要領」は文部省の告示という形で，約10年ごとに改訂されることとなる。以後，「学習指導要領」は単なる教師の手引き書ではなくなり，法的拘束力をもった国の基準としての性格を強めていく。

3　「みんなのスポーツ」から「生涯スポーツ」へ

　戦後の日本のスポーツは，競技力向上を目指す競技スポーツと，市民のため

の大衆スポーツの二つの方向に向けて動き出した。特徴的なことは，これまでに見られなかった子ども・高齢者・障害者を含む大衆スポーツの促進が，1970年代から政府により始まることである。ここでは，それらに関係した日本での「みんなのスポーツ」（Sports for All；スポーツ・フォー・オール）と，生涯スポーツ社会の実現を目指したスポーツ政策の動向について，一部外国の様子を交えて考えてみよう。

　まず，「みんなのスポーツ」が1960年代にノルウェーやドイツから始まり，1970年代に入って世界的に推進されていく様子についてみていこう。続いて日本において，「みんなのスポーツ」が2000年以降に「生涯スポーツ」に結びついていく様子をみていこう。

　本来，「生涯スポーツ」という言葉は，1968（昭和43）年に，世界教育機構（ユネスコ）による「スポーツ宣言」のなかで使われたことが最初である。日本では1970年代に，生涯教育のスポーツ版として，スポーツを生涯にわたって行うという意味で使われるようになった経緯がある。

　第1～2章で古代から近代までのスポーツについて概観してきたが，当時のスポーツの担い手は，主に貴族や中・上流階級の人々であった。しかし，本章で述べるスポーツの担い手は，子どもから高齢者，障害者までの「みんな」＝すべての人々である。

a　諸外国における展開

始まりはノルウェーのトリム運動

　1967年にノルウェーで「トリム運動」と呼ばれる新たなスポーツ運動が始まった。トリムという言葉は，もともと，水面に浮かぶ船が左右のバランスをとるという意味の言葉に由来している。そこから転じて，従来のスポーツ競技がゲームの勝敗に重きをおいているのに対し，勝敗にとらわれずにスポーツ活動を楽しみ，心身のバランスを取ろうとするのがトリム運動であった。

　つまり，「トリム運動」とは，心身の健康を第一に考えた生活を奨励する，健康・体力つくり運動といえよう。当然のことながらその担い手は，若い競技スポーツ選手だけではなく，老若男女問わず，障害者も含めた人々である。また，運動の内容は，誰もが手軽にできる身近な身体運動であった。

ノルウェー政府は「トリム運動」の推進を掲げ，世界に先駆けて，「すべての人々のためのスポーツや健康体操」を奨励した。特にノルウェー政府は，国民の食生活とスポーツや身体運動を結びつけて，人々の健康志向をいっそう促すコム（KOM）運動を積極的に推進したのである。

ドイツの「ゴールデン・プラン」と「第二の道」

旧西ドイツ政府は，1960年からスポーツ施設の整備のための「ゴールデン・プラン」の実施を始めた。続いて2000年から現在まで，政府は社会状況の変化に合わせた新たな「ゴールデン・プログラム」を実施してきている。以下では，年代に従ってそれらの実施の様子をながめてみよう。

①1960年からの「ゴールデン・プラン」

旧西ドイツ政府は，1960年初頭に，「第二の道」と「ゴールデン・プラン」をあわせた国民的なスポーツ運動をスタートさせた。「第一の道」がトップ選手の競技力の促進運動であったことに対し，「第二の道」とは，国民が自分の健康のために，余暇の時間を活用して，スポーツや身体運動を促進する内容であった。市民が地元のスポーツ・クラブを拠点にして，日常的に，自由なスポーツ活動を楽しむという運動であった。

1960〜75年に実施された「第一次ゴールデン・プラン」では，政府が「みんなのスポーツ」の中核となるスポーツ施設の整備を主導し，市民の意識を反映させたシビルミニマム・インフラ整備が行われた。1960年の第一次覚書には，遊び場・運動場・体育館・屋内プール・屋外プールの整備が盛りこまれた。1967年の第二次覚書にも，同様に遊び場・運動場・体育館・屋内プール・屋外プールが盛りこまれた。

1976年から実施された「第二次ゴールデン・プラン」は，1990年の東西ドイツが統一された後も，1999年まで継続された。中核施設の不足に対する調整的整備として，多様なニーズに対応した施設の整備が行われた。

1984年の第三次覚書には，ランニング・ハイキング・サイクリング・カヌー等の「みち」の整備，健康スポーツの推進，週末圏・休暇圏における魅力ある施設の整備，テニス・スカッシュ・ゴルフ等の施設の整備が盛りこまれた。

②2000年からの「ゴールデン・プログラム」

2000年から，新しいスポーツ施設整備計画「ゴールデン・プログラム」が始

められた。人々のスポーツに対するニーズは、種目や実施の方法などにおいて、年々個別化・多様化した。単にハード面である施設整備の充実にとどまらず、新しいスポーツへの関心、指導方法の改善改良など、ソフト面でのさまざまなサービスが要求されてきている。行政は、人々の多様化した要求に対し、地域ごとの立地条件、人口動態、住民のスポーツ・ニーズに基づいた、新たな整備指針を実施してきている。

イギリスのスポーツ・カウンシル

イギリスでは1960年に、民間機関である「身体レクリエーション中央審議会（CCPR：Central Council of Physical Recreation）」が、生涯スポーツの発展を目指す報告書（『スポーツと人々』）をまとめあげた。従来、イギリスでは、19世紀からのアマチュア主義スポーツの長い伝統が浸透しており、スポーツは本来、富裕な階層による自主的・自発的な活動であるとした考えが根強く、政府が政策的に取り組むものではないと考えられていた。その点で他国に比べ、スポーツ政策は遅れてスタートしている。だが、CCPRの報告書を契機にして、イギリス政府が積極的にスポーツ振興に取り組む姿勢を鮮明にしたのである。

イギリスはイングランド、スコットランド、ウェールズ、北アイルランドの四つの地方政府（Nation）から構成された国（State）であり、それぞれに独立性が高い。イギリス政府は1971年にスポーツ・センターを各地方行政府にそれぞれ開設し、さらに1972年にはスポーツ・カウンシル（Sports Council＝環境省）を設置して、「みんなのスポーツ」を宣言し、人々のスポーツ参加を促すキャンペーンやスポーツ施設の整備に本格的に乗り出した。

ここで特記すべきは、従来イギリスで行われてきた「エリート・スポーツ」に対抗するものとして「市民の生涯スポーツ」の考えかたを打ち出したということではなく、長期的な戦略目標を据えて、国のスポーツ施策を具体的に描いていることであった。子ども・学校・家庭省の両省庁が連携してまとめた「若者の体育・スポーツ戦略」においては、学校、コミュニティ・スポーツ、エリート・スポーツのレベルに至るまで、固い連携を横断的に構築していたのである。

アメリカ合衆国

連邦制をとるアメリカ合衆国では、国が主導するのではなく、各州や各自治

体がスポーツ政策を展開するのが基本であった。しかし，戦後において，連邦政府が国全体に関わるスポーツ政策を展開してきた様子をみてみよう。

　戦後のアメリカでは，大都市部への激しい人口集中やストレス社会が，他国に比べて早くから到来した。その対応として，市民のあいだで，豊かな自然を利用した野外活動が盛んになった。そこで合衆国政府は1960年代に「野外活動振興プロジェクト」を立ち上げ，野外活動や公園でのレクリエーション施策を全国的に実施した。

　1970年代に入り，スポーツが盛んになる一方で，女性のスポーツ参加はまだ十分に保障されていなかった。1972年に合衆国は，女性に対してスポーツの参加を保障する「Title IX」を連邦法として認めたのである。

　1970年代に東ドイツ，ソビエト連邦などの国々が，オリンピックや国際大会で力を伸ばした。それに対して，1975年にフォード大統領はアメリカの成績不振を懸念して，大統領諮問委員会を設置した。

　1978年には，クリントン政権下でスポーツの振興を促進するアマチュア・スポーツ法（The Amateur Sports Act）が成立した。そこで，国際的な動向と合わせてパラリンピックとの関係を規定し，選手や組織の紛争解決のためにオンブズマン制度を取り入れている。また，フィジカル・フィットネスと国民参加の推進・援助，女性スポーツ，障害者スポーツ，マイノリティ・スポーツの奨励・援助等が条項として掲げられている。この法律は，合衆国のスポーツが多様な形で飛躍的に発展する契機となったと言える。

　また1990年に，政府は連邦法として「障害をもつアメリカ人に関する法」を成立させた。これら一連の法整備によって，人種・性・障害による差別的な扱いが禁止され，平等と機会が広く保障される，重要な後ろ盾ができたのである。

カナダのフィットネス・アマチュア・スポーツ法

　カナダにおける「みんなのスポーツ」運動は，前述のイギリスの CCPR のように，民間機関から始まっている。1971年に民間組織である「パーティシパクション（ParticipACTION）」が設立され，国民スポーツや身体運動を奨励する運動が独自に展開された。

　政府は1961年にフィットネス・アマチュア・スポーツ法を制定すると，1971年に新たにスポーツ行政機関としてアマチュア・スポーツの振興を任務とするス

ポーツ・カナダ（Sport Canada）と国民の健康促進を任務とするレクリエーション・カナダ（Recreation Canada：1980年以降はフィットネス・カナダ Fitness Canada）の2課が設けられた。

スポーツ・カナダは，スポーツを通して国内外における「カナダ・アイデンティティ（国民意識）」の強化を使命として「フィジカル・アクティビティ・ガイド」を国民に提示している。一方でレクリエーション・カナダは，国民の健康や生涯スポーツの促進を目的として展開している。

1970年代──世界的な潮流としての「みんなのスポーツ」

このように，「みんなのスポーツ」運動は1960年代にノルウェーとドイツで始まり，1970年以降，ヨーロッパ諸国のみならず世界的な潮流となって，各国政府が市民のスポーツ活動を促する政策を持つようになっていく。

1975年，欧州評議会（ヨーロッパ会議）において，各国スポーツ担当閣僚による「ヨーロッパ・みんなのスポーツ憲章」が採択された。各国政府が自国の責任において，人々のスポーツ参加を保障することを宣言したのである。

そして1978年には，国際連合内の教育科学文化機関（ユネスコ）において，「国際体育・スポーツ憲章」が採択され，スポーツや身体運動は人類全体の課題であることが認知されたのである。ユネスコの憲章はその後，2015年に全面的に改定され，新しく「体育・身体活動・スポーツに関する国際憲章」として採択・宣言された（表8-7）。

b 日本における展開

体育・スポーツの普及振興に関する基本方策（1972年）

日本における「みんなのスポーツ」は1961（昭和36）年の「スポーツ振興法」の制定に端を発していた。制定の背景には，1959（昭和59）年オリンピック・ローマ大会の際に，1964年東京大会の開催が決まり，国民的なスポーツの盛り上がりが必要となり，文部省（当時）は歴史上初めてとなる，スポーツに関する法律「スポーツ振興法」を制定したのである。振興法の実施のため文部省は，スポーツ振興審議会の開設，体育指導委員の設置，公共の体育・スポーツ施設の補助の実施を各地方公共団体に提示した。ところが，いざ法の執行となると，法的強

> **表8-7 体育・身体活動・スポーツに関する国際憲章 第1条**
>
> （2015年11月，第38回ユネスコ総会）
>
> 第1条 体育・身体活動・スポーツの実践は，すべての人の基本的権利である
>
> 1.1 すべての人は，人種，ジェンダー，性的指向，言語，宗教，政治的又はその他の意見，国籍もしくは社会的出身，財産，その他一切の理由に基づく差別を受けることなく，体育・身体活動・スポーツを行う基本的な権利を持っている。
>
> 1.2 これらの活動を通じた身体的，精神的，社会的な充足と能力を発達させる自由は，政府，スポーツ，教育に関わるすべての機関により支援されなければならない。
>
> 1.3 すべての人，とりわけ就学前の子ども，女性及び少女，老人，障がいのある人，先住民族に，体育・身体活動・スポーツへの参加のための誰もが受け入れられる適切で安全な機会が提供されなければならない。
>
> 1.4 レクリエーション，健康増進，パフォーマンスの向上といった目的にかかわらず，体育・身体活動・スポーツに参加し，あらゆる管理・意思決定レベルに参画するための平等な機会は，すべての少女と女性にとって積極的に守られなければならない権利である。
>
> 1.5 体育・身体活動・スポーツが多様であることは，それらの価値や魅力の基本的な要素になる。伝統的な，さらには先住民のゲーム，ダンス，スポーツは，今日創られつつある形態も含めて，世界の豊かな文化遺産を表現するものであり，保護され，普及されなければならない。
>
> 1.6 すべての個人は，体育・身体活動・スポーツを通じて各人の能力と興味に応じて一定の達成を得る機会を持たなければならない。
>
> 1.7 どの教育システムも，身体活動と他の教育要素との間のバランスと結びつきの強化を図るため，体育・身体活動・スポーツについて必要な位置づけと重要性を付与しなければならない。教育システムは，質が高く，排除される者がないような体育の授業が優先的に毎日，初等・中等教育の必須要素として含まれること，そしてスポーツと身体活動が学校及びその他の教育機関で，子どもたちや若者の日課で欠くことのできない役割を果たすことを保証しなければならない。
>
> （第23期日本学術会議 健康・生活科学委員会 健康・スポーツ科学分科会 [監訳]，文部科学省ウェブサイトより）

制力や予算面の裏づけに乏しく，全体的な実行力に欠けていたのである。

1964（昭和34）年に開催されたオリンピック・東京大会を機に，スポーツが国民的に盛んになるなかで，文部省はヨーロッパ諸国で盛んになりつつあった「みんなのスポーツ」の動きを意識して，1968年に保健体育審議会に諮問を行った。審議会は1972年にそれに対する答申「体育・スポーツの普及振興に関する基本方策」をまとめ，文部省に提出している。

内容は，「みんなのスポーツ」において先行していたドイツ政府による「ゴー

ルデン・プラン」に習い，スポーツ環境を充実させるため，施設の整備を指針としていた。しかし「スポーツ振興法」と同様に，やはり予算措置に脆弱さがあり，実行力に欠けていたのである。しかしこの時点から，「生涯教育」の言葉が使われ始めたことが確認できる。

経済企画庁，国土庁，自治省の取り組み

1970（昭和45）年以降，スポーツがますます国民的な盛り上がりを見せるようになると，文部省以外に，経済企画庁，国土庁，自治省などの各省庁が，体育・スポーツ活動計画やスポーツ拠点地域の整備計画の提唱を始めた。

計画の内容は，1964年オリンピック・東京大会のあと，学校体育とは異なる場で活発になってきた社会体育（「みんなのスポーツ」）を発展させるというものであった。また，スポーツの各種目において強化指定を受けた拠点地域における整備計画であった。

計画の柱となったのは，外国に比べて伝統的に充実していた学校体育施設である。明治以来，全国都道府県で充実が図られてきた学校体育施設は，全国的なスポーツ運動推進をはかるには最適の場であった。計画では，学校体育施設の開放を順に実施していき，続いて地域住民の立場に立った施設利用を可能とし，さらに住民スポーツの拠点として強化していくこととなった。

その効果は1970年以降，女性や高齢者のスポーツが盛んになったことに現れている。たとえば，全国家庭婦人バレーボール大会は1970（昭和45）年から開催されるようになり，1977年には第1回マスターズ陸上競技会，1979年には東京女子マラソンが開催されている。1980年に全日本女子サッカー選手権大会が開催され，1984年には日本ゲートボール連盟が設立された。保健体育審議会はさらに1989（平成元）年，「21世紀に向けたスポーツの振興方策について」を答申して，「みんなのスポーツ」のいっそうの促進を企図している。

「生涯スポーツ」の実現へ

2000（平成12）年9月，文部科学省は今後のスポーツに関する具体的な数値目標を掲げた「スポーツ振興基本計画」を提示した。そのなかで，明確に「生涯スポーツ」社会の実現のためとして，成人のスポーツ参加率の向上を目標に掲げている。そして，目標達成のための最重点施策として，2000年から総合型地域ス

ポーツクラブの育成補助事業（それに先立つ1995年度から文部省が，全国の主に市町村を事業指定先として総合型地域スポーツクラブ育成モデル事業をスタートさせていた）を行い，2010（平成22）年までに，全国の市町村で最低1クラブ，各都道府県で支援・統括する広域スポーツセンターを1カ所整備する，という目標を掲げている。

　一方で1985（昭和60）年ごろから，子どもの体力・運動能力の低下がみられ，体格も肥満の傾向を示し始めた。2002（平成14）年9月に中央教育審議会が提出した答申「子どもの体力向上のための総合的な方策について」は，こうした現象の改善を図る試みであった。

　2000年に策定されたスポーツ振興基本計画は，2006（平成16）年までに以下の3点を見直すことが目的とされた。①スポーツ振興を通じた子どもの体力向上の方策，②地域におけるスポーツ環境の整備充実のための方策，③我が国の国際競技力の総合的な向上策。

　特に①は，スポーツ振興を通じて子どもの体力の低下傾向を止め，上昇させることを目指した。施策としては，体力の重要性を正しく理解する運動の展開や，学校と地域の連携によって子どもを惹きつけるスポーツ環境を充実させる，といったことが挙げられている。

スポーツ立国戦略（2000年）

　2006年11月，政府は「スポーツ振興に関する懇談会」を設置し，ネット上で多くのパブリックコメントを収集した。それを受けて文部科学省は2010年8月に「スポーツ立国戦略──スポーツコミュニティ・ニッポン」を提言している。提言では，「スポーツは人格の形成，体力の向上，健康長寿の礎であるとともに，地域の活性化やスポーツ産業の広がりによる経済的効果など，明るく豊かで活力に満ちた社会を形成するうえで欠かすことのできない存在である」（はじめに）と謳い，従来のスポーツ振興法の見直しを図るものとした。新たなスポーツ文化の確立を目指し，人（する人，観る人，支える［育てる］人）を重視し，連携・協働を推進することを基本的な考えとして，五つの重点戦略を挙げている。

　　　①ライフステージに応じたスポーツ機会の創造

　　　②世界で競い合うトップアスリートの育成・強化

　　　③スポーツ界の連携・協働による「好循環」の剔出

　　　④スポーツ界における透明性や公平・公正性の向上

⑤社会全体でスポーツを支える基盤の整備

　従来のスポーツ振興基本計画が終了する2010年以降の10年間を見据えて，政策内容を提言しているのである。スポーツ振興政策は，国民のニーズと，体力や運動・スポーツの社会的必要性の上に，国民の文化的な豊かさや各層のスポーツ・ライフスタイルを形成していくことが重要なねらいである，としている。

スポーツ基本法──制定の経緯とその特徴

　政府により2006（平成18）年に設置された「スポーツ振興に関する懇談会」は，翌2007年に検討のまとめとして「『スポーツ立国』ニッポン──国家戦略としてのトップスポーツ」を公表し，「スポーツ庁」を新設することや，従来のスポーツ振興法を改編することを提言した。また，「教育再生懇談会」が2009年に提出した第四次報告では，「総合的なスポーツ振興施策の展開」の具体的な中身として，スポーツ基本法の制定やスポーツ庁の設置を提言している。

　2011（平成23）年，超党派のスポーツ議員連盟はスポーツ基本法案をまとめ，議員立法として，民主党所属の衆議院議員・奥村展三らを代表として国会に提出した。この法案は2011年6月17日に可決・成立し，従来のスポーツ振興法が50年ぶりに全面改正され，法律の名称もスポーツ基本法と改められた。

　スポーツ基本法の特徴を簡潔にまとめると，かつての「スポーツ振興法」は，東京オリンピック開催前の1961（昭和36）年に制定され，スポーツ施設の整備等に主眼が置かれ，スポーツは心身の健全な発達を図るものと謳われていた。対してスポーツ基本法では，「スポーツ立国の実現を目指し，国家戦略として，スポーツに関する施策を総合的かつ計画的に推進する」（前文）ことが謳われ，本文では「スポーツに関する施策を総合的に策定し，及び実施する」（第3条）ことを国の責務として位置づけるなど，スポーツ振興を国家戦略として位置づけている。

　スポーツは世界共通の文化であることが宣言され，今日，国民が生涯にわたって心身ともに健康で文化的な生活を営むうえで不可欠なものと定義された。すなわち，スポーツを通じて幸福で豊かな生活を営むことは，すべての人々の権利であり，すべての国民が自発的に，各々の関心・適性等に応じて，安全かつ公正な環境で日常的にスポーツを楽しみ，またはスポーツを支える活動に参画することのできる機会が確保されなければならないことが明記されたのである。

4　スポーツ産業の歴史的発展

　明治時代の初頭，学校における体操の授業で木製ダンベル（木で作られたダンベル）が使われ，大工（職人）がそれを製作したことがスポーツ産業の始まりであった。

　明治初頭から第二次世界大戦以前（1880～1940年）は，スポーツ産業の創成期にあたる。この時期にスポーツ用品産業（以下，用品産業）とスポーツ情報産業（以下，情報産業）が創業を始めている。

　第二次世界大戦後から昭和末期（1945～1989年）は成長・成熟期にあたった。この時期にスポーツ施設産業（以下，施設産業）が誕生し，情報産業とサービス産業が結びついてスポーツ情報・サービス産業（以下，情報・サービス産業）となった。また，施設産業にスポーツ空間産業（以下，空間産業）が結びついて，スポーツ施設・空間産業（以下，施設・空間産業）となったのである。

　平成以降（1990年～）は変革期にあたる。用品産業と情報・サービス産業のクロスした部分が関連流通として確立し，また情報・サービス産業と施設・空間産業のクロスした分野が施設空間マネジメントとして確立している。

　ここでは，創世期，成長・成熟期，変革期について発展の様子をみていこう。

（1）スポーツ産業の創成期（1880-1940）

a　政治・経済・スポーツの状況

　1853（嘉永6）年のペリー来航を契機に，日本は欧米列強から貿易を強く求められ，鎖国を解いて，新たに横浜，神戸，長崎の港を開いた。欧米列強は当初，日本に毛織物，綿織物，武器などを売り，日本から生糸，茶などの原料を購入した。日本は，不利な条件下であったが，国民の過酷な労働と近隣諸国への製品の輸出によって，欧米列強との貿易競走に耐えた。

　日清（1892～1894年）・日露（1902～1904年）の両戦争にどうにか勝利したのち，農民や工場労働者の負担によって，繊維産業，鉄工，造船業は国際水準に迫る発

展を遂げた。日本は第一次世界大戦中に戦場とならなかったことが幸いして，国内景気は大正末まで一定の上昇を見せている。だが1929（昭和4）年の世界恐慌は日本の金融界や国民生活にも打撃を与え，社会不安を増大させた。折からの軍部の台頭はいっそう進み，満州事変から日中戦争へと一気に突き進んだのである。

　第4章で詳述したように，近代日本構築のために欧米から招聘された外国人研究者・教師・軍人たちは，専門分野のほかに，スポーツも日本に紹介した。このおかげで，学校で体操やスポーツが実施されるようになり，明治時代の後半には，主に学生に，野球をはじめとするスポーツが定着した。大正末期には一般市民にも広まる勢いをみせ，昭和初期には「観るスポーツ」も定着したのである。

b　用品産業の誕生

明治期──製造販売業の誕生

　明治初期から，小学校の体操の時間において，木製ダンベルやこん棒を使った軽体操が行われ，中学校では鉄棒，吊り輪，鞍馬などを使った重体操が全国的に始められた。こん棒などの製造を依頼された大工たちが製作を担い，これを機に体操用具の製造を専門とする業者が現れた。また，大学・高専などの上級学校の学生が，野球，テニス，サッカー，ボートなどを課外で実施するようになると，バット，グローブ，ボールなどの用具が必要になった。当初，学生たちは外

図8-1　「小学生徒体操之図」（左）と，こん棒・木製ダンベル（右）（玉川大学教育博物館）

国から高額な用具を購入していたが，明治期後半に学生のスポーツが盛んになると，国内でも用具を製造販売する業者が現れた。

1903（明治36）年に美満津株式会社が東京に誕生して，野球のグローブ，バット，ボール，テニスラケット，バスケットボールなどの用具を製造販売した。製品の一部は店で販売され，主にカタログによる注文販売が行われた。

テニスは年々盛んになっていったが，外国製のボールが高価過ぎたことから，綿やこんにゃく玉を芯にして糸を巻いた球が使われていた。そんななか三田土ゴム株式会社が明治20年代に，東京高等師範学校からゴムボールの製造を依頼されて，製造を始めている。それを契機に，安価なゴムボールを使用した軟式テニスが全国的に一気に盛んになっていったのである。

大正末期以降──製造業・販売業・卸業の誕生

大正時代末期から，学生だけでなく市民の中にもスポーツをする者が現れると，用具の需要が高まった。京都の鈴鹿栄商店は，1920（大正9）年に少年野球用の「毎日ボール」と「児童ボール」の製造・販売を始め，その後は東神ゴムがゴム球の製造・販売を引き継いでいる。

用具の製造・販売が増加したことで，用具の小売店も全国的に増加した。そのため，新たに製造業者と小売店の間を取り持つ卸業が新たに誕生することとなった。製造業者は当初，たとえば東京周辺の工場で製造した製品を，みずから東京

図8-2　美満津株式会社のスポーツ用具カタログ（筆者所蔵）

の本郷や銀座で販売していた。しかしその後，大阪，名古屋，仙台，北海道，九州に小売店が誕生したとき，製造業者と小売店を結ぶ卸業者であるミズノスポーツ，都スポーツ等が誕生してきたのである。さらに昭和に入ると，製造業，卸業，小売業は個別に発展し，スポーツ用品産業は三層による構造を持つようになる。

c　情報産業の誕生と発展

明治時代後半──スポーツ誌の創刊

　明治時代の後半になって，学生のスポーツがますます盛んになると，対抗戦や競技会などの様子を伝える情報産業が誕生してきた。

　特に都市部の大学・高専の学生たちのあいだで，野球，ボート，陸上競技，テニスなどが流行し，定期戦，横浜・神戸の居留地外国人との熱戦が数多く行われ，一般市民にとっても大きな関心事となった。そのため多くの出版社が，スポーツの競技会を専門に取り上げる雑誌を創刊し始めたのである（表8-8左）。

大正時代

　大正時代になると，学生たちが盛んに行っている野球，漕艇，テニスなどの大会に市民が観客として足を運び（たとえば，野球は甲子園球場や神宮球場などで，漕艇は隅田川～両国橋間の堤で，テニスは東京高師のコート，帝大コート，陸軍戸山学校コートなど），競技を観客として楽しむ「観るスポーツ」が盛んになった。

表8-8　明治後半～大正期に創刊された主なスポーツ雑誌

明治後半

1897（明30）年	「運動界」
1906（明39）年	「運動の友」
1908（明41）年	「月刊ベースボール」
1909（明42）年	「遊泳雑誌」
1911（明44）年	「野球界」

大正期

1913（大2）年	「ジャパン・ツーリスト・ビューロー」
1914（大3）年	「運動グラヒック」
1915（大4）年	「柔道」
1915（大4）年	「バンカー」
1915（大4）年	「ローラースケート」
1915（大4）年	「国民体育」
1916（大5）年	「オリンピア」
1920（大10）年	「運動競技会」
1923（大12）年	「アサヒ・スポーツ」

観客の増加は，さらに多くのスポーツ雑誌の創刊を促した。表8-8右のように，柔道，ゴルフ，ローラースケートなどの競技，そしてオリンピック，ツーリストをテーマにした雑誌が創刊されており，人気の高さがうかがえる。

　大正時代の末期になると，新聞社のなかにスポーツ記事を専門に担当する運動部が設けられるようになった。福岡日日新聞社が1916（大正5）年に運動部を新設したのに続いて，朝日新聞，読売新聞，毎日新聞社などの大手新聞社が次々に運動部を設け，スポーツ記事が毎日の紙面に登場するようになる。

昭和初期──ラジオの始まり

　昭和に入り，1927（昭和2）年にラジオ放送が始まった。ラジオ放送はたちまち全国に普及し，大学野球や中学全国野球大会，相撲の様子を生き生きと伝えた。1936年のベルリン・オリンピック大会では，水泳競技の前畑秀子選手の活躍を伝えるラジオ中継が全国を熱狂させた。ラジオ放送は，市民にとってスポーツをより身近な存在とし，国民的なスポーツの盛り上げに力を発揮した。

　1928年，昭和天皇の即位を祝う大礼記念事業の一環として，ラジオ体操の放送が始まった。メディアは国民体力の養成にもひと役かうこととなったのである。

d　施設産業の誕生

　日本で初めて建造された体操施設は，1878（明治11）年に建てられた，東京府下（一橋）の体操伝習所であった。それはアメリカ人医師ジョージ・リーランドが日本で体操を講習するに際して，彼が教鞭をとっていたアーマスト大学の体操場をまねてわざわざ建てられたものであった。以後，全国の学校にこの伝習所にならって「雨天体操場」が建てられるようになる。

　水泳は従来，川で行われていたが，大正時代に入るとようやく，都市部でプールが作られるようになった。1917（大正6）年には，東京キリスト教青年会（WMCA）体育館に，初めての温水プールが設置されている。

　政府は1893（明30）年頃から1932（昭和7）年までのあいだに，国民の健康と体力育成のために，全国道府県の行政を通じて，グラウンド・体操場・遊戯場などの各種運動施設を全国325カ所に，川を利用したプールを77カ所に，降雪地

方にスキー・スケート場を170カ所に，武道場を69カ所に，合わせて641カ所に設置していた。たとえば，図8-3は，1909（明42）年に，現在は羽田飛行場となっている場所に設けられた羽田運動場で，野球場，テニスコートなどがあった。そのほか，スポーツを楽しむ裕福な市民層の手によって，長野県の軽井沢や神戸の六甲山などで私的なテニスコートやゴルフコースなどが開設された。

図8-3　羽田運動場（『異端の球譜「プロ野球元年」の天勝野球団』羽田球場(1909-1916)）

このように第二次世界大戦の前には全国でスポーツ施設が造られていたのだが，そのための専門業者が生まれたというわけではなかった。

(2) スポーツ産業の成長・成熟期（1945～1989年）

a　戦後の経済とスポーツの状況

終戦直後の人々の暮らしは貧しいものだったが，1951年以降，ようやく復興の兆しが現れた。1960年代には復興から緩やかな発展に転じ，暮らしに活気が現れ始めた。

戦前の明治神宮競技大会に代わって，早くも1946（昭和21）年に，第1回国民体育競技京都大会が開催された。以後は毎年，各県の持ちまわりで開催されるようになり，開催を担当する県にとっては大きな財政的負担ではあったが，スポーツの促進とインフラ整備にはひと役かっていた。また，同年から学校教育が再開された。体育授業では，支給された用具を用いてのスポーツが始められたのである。

1960年代の日本に，北欧で始まった，勝敗を気にせずスポーツを楽しむ「みんなのスポーツ」運動が波及した。国の施策によってスポーツ施設の充実が促され，会社や企業では社員の余暇活動としてスポーツを保障し始めたのである。同時に，1964（昭和39）年のオリンピック・東京大会を目指して競技スポーツも振興され，大会が成功裏に終わると，高まったスポーツ熱がファミリースポーツの時代をもたらし，特にスキー，ゴルフ，ボウリングが盛んになった。

1970〜80年代に競技スポーツが世界的に盛んになり，各国で選手養成に力が注がれた。日本では企業が競技選手の育成の場となった。他方で，景気の上昇とリゾート法の成立により，人々は開発されたリゾート地で贅沢なスポーツ活動を満喫するようになる。とりわけ1984（昭和54）年のロサンゼルス・オリンピック大会を契機に，プロ選手の参加が容認され，プロのハイ・パフォーマンスを観て楽しむ，本格的な「観るスポーツ」の時代が訪れた。

b　用品産業の成長・成熟

1955（昭和30）年以降，スポーツが盛んに行われ用具の需要が高まると，製造業はさまざまな用具を大量に製造するようになった。並行して，製造業と小売業のあいだで商品を流通させる卸業も成長し，1960年代にはスポーツ用品の製造，卸，小売の三層構造ができあがった。しかしその後，製造業は一流メーカーのブランド商品という戦略を打ち出し，卸業に替わって主導権を握り始める。

スポーツ産業は，1976〜84年に成熟期を迎えた。本格的なスポーツ・ブームが到来し，ファッションにも人々の目が注がれるようになった。そのためシューズ産業やバック産業が，スポーツ用品産業界に参入してきた。スポーツ用品への需要が高まると，製造業は多量生産に踏み切り，販売業は，小規模の個人商店から，全国的なチェーン店による販売を展開するようになったのである。いわゆるスポーツ用品店，スポーツ専門の量販店が急成長することとなった。スポーツ関連企業が誕生し，また人気の高いスポーツのブランド・メーカーも生まれてきたのである。スポーツ産業は大規模化し，一方で種目に特化したスポーツ専門店も誕生してきた。

c　情報・サービス産業の成長

戦後，いちはやく情報産業の担い手となったのは，スポーツ関連紙（スポーツ新聞）であった。1946（昭和21）年に「日刊スポーツ」，1948年に「デイリースポーツ」，1949年に「スポーツニッポン」が登場している。また明治期に創刊された日刊紙の「報知新聞」は，1950年にスポーツ紙（「スポーツ報知」）として再出発している。

戦前から始まったラジオ放送は，つづく戦後もスポーツに関する情報を伝える人気メディアであった。1950年代半ば以降，プロ野球，大学野球，全国高校野球大会，相撲は一年を通じての定番の番組となり，オリンピック大会や各種大会の実況放送も年々増えていった。

　1953（昭和28）年，当初は街頭テレビとして，テレビの本放送が始まると，プロ野球，プロレス，相撲などのスポーツ放送は，高い視聴率をあげるようになった。1960年代には「オリンピックをテレビで見よう」といった企業キャンペーンによってテレビが普及し，日刊の新聞にスポーツのテレビ欄が設けられるようになった。そして，スポーツ・アニメ番組や，「スポ根」と呼ばれたスポーツ根性ドラマが高い視聴率を集め，スポーツの大衆化に貢献した。主なテレビ・アニメ番組として，1966（昭和42）年に「巨人の星」，1967年に「柔道一直線」，1968年に「アタック No.1」，1969年に「赤胴鈴之介」，1969年に「サインはV」が高視聴率をマークしていた。

　こうして，1960年代にメディアとしてテレビの時代が到来すると，「するスポーツ」に比べて「観るスポーツ」が飛躍的に伸張した。近年では，衛星放送，ケーブルテレビ，あるいはオンデマンドのテレビ番組放送によって，電波情報が新しいビジネスをもたらしている。

d　施設空間産業

　1980年代後半から90年代初頭のバブル期（経済好況期）を象徴するものとして，国民的に「レジャー」という言葉がよく使われた。特に，大型レジャーが人気を呼び，観光地に滞在してバカンスを楽しむ意識が人々に生まれた。1987（昭和62）年6月に施行された総合保養地域整備法（リゾート法）は，国民の余暇活動の充実，地域振興，民間活力導入による内需拡大を目的としていた。

　都道府県が基本構想をまとめて国が承認すると，税制面や資金面で優遇措置が得られる仕組みであったが，やがて施設や計画の破綻も相次ぎ，見直しが進められるようになる。

表8-9　さまざまなスポーツ産業と国内の市場規模

スポーツ産業	分野	市場規模	構成比
見るスポーツ産業	スポーツ興業団（野球，サッカー等）	1278.52	1.1
	競輪・競馬など	11,665.03	10.4
	見るスポーツ産業合計	12,943.55	11.6
するスポーツ産業	民間フィットネスクラブ	3,030.00	2.7
	スポーツ健康個人教授（各種スクール等）	3,664.14	3.3
	ゴルフ（ゴルフ場＋練習場）	15,840.00	14.2
	ゴルフ以外のスポーツ施設（スキー場，体育館等）	6,318.29	5.6
	公共体育・スポーツ施設	7,568.58	6.8
	教育（体育授業，部活動）	15,998.85	14.3
	するスポーツ産業合計	52,419.86	46.8
スポーツ支援産業	スポーツ・娯楽用品賃貸業	283.06	0.3
	スポーツ・レクリエーション・旅行	15,172.00	13.6
	その他（toto，スポーツ保険）	380.10	0.3
	テレビ（地上波，衛星等）	1,875.91	1.7
	新聞	3,060.67	2.7
	書籍・雑誌（スポーツ関連書籍）	1,989.19	1.8
	ゲーム・ビデオ（スポーツゲーム等）	469.24	0.4
	小売市場	23,328.93	20.8
	スポーツ支援産業合計	46,559.10	41.6
全体合計		111,922.51	100.0

（経済産業省関東経済産業局資料，2009年）

（3）スポーツ産業の変革期（1990年以降）

a　1990以降の経済・スポーツの状況

　1980年代から膨らみ続けたバブル経済は，ついに1993（平成5）年に崩壊し，人々に大きなショックと経済的な大打撃をもたらした。倒産した会社・企業は数千件にのぼり，街なかでは建設途中で投げだされた建物が散見され，人々の心を暗くした。景気はその後，2000（平成12）年以降に緩やかな回復と降下を小刻みに繰り返しており，安定した回復傾向を示していない。

　バブル経済の崩壊は，スポーツ界にも暗い影を落とした。1980年代のように，リゾート地でゴルフやスクーバ・ダイビングを楽しむような贅沢なスポーツ・スタイルは影を潜めた。代わって，費用のかからない，近場のコンパクトな都市型

スポーツが，人々に好まれるようになった。経済不安のもとで「するスポーツ」は控えられ，サッカー・野球などのプロ・スポーツを観戦する「観るスポーツ」が伸びた。しかし，するスポーツの減少は，用品産業，情報・サービス産業，施設・空間産業の3分野に大きなダメージを及ぼした。

　1990年以降に起こった大きな変化の一つは，観るスポーツの対象であった従来の企業チームが，地元にフランチャイズを置く地元密着型のチームに変わったことである。こうして，サッカーのJリーグ，バレーボールのVリーグ，バスケットのBJリーグなどが誕生した。

b　現在のスポーツ産業の領域

　現代のスポーツ産業界は，図8-4にあるように，複雑な構造となっている。しかし，構造の幹になる部分は，戦後の成長・成熟期から始まっている，下記の3分野である。その幹から，年々，枝葉が増え続けているわけである。幹となる3分野は，現在，以下のような業種から成っている。

①用品領域の業種
スポーツ製造業（用品製造，施設関連品等製造，ニュースポーツ用品製造）
用品関連（流通・レンタル・用品宅配）
②スペース（施設）領域の業種
〔図の下段〕都市型スポーツスペース業，リゾート型スポーツスペース業，
　　　　　　スポーツスペースリフォーム業，その他スポーツ流通業
〔図の上段〕スポーツ施設運営業，カウンセリング業，スクール業，
　　　　　　スポーツ人材派遣業，スポーツ貸倉庫業
③情報関連領域の業種
スポーツジャーナリズム業，スポーツ情報ネットワークシステム業，会員権販売業，スポーツイベント業，スポーツアクセス業，スポーツ旅行業，スポーツ保険業

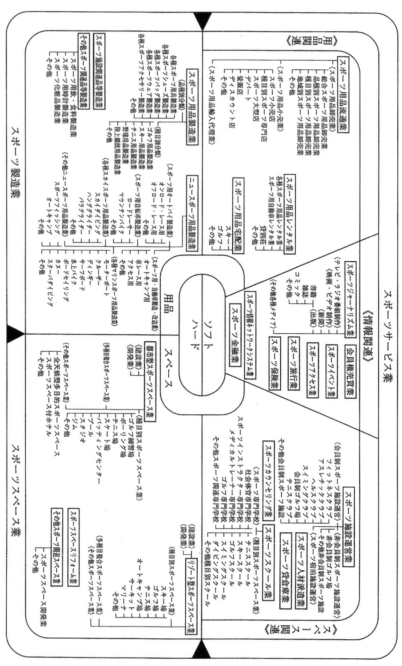

図8-4 スポーツ産業図（経済産業省：スポーツビジョン21，（財）通商産業調査会，1990年）
（通産省産業政策局「スポーツビジョン21」，（財）通商産業調査会研究会）

c 新たな複合領域の特徴

スポーツ関連流通業の誕生

　近年，新たに用品産業と情報・サービス産業が重なる領域に出現したのが，スポーツ関連流通業である（図8-4の左上部，図8-5）。これは，大手のスポーツ用品製造業者が，情報・サービス産業に食い込むように，大きく成長したことによるものである。

　たとえば，大手のスポーツ用品製造業は，流通のコスト削減と時間短縮のために，卸業を介さず，販売店に製品を直接送ることを始めた。また，合理化のために傘下の小売業をチェーン店として一括化を図ったのである。

　さらに，大手の用品製造業は，用品売場をスポーツ用品のイメージ，ファッション性，使用の側面から，新たなライフスタイルを発信する場所に変える努力をしてきている。たとえば，高原を思わせる店内で，さまざまな山用品の販売をする，などである。

　スポーツ用品メーカーは，幅広い年齢層や多様な好みに合わせたメッセージを，自社の製品に託して消費者に発信し，そこに有名なアスリートやタレントが登場して演出する仕組みである。

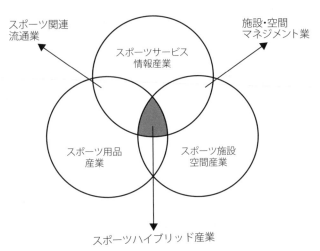

図8-5　スポーツ産業の複合領域
（原田宗彦編『スポーツ産業論 第4版』，杏林書院，2007年より）

スポーツ施設・空間マネジメント業の誕生

　もう一つ，スポーツ施設空間業と情報・サービス産業が重なる領域に新たに出現したのが，施設・空間マネジメント業である（図8-5の右上）。それは，情報・サービスが施設・空間の領域に進出したことによる。たとえば，公共団体が運営するテニスコートは，従来，施設の職員が管理し，スポーツ教室の運営も併せて行っていた。しかし近年，多くの公共団体で，施設の運営を専門とする民間の業者に委託するようになっている。

　一方で，利用者がスポーツ施設を選ぶ時代となった今日，質の高いサービスを顧客へ提供することが重視されている。施設空間では，専門的なクラブなどの業者によるキメ細かなプログラム・サービスの提供が，利用者の好感度の向上につながっている。

プロ・スポーツの誕生

　1990年以降，スポーツ産業の3領域が重なり合う部分に，新たにプロ・スポーツが出現した（図8-5の中央）。つまり，スポーツ・エンターテインメント産業の誕生である。

　プロ野球やJリーグでのキャラクター・グッズの製作と販売，リーグやチームの情報の発信，テレビの独占放映権，オフィシャル・スポンサー（Jリーグとサントリーの事例など），商品化権（プロモーショナル・ライセンシング，2006年のFIFA ワールドカップとアディダスの事例など）といった，プロ・スポーツが生み出した権利を取引するビジネスのことである。

　さらに複合領域のスポーツ産業として，スポーツ・ツーリズムがあげられる。スポーツ・ツーリストは増加傾向にあり，今後，一大スポーツ産業となる可能性がある。

第 9 章
現代スポーツの課題

　戦後のスポーツは，それまでの歴史に比べ，各国の経済発展とともに急激に普及し，その社会的な価値が高く認識されるようになった。長いスポーツの歴史を考えれば，戦後のスポーツは，期間こそまだ短いが，長足の進歩をしているといえよう。

　しかし，スポーツの物的環境面では大きな進歩が見られるが，精神的な側面の事柄は，決して十分とはいえない。今後，ドーピングなどの倫理的側面やスポーツの機会均等，女性スポーツの発展，メディア，環境など，発展しなければならない点について見ていこう。

1 スポーツ倫理とドーピング

　スポーツ選手は，大きなスポーツ競技会やイベントで活躍すると，人々から高い評価を受け，社会的な注目を集める。それだけではなく，しばしば高い報酬を受ける。そのために，競技者のなかには何をしてでもそれらを得たいという者もおり，不正が後を絶たない。

　なかでも顕著な不正が，いわゆるドーピングである。ドーピングとは，スポーツなどの競技会で良い成績をあげるために，薬物投与などの物理的方法をとる行為を指し，ドーピング行為を隠す行為も含まれる。現在，世界的に厳しい対応が取られているが，いっこうに無くなる気配がない。それぱかりか，手口は巧妙化し，選手に限らず，スポーツ・チーム，スポーツ組織，さらに国家的な不正さえ行われていた事実がある。

　私たちは，ドーピング事件が発覚するたびに，大きな衝撃を受けた。しかしその衝撃の裏で，「またか」「今度は国ぐるみで，とは」と，半分，諦めに似た気分もあるようだ。

　しかし，スポーツに対する信頼が失墜しないためにも，スポーツ倫理を守ることは大切なことである。ここでは，ドーピングを無くすために，改めてスポーツ倫理とドーピングについて考えていこう。

a　スポーツ倫理

スポーツに欠かせない倫理

　一般に倫理とは，「実際道徳の規範となる原理」（広辞苑）であり，また「人のふみ行うべき道・道徳」（角川国語辞典）とされている。私たちは誰しも「他人の物を取ってはならない」と，幼いころから教わりながら，人としての倫理（観）を身につけてきた。

　スポーツの倫理とは，言葉を置き換えれば「スポーツにおいて人のふみ行うべき道・道徳」ということになる。実際にスポーツで「道」となるのは「ルールとマナー」であり，それを踏み外してはいけないことになる。ルールには「競技

規則」など罰則が決められ，レッドカードによる選手の退場など，競技の上では強制力を持っている。一方で，マナーやエチケットには強制力はないが，守らなければ相手に不快な印象を与える。

私たちはスポーツの倫理について，個人差はあってもさまざまな機会に教えられ，また学んできた。だから，昼休みに友だちと楽しむちょっとしたゲームであっても，かたやトップ・アスリートが競い合うオリンピック大会であっても，スポーツをするときはルールやマナーを守ることが大原則である。たとえば，空き地でサッカーをするとき，ゴールの大きさが違い，人数が足りないときでも，「手を使ってはいけない」「ラインから出たら相手ボール」「チーム力は均等に分ける」といったルールを決めて守る。そこにはスポーツ倫理の存在が，どのようなレベルであってもスポーツを成立させてきたのである。

スポーツに必要なマナー

仲間たちと何らかのゲームをするときでも，大まかなルール（約束）を決めてから始める。簡単なルールであっても，ゲームは白熱して楽しい。

それは，ルール以外にも互いの配慮がなされているからである。たとえば，我々がプレー中に1対1でボールを奪い合うときでも，互いに，年齢，体格，経験，体力の差，性差などを配慮して，プレーの激しさ，危険などを無意識に考えている。それが，マナーである。プレー以外の場の，言葉や挨拶といった態度に関しても，約束をしているわけではないが，自分の常識や嗜みとして守ろうとする。ゲームの始めや終わりに，あるいは接触プレーがあったときでも，声をかけあい，倒れた相手の手を引くなど，互いに気遣うのである。そこには，目には見えない（言葉にはなっていない）マナーが，強制力こそないが，プレーヤーのあいだで共有されているからである。

マナーの良さは，スポーツマンとしての人間性の高さを証明するものである。

スポーツに映し出された古代・中世社会の劣悪な特質

スポーツは「時代を映し出す鏡」と言われ，社会の様子がスポーツに，映し出される。たとえば，古代ギリシャやローマ時代のスポーツには，中世や近代と違った古代社会の持つさまざまな特徴が映し出されている。

古代社会には，戦争や争いが日常化していたこと，奴隷が存在したこと，賭

けや勝敗の景品に女性がなるなど，その国家観や人権感覚，倫理感は今日のような
ものではなかった。それは古代スポーツにも反映して，戦争に備えてスポーツ
で体を鍛えたり，競技の景品に家畜や女性が与えられたりした。また，パンクラ
チオンと呼ばれる格闘競技は，突く，投げる，蹴るのすべてが許され，相手が負
けを認めるまで死闘が演じられ，死人がよく出ていたのである。

　ローマ時代に入ると，熊やライオンと人間を対戦させるなど，グロテスクな
見せ物となり，死者が出るのを観て喜ぶほどの低劣なものとなった。

　中世のイギリスでは，庶民はふだん農民として働き，ひとたび戦争が起これ
ば，王様のために戦う兵士にならなければならなかった。心配と不安を抱えた彼
らは，決して恵まれた環境で暮らしているとはいえなかった。そのため，庶民の
フットボールは，民衆の不満のはけ口として行われ，暴力的で破壊的な性格を持
った。けが人が出る，また家財が破壊されることは，頻繁に繰り返されていた。
フットボールの禁止令が何度も出されたが治まることなく，近代までそのような
状況は変わらなかった。

スポーツに映し出されたルール化された近代社会

　スポーツが「時代を映し出す鏡」とすると，そこに映し出された近代とは，
ルールと呼ばれる尺度によって律せられた社会である。産業革命，フランス革
命，人権宣言，ジョン・ロック（John Locke, 1632-1704）らの教育思想，ヨハン・
ベルンハルト・バゼドウ（Johann Bernhard Basedow, 1724-1790）らの汎愛教育な
どは，近代スポーツの誕生や本質に影響を及ぼした。

　中世からイギリスやイタリアでは，多くの地方でフットボールに似たような，
またテニスに似たようなスポーツが，独自のルールで行われていた。だが18世
紀以降，産業革命によって新興ブルジョアジーがスポーツの担い手として現れ，
教育思想の影響から不公平を是正したスポーツの階級制や自由な意識をスポーツ
界に持ち込んだ。19世紀後半になると，彼らはフットボールやテニスなどを競
技ごとに統一して，組織を誕生させた。同時に，競技の形や用具を統一するルー
ル（規定）を作り，世界中に広めていった。

　一方で，動物を虐待，賭けに興じるブラッド・スポーツやパトロン・スポー
ツが倫理的に問題とされ，影を潜めていったのである。また，18世紀からドイ
ツに始まる汎愛教育による体育の世界的な普及は，一方でスポーツの良さと可能

性の再認識につながり，19世紀後半から，アメリカやヨーロッパでのスポーツの普及に大きな影響を及ぼした。

20世紀以降，オリンピック大会や世界選手権大会が開催され，スポーツがますます盛んになった。私たちはスポーツを成り立たせる特別に重要な存在として，ルールを認識するようになった。ルールが守られなければ，スポーツ自体が成立しない。スポーツは成立しているからこそ，する人，観る人，支える人に，喜び・感動・美しさなど，多くの楽しみ，素晴らしさをもたらしてくれるのである。成立しなければ，喜び・感動・美は一切存在しないのである。

b　ドーピング

ドーピングの始まり

ドーピングは，太古の昔，狩や戦いに際して恐怖心をなくすために，木の根や葉やキノコを口にしたことが始まりとされている。古代オリンピック大会でも，あぶった牛の骨髄のエキスを飲む，コカの葉を噛むといった，天然由来の薬物を摂取した選手たちの記録がある。

近代スポーツが誕生し，競技会が盛んになると，ドーピングが行われるようになった。1865年，アムステルダムの運河を使って開催された水泳競技会で，オランダ選手の覚醒剤使用が発覚した。また1886年には，フランスのボルドーとパリを結ぶ600kmを走る自転車レースで，イギリスの選手がトリメチルを過剰摂取したことにより死亡した。これはドーピングにおける初めての死者となった。19世紀後半には，ヨーロッパの自転車選手のあいだで，痛みや疲労の抑制のために，カフェインやエーテルつき砂糖といった薬物が頻繁に使用されていた。

オリンピック・東京大会以降

1964年にオリンピック・東京大会が開催されたころから，世界的にスポーツが盛んになった。ドーピングも頻繁に行われるようになり，国際オリンピック委員会（IOC）は1964年から医事委員会を発足させ，本格的に検討を始めている。

オリンピックごとに開催される世界スポーツ科学会議（1964年東京会議）では，ドーピングとは何か，改めて定義している。「ドーピングとは，試合における競

技能力を不公平な目的で意図的に高めようとして，生体に生理的には存在しない物質を用いたり，それを異常な方法で使用することである。」

　IOC は，この世界スポーツ科学会議（1964年東京会議）と別に，1966（昭和41）年に医事規定の第 2 章「禁止物質の種類」，「禁止方法」の項の冒頭に「ドーピングはスポーツおよび医学的な倫理に反するものであり，禁止薬物の投与および種々の禁止された方法を用いること。」と定義した。

　1968年，冬季オリンピック・グルノーブル大会とオリンピック・メキシコ大会で，オリンピック初のドーピング検査を実施している。以下にドーピングをめぐるその後の出来事を列記する。

　1974年，トリナボールが禁止物質に指定された。1976年，アナボリックステロイドの検出が可能となり，オリンピック・モントリオール大会で初めて禁止物質に指定された。1986年，IOC が血液ドーピングを禁止方法に指定した。1990年，エリスロポエチンが禁止物質に指定されたが，検出方法は未確立であった。

　1999年，世界アンチ・ドーピング機関（WADA）が設立され，IOC に代わってドーピングを取り締まるようになる。2000年，オリンピック・シドニー大会から血液検査が実施される。2001年，日本アンチ・ドーピング機構（JADA）が設立される。2003年，ドーピングを定義した「世界ドーピング防止規程」（WADA コード）が採択される。

表9-1　オリンピックのドーピング検査の結果

夏季大会

年	開催地	検査数	陽性数	陽性率
1968	メキシコ・シティ	667	1	0.1
1972	ミュンヘン	2,079	7	0.3
1976	モントリオール	786	11	1.4
1980	モスクワ	645	0	0
1984	ロス・アンジェルス	1,507	12	0.8
1988	ソウル	1,598	10	0.6
1992	バルセロナ	1,848	5	0.3
1996	アトランタ	1,923	2	0.1
2000	シドニー	2,359	11	0.5
2004	アテネ	3,667	26	0.7
2008	北京	4,770	20	0.4

冬季大会

年	開催地	検査数	陽性数	陽性率
1968	グルノーブル	86	0	0.0
1972	札幌	211	1	0.5
1976	インスブルック	390	2	0.5
1980	レーク・プラシッド	440	0	0.0
1984	サラエボ	424	1	0.2
1988	カルガリー	492	1	0.2
1992	アルベールビル	522	0	0.0
1994	リレハンメル	529	0	0.0
1998	長野	621	0	0.0
2002	ソルトレーク・シティ	700	7	1
2006	トリノ	1,200	7	0.6

止まらぬドーピングとその背景

　上記の IOC や世界スポーツ科学会議による教示や禁止の実施にもかかわらず，1964年以降もドーピングはなくならない。1972年のオリンピック・ミュンヘン大会の競泳で，リック・デモント（アメリカ）が400m自由形で優勝したが，検査でエフェドリンが検出され，メダル剥奪の第1号選手となった。1988年のオリンピック・ソウル大会では，陸上競技男子100mで世界新記録を出したカナダのベン・ジョンソンが，試合後に禁止薬物が検出されて失格となり，世界中に衝撃を与えた。1980年代には，旧ソ連や旧東ドイツなど東側諸国において，「ドーピングが国家レベルで組織的に行われていた」とする証言が多数存在している。2004年のオリンピック・アテネ大会でも，ハンマー投のアドリアン・アヌシュ（ハンガリー）や砲丸投のイリーナ・コルジャネンコ（ロシア）など，計24人がドーピングを行っていたとされる。

　禁止とドーピングの関係は，まるでイタチごっこである。ドーピングが続く背景には，スポーツとビジネスの密接な関係がある。観るスポーツの発展によってビジネス・チャンスが拡大し，活躍した選手に莫大な金銭が支払われるようになった結果，それを目当てに暴走する選手が後を絶たなくなったのである。勝利至上主義や，今日の利潤追求第一の商業主義は，スポーツを破壊する危険性を持っているのである。

アンチ・ドーピング運動

　アンチ・ドーピング運動とは，ドーピングを無くすための取り組みである。1968年の冬季オリンピック・グルノーブル大会と同年のオリンピック・メキシコ大会から，ドーピング検査が義務づけられた。ドーピングの取り締まりは世界中で強化されてきたが，それ以前は，競技種目の全世界共通の規則が存在せず，違反への対応も，競技種目や国・地域によって異なっていた。

　1988年のオリンピック・ソウル大会では，男子柔道で銅メダルを獲得したイギリスの選手がその後の検査でドーピングが発覚，メダルを剥奪され，3カ月間の資格停止処分を受けた。だが，同大会で同じイギリスの男子100mのリンフォード・クリスティー選手は，検査で陽性反応が出たにもかかわらず銀メダルを獲得した。同選手は1992年のバルセロナ大会でも優勝している。その後も1999年に同選手は検査で陽性反応が出たが，イギリスのオリンピック委員会は違反で

はない，と決定していた。ついに2000年に，国際陸上競技連盟がこの決定を覆し，2年間の資格停止を課した。スカンジナビア諸国や欧米諸国では対策がなされていたが，それ以外の国々や国際競技連盟では，ドーピングのルール違反に対する制裁期間や禁止薬物が定まっていなかったのである。

WADA による運動

1999年に，世界アンチ・ドーピング機構（WADA：World Anti-Doping Agency）が設立された。日本でも2001（平成13）年に日本アンチ・ドーピング機構（JADA）が設立され，WADA との協力体制のもとで，世界基準のアンチ・ドーピング活動を行っている。

WADA が設立される以前は，前述したように，各競技種目で禁止薬物やドーピング防止規則違反の内容が異なっていたため，改善に向けた取り組みが世界的規模で進められてきた。2004年から施行された「世界ドーピング防止規程」が，WADA が定めたアンチ・ドーピング・プログラムの基となった。この規程は，「ドーピングのないスポーツに参加するという競技者の基本的権利を保護し，もって世界中の競技者の健康，公平及び平等を促進する」ことを目的としている。

アンチ・ドーピングの活動として，アスリートへの研修等の教育・啓発活動や，ドーピング検査等が，世界中で実施されている。スポーツ関係者と各国政府が協力し，世界共通のルールを定めて活動している。WADA は，全世界，全スポーツに適用するために，独立してモニタリングをしている。JADA は，国内のアンチ・ドーピング活動を推進するとともに，アジアにおけるドーピング検査員研修の開催などにも協力している。

2005年，第33回ユネスコ総会で，各国政府がアンチ・ドーピング活動を推進することを義務とする「スポーツにおけるドーピングの防止に関する国際規約」が採択された。2006（平成18）年に日本も国際規約を締約，翌年に発効している。今日では，国内にドーピング防止機構を有することが，国際競技大会へ選手を派遣する条件の一つとなっている。

薬物使用を禁止する理由

①競技者の健康を害する──薬物使用（ドーピング）の最も悪いことは，命にかかわるような，身体に良くない行為だからである。薬を飲むことは病気を治す

ためだけで，健康な人に薬物を使用することは何の効果がないばかりか，副作用が出るだけでプラスにはならない。この点が，スポーツ選手に薬物使用（ドーピング）を禁じている，最も基本的な理由である。また，副作用や後遺症で健康を損ねてしまい，命にかかわる危険もある。

②フェアプレーの精神とフェアな行為・行動──スポーツは，ルールを守り，フェアに競い合うことが大原則である。フェアな精神とは，公平・公正な精神を意味する。人に知られなければ何をやっても良いという考えは，人間にとってもっとも恥じるべきことである。特にスポーツの世界では，公平・公正は，一般社会以上に厳しく問われているといえる。

③同じ条件で競技する──同じ価値観をもった人間が価値観を実現するためには，すべての人が満足して生きていけるように，どの社会でも秩序を保つ規則が存在している。競技スポーツの世界でも，それぞれの競技種目の価値観を実現するためにルールが存在し，できるだけ平等の条件を整備しようと努めている。スポーツの世界で厳しくドーピングを規制する理由は，同じ条件の原則を重視しているからで，この原則がなければ，単なる闘争や戦争と同じである。

2　女性スポーツの現在・過去・未来

スポーツは，19世紀半ばから20世紀初頭にかけて，組織化・国際化・合理化を通じて近代化され，今日の基盤を形成してきた。さらに20世紀後半には，競技スポーツの高度化・専門化とともに，広く大衆化され発展してきたといえる。そのようななかで，女性にとってのスポーツ文化はどのような変化を遂げ，今の状況にあるのだろうか。

a　競技スポーツとジェンダー

女性選手の活躍とこれまでの道のり

近年わが国の女性選手の活躍は目を見張るところである。たとえば2016年のオリンピック・リオ大会では，日本選手が獲得した12種目の金メダルのうち7

種目が女性種目，2012年のロンドン大会でも7種目のうち4種目というように女性種目のほうが多く，男性をしのぐ活躍をしている。さらに，バドミントン，卓球，フィギュアスケート，レスリング，柔道，水泳など，オリンピックばかりでなく国際競技大会で上位の成績をあげる女性選手が多く見られる。しかしながら，近代スポーツはそもそも男性的原理に基づいて発展してきたともいわれる。はたして女性の競技スポーツはこれまでどのような経過をたどってきたのだろうか。

図9-1は，夏季オリンピック大会の男女の参加選手数とその比率である。初めて女性が参加したのは1900年の第2回パリ大会で，テニスとゴルフの種目に限られており，全参加者にみる女性の参加率は1.6％に過ぎなかった。近代オリンピックの創始者として名高いクーベルタン（第7章3を参照）は，オリンピックの復活当初，女性の参加を決して望んでいなかったともいわれている。その後，アーチェリー，水泳などの種目が加わるが，その比率は1920年代まではほとんど変わらず，徐々に増加してきたのが見てとれる。女性の参加率が20％を越えるのは1976年のモントリオール大会であるから，その足どりはずいぶん遅いといわざるを得ない。そして今日やっと45％程度に上昇してきたところである。

また，わが国の参加選手に限ってみると，男性が初参加した1912年のストックホルム大会から遅れること16年，1928年のアムステルダム大会に人見絹江氏が初参加して以来，徐々に参加者数を増やし，近年の大会では男女ほとんど同比率となっている。

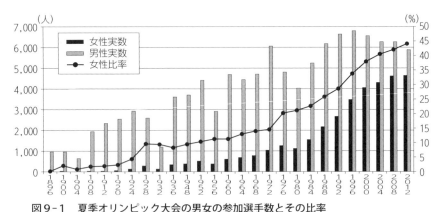

図9-1　夏季オリンピック大会の男女の参加選手数とその比率
（日本スポーツとジェンダー学会『データでみるスポーツ・ジェンダー』八千代出版，2016，20頁）

このようにオリンピックの参加者数の変化をみても，競技スポーツは決して早くから女性に広く開かれてきたわけではないことがわかる。120年の歳月をかけて，現状にたどりついたのである。

男性的原理と女性の競技スポーツ

生理学的な男女の性とは異なり，社会的・文化的に形成されてきた性の概念をジェンダー（gender）という。このジェンダーの視点からみると，近代社会の成立とともに発展してきた近代スポーツは，産業社会を支えるという思考性から，男性的原理に基づいているともいわれる。つまり，ルールをもとにした競争，合理性の追求，業績主義なども，近代社会を形成するうえで男性主導の仕組みとして成立してきたという見方である。このことは確かに，競技スポーツの多くの側面を捉えているといえる。

したがって，一般には発展してきたとも捉えられる女性の競技スポーツについても，そのありかたには異論がある。つまり，女性の競技スポーツに対して，参加が認められようとする当初から，女性がスポーツをすることは肯定するが，人前での競技スポーツには批判的であるという，いわゆるダブル・スタンダードが用いられたのである。近年においてかなり変化しつつあるものの，今日でも同様の傾向があるという指摘もある。

これらのことを考えるとき，競技スポーツの発展に，女性は主体的に関わり適合してきたのか，それとも取り込まれてきているのか，立場の違いによって評価が分かれるところでもあろう。

b　生涯スポーツとジェンダー

女性のスポーツ参加の増大

一方，いわゆる「生涯スポーツ」を楽しむ女性たちはどのような状況にあるのだろうか。都市化・高度産業化を背景に，1960年代から先進諸国に共通の課題となってきた運動不足病や人間疎外状況の解決策の一つとして，「スポーツ・フォー・オール運動」が広まっていく（第8章3参照）。ヨーロッパ諸国から広がったこの「スポーツ・フォー・オール運動」は，わが国でも「みんなのスポーツ」として，女性のスポーツ参加もターゲットに，参加者を増加させてきた。マ

マさんバレーボールやママさんテニスのように女性の参加者を増やし，1970年ごろからスポーツは女性にとっても身近なものとして発展してきたといえる。

たとえば，わが国で1965（昭和40）年から2000（平成12）年まで，1年間のうちに何らかの運動やスポーツを行った成人の割合を示した『女性スポーツ白書』のデータをみると，1965年の時点で20ポイント以上あった実施率の男女差は，2000年では約10ポイント程度まで縮まった。さらに1992年以降は，運動を頻度・時間・強度を加味して分類し，調査がされている（笹川スポーツ財団『スポーツライフデータ2016』）。表9-2は運動スポーツ実施レベルの設定について，また図9-2は，近年のその全体と性別，年代別（2016年）の値である。

二極化する女性の運動実践

これらのデータをみると，過去1年間まったく運動しなかった者は，女性のほうが若干多い一方で，定期的な運動を実践していると思われるレベル2以上のものは男性が44.3％であるのに対して，女性は45.8％と上回っており，女性の運動実施においては二極化していることがうかがえる。また，これに年代を考慮すると，とくに50代の女性の活発な様子が鮮明となる。

1992（平成4）年と2016（平成28）年の調査を比較すると，男女を合わせた定期的な運動・スポーツ実施率の年次推移は，週2回以上の習慣的運動実施の者が16.1％から45.1％へ，かなりの増加を見せ，かつ運動実施時間が30分以上，運動強度も高いアクティブ・スポーツ実施者においても6.6％から19.6％へ，この約20年のあいだで大きな伸びを見せている。とくにアクティブ・スポーツを実践している中高年の女性が増える傾向にあり，活動のレベルが高いところではほとんどその実施率の男女差がなくなってきている。ただし，女性のスポーツ参与率は上昇しているが，フルタイムの就労女性は，運動に向ける時間の確保が最も難しいといわれており，とくに近年の就労傾向からすると女性のなかでの年齢および就労による違いが，今後もより大きくなることが予想される。

そのほか，広く女性のスポーツへの関わりをみる場合には，いわゆる「観るスポーツ」や「支えるスポーツ」のような，多様な関与の検討も大切であろう。

表9-2 運動・スポーツ実施レベルの設定（笹川スポーツ財団『スポーツライフデータ2016』）

実施レベル	定義
レベル0	過去1年間にまったく運動・スポーツを実施しなかった
レベル1	年1回以上，週2回未満（1～103回/年）
レベル2	週2回以上（104回/年以上）
レベル3	週2回以上，1回30分以上
レベル4（アクティブ・スポーツ人口）	週2回以上，1回30分以上，運動強度「ややきつい」以上

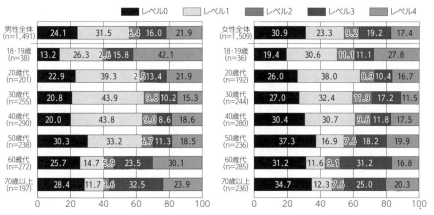

図9-2 運動・スポーツ実施レベル（性別×年代別）
（笹川スポーツ財団『スポーツライフデータ2016』）

c 国際的な活動の広がり

　以上のようなスポーツ場面での歴史的経過の一方で，女性の平等機会を支える国際的な運動が発展してきた。

第1回世界女性会議

　女性の社会参加を促進してきた国際的な運動のうち，まず挙げるべきことは，1975年にメキシコシティで開催された第1回世界女性会議（World Conference on Women）である。ここで「女性の平等と開発と平和への女性による寄与に関する宣言」と「女性の地位向上のための世界行動計画」が採択され，この動きは1976年から1985年までの「国連女性の10年」として引き継がれていった。そしてその間，1979年に国連では「女子に対するあらゆる形態の差別の撤廃に関す

る条約」いわゆる女子差別撤廃条約が採択された。日本は遅れて1985（昭和60）年に批准することになったこの条約では，第13条（経済的・社会的活動における差別の撤廃）に，レクリエーション，スポーツおよびあらゆる側面の文化活動に参加する権利を確保するために適当な措置をとることが規定されている。

第1回世界女性スポーツ会議とブライトン宣言

　こうした国際的な女性会議開催のうねりのなか，1994年には第1回世界女性スポーツ会議が開催され，82カ国もの代表による「ブライトン宣言（Brighton Declaration）」が採択された。この宣言は，女性とスポーツに関係する，すべての宣言や法律，規則などを補足するもので，スポーツのあらゆる面において，女性が最大限にかかわることを可能にし，尊重されるような，スポーツ文化を発展させることを目的としている。それらは以下の10項目からなる。

① 社会とスポーツの公正と平等
② 施設・設備
③ 学校とジュニアスポーツ
④ 参加促進
⑤ 高度なパフォーマンス
⑥ スポーツにおけるリーダーシップ
⑦ 教育，トレーニングと能力開発
⑧ スポーツ情報と研究
⑨ 資源
⑩ 国内および国際協力

　続いて，1998年に開催された第2回世界女性スポーツ会議では，ブライトン宣言を一歩進めて，その原則を実行に移す行動計画を作成するように具体的課題を示した「ウィンドホーク行動要請（Windhoek call for action）」が出されている。その中には，たとえば，目的や目標の作成とともに，その実行の状況を報告

表9-3　女性の平等機会を支える国際的な運動

1975年	第1回世界女性会議，国際婦人年
1976年～1985年	「国連女性の10年」
1979年	「女子に対するあらゆる形態の差別の撤廃に関する条約」採択
1994年	第1回世界女性スポーツ会議，「ブライトン宣言」採択

すること，メディアに働きかけること，適切な法律や政策の立案や資金提供を政府に働きかける，などがあげられている。また，一部でセクシャル・ハラスメントや虐待などの排除についても言及された。そして，2017年には，さきのブライトン宣言を見直し，「ブライトン＋ヘルシンキ宣言」が採択され，すべてのスポーツ組織の意思決定者に女性の割合を40%にするという勧告がなされている。

IOC とアファーマティブ・アクション

一方，国際スポーツの中心的団体である国際オリンピック委員会（IOC）では，1994年のオリンピック憲章において「女性のスポーツ振興を強く奨励する」とうたっているものの，決して早くから女性のスポーツに十分に対応してきたわけではなかった。

1996年になってようやく第1回IOC世界女性スポーツ会議が開催され，今日までオリンピック大会同様，ほぼ4年に一度の会議を継続してきている。その決議文には，開催地の選定において女性スポーツからの要求を一つの評価基準にすることや，国際スポーツ連盟や，国・地域のオリンピック委員会などのスポーツ団体における対応策が強調されている。そのうち最も重要で特徴的な点は，意思決定機関における女性の割合について，数値目標を掲げたことであろう。

2000年までに，各国の競技団体などの意思決定機関に女性代表者を10%，そして2005年には，その割合を20%とする目標を掲げてきた。このように，一定割合を確保するために優先的な方策をとることはアファーマティブ・アクションといわれる。これまでも各機関から出されてきた宣言類が実効性を持ちにくいことを考えると，達成は容易ではないものの数値目標を掲げた点も理解できる。

世界規模の運動は，ほかにも，ユネスコの体育・スポーツ担当大臣等の国際会議（1999年）やヨーロッパ評議会（2003年）などでもみられる。そして同様にアジア地域およびわが国の運動にも連動してきている。アジアでは，2001年に第1回アジア女性スポーツ会議が大阪で，2003年には同第2回会議がドーハで開催され，そして2006年には第4回の世界女性スポーツ会議が熊本で開催された。このように，世界的な女性運動の流れの中で，女性スポーツの組織の活動も活発になってきたところである。

すでに述べたように，各会議で多くの宣言類が合意され，振興法規などでも女性のスポーツ参加を推進する条項がかかげられ，地道な活動に結びついている。

d　スポーツの機会均等

今なお残る相違

　女性のスポーツ参加の機会は，内外を問わず長い年月をかけて徐々にではあるが発展してきていることは理解できた。しかしながら，男女平等機会を考えるとき，今日でもさまざまな議論を生む事例がいまだわが国にも残されていることも事実である。とくに，その組織の前近代性が批判されている大相撲は，その一つである。マスコミでも折に触れ話題となるが，大相撲の土俵に女性をあげることができるか否かという問題で，日本相撲協会はこれを否定し続けている。これまで，内閣総理大臣杯や大阪府知事賞を土俵上で女性大臣や府知事が授与するか否かが主に注目されてきたが，それ以外にも，わんぱく相撲での女子の排除，緊急時の医療対応なども話題となってきた。「土俵は女人禁制」とする古くからのきまりが，一民間団体の内部的ルールとして，また，祝祭的な宗教的儀礼が背景にあるため，その伝統的性格を認めるという理由で，従来の慣習が尊重されてきた。しかしながら，大相撲は国民的注目度の高いスポーツとして，公共放送でも優先的に取り上げられる現実があり，そのうえ主催する日本相撲協会は文部科学省の監督下にある公益法人として税制の優遇も受けている。施設の公共的利用の視点からも，この排他的ルールは見直すべき時期に来ているとも考えられる。

　また，スポーツに関わる特殊な例として，女人禁制の山への入山について問題が生じることがある。登山やハイキングを目的とした女性の入山が拒まれるケースである。たとえば，ユネスコ世界文化遺産に登録された奈良県大峰山では，2004（平成16）年4月，女人禁制存続・開放の決定権を持つ護持院が，「大峰山は，修験者，寺，地元の三者が守ってきた山で，三者すべてが了承しなければ，女性への開放は実現できない」として，「女人禁制の現状を維持する」との統一見解を示したという。この例では千数百年の永きにわたって，先祖代々暮らしてきた近隣住民の多くが山開きに反対の意向を示している。住民の同意を得ない開放には慎重に対応すべき点もあろうが，今後が注目される事例である。

　これらは，スポーツに関わる活動に対する，男女の接近の相違が今なお残ることを示す例である。しかし他にも，一見，平等機会が開かれているように見えて，気づかれていない相違はないだろうか。たとえば，メディアが取り上げるスポーツの多くはやはり男性中心ともいえ，テレビで女性スポーツを取り上げる時

間は，スポーツ放送時間の10％をはるかに下回る程度だったという報告もある。もちろん，このことには，調査時期や，男子のプロ・スポーツ種目のほうが女子のそれよりも発展していることが，大きく影響しているだろう。

ジェンダー・バイアスからの解放

　また，学校教育では過去において，高等学校の男子が格技を受講する時間に，女子は家庭科を受講するというような，明らかな違いがあった。これはまさに，教育においても男女のステロタイプを押しつけるジェンダー・バイアスの証明でもある。体育については，1989（平成元）年の学習指導要領から男女の内容の区別がなくなり，機会を公平にするということから改善されてきているが，課外活動での指導者の質を取り上げるとどうだろう。専門的な指導能力を有する指導者は，男女チームに等しく配置されているのだろうか。あるいは，男女のスポーツ種目の本選選手枠数は全体の登録人口に比例したもので，公平な機会となっているだろうか。詳細な点をよく検討すると，明らかな違いが無批判のままに残されていることに気づく。

　さらに，指導者ばかりでなく，活動を支える運営責任者や役員などの人的配置にも隔たりが指摘されている。たとえば，日本の各競技団体に占める役員数を見るかぎり，現在でも圧倒的に女性が少ないことには驚かされる。このことは，種々の意思決定に女性の視点が不足することにもなろう。

　このように，体育・スポーツの分野は男女に等しく開かれているか，という疑問に改めて答えるためには，さまざまな角度から検討する必要がある。たとえば，それぞれの年齢層の人々の実質的なスポーツ消費時間や参加率とその阻害要因，施設利用時間，指導者の数と配置，あるいは競技会の種目数や参加者数，各種予算，競技団体の役員数，メディアの扱い，学校体育での扱い，体育教員数，ルールや規定などが考えられる。これらの項目について，等しく機会が開かれているのかを吟味する作業が必要である。

e　女性スポーツの未来

法による啓蒙と現実への意識

　アメリカ合衆国では，1972年に，教育における男女の平等を規定した連邦法

規，いわゆる「Title IX（タイトルナイン）」が成立した。これは国家から財政的援助を受けている教育機関における性差別を禁止した法律である。教育の枠を超えて，その後スポーツ界では大きな変革が起こり，女性スポーツはめざましく発展したといわれている。一方わが国では，2011（平成23）年6月，今後のスポーツを支える根拠となる「スポーツ基本法」が成立した。その前文では，「スポーツを通じて幸福で豊かな生活を営むことは，全ての人々の権利であり，全ての国民がその自発性の下に，各々の関心，適性等に応じて，安全かつ公正な環境の下で日常的にスポーツに親しみ，スポーツを楽しみ，又はスポーツを支える活動に参画することのできる機会が確保されなければならない」とうたわれている（第8章1を参照）。

　もちろん法律は，男女に平等に関わるものである。スポーツ文化への接近は，さまざまな形態で，男女の区別なくすべての人に開かれること，そしてこれまでスポーツにも見られた男女の文化的定義における距離も，法による啓蒙と現実の活動の積み上げによって，より近づく方向に変化してゆくことが期待される。

　かつて19世紀イギリスで，社会を支えるエリート育成のためのジェントルマン教育において，フットボールやクリケット，ボートなどのスポーツが有効な手段として奨励され，男らしさ，忍耐強さ，協調性，フェアプレーなどがあるべき人間像として求められた。競技スポーツは，そのような当初の過程から，男性文化として発展してきたといわれて久しい。

　しかし，21世紀の今日，状況はずいぶん変化しているように映る。2011（平成23）年7月，「なでしこジャパン」のワールドカップでの優勝は，女性たちの秘めた能力の高さを示したばかりでなく，東日本大震災の影響で暗い影を落としていた日本の国民を勇気づけた。そして，その後の卓球，レスリング，フィギュアスケート，柔道，バドミントンなどの活躍をみると，男性との比較をする必要のない彼女たちの躍動する姿は，女性スポーツの見方も大きく変化させた。先にあげた「あるべき人間像」は，人間らしさ，忍耐強さ，協調性，フェアプレーに置き換えられてよいであろう。

開かれた平等機会

　一方で，すでに見てきたように，生涯スポーツへの女性の参加者は大きく増加し，その地位を確固たるものにしてきた。つまり，女性にとってのスポーツは，かなりの幅を持って，その選択肢を広げてきたといえよう。

これからの私たちの社会では，「するスポーツ」，「観るスポーツ」，そして「支えるスポーツ」においても，男女が等しく関与してゆけることが求められる。そのためには，女性役員や指導者の少なさ，メディアの扱い，選手の全般的な待遇の違いなどを含めた，いくつかの課題に取り組みつつも，これまでの男女の枠組み中心の発想を変え，場合によっては，性二分法すなわち男性・女性というカテゴリー自体への問いかけをし，目的別スポーツ集団のような第三の枠組みも含めて，多様性を持ってそれらの関わりを考えてゆくことも必要である。

慣習や偏見によって制限されることなく，あらゆるチャンスが男女を超えて等しく開かれる「機会の平等」と，そして等しい配分がなされる「結果の平等」へとつながることを期待したい。

3　スポーツとメディア

今日，スポーツとメディア（情報の媒体）が深く結びついていることを知らない人はいないだろう。毎朝，新聞のテレビ欄で好きなスポーツ番組をチェックして会社や学校に出かけ，番組を心待ちにしながら帰ることは，現代人における一つの風潮とさえいえる。外出先でもスマホで生中継に見入る人々。飲食店やスポーツ施設に集まって皆で観戦するパブリック・ビューイング。インターネットでの番組配信など。多様なメディアが発達している。注目されるスポーツ・イベントの開催がせまると，メディアはこぞって取りあげ，連日イベントに関する情報を伝え，人々の関心を高める。さらに，本番では専門家がスローモーションやリプレイを駆使して解説し，視聴者を熱狂させる。

ここでは，スポーツとメディアの歴史的な関係について，またスポーツ・メディアの特性について見ていこう。

a　スポーツとメディアの歴史的な関わり

新聞

江戸時代末から明治時代にかけて，日本は近代国家建設のために，教育・法

律・経済・軍隊など各種の制度を欧米から取り入れた。スポーツの導入もその時期のことである。たとえば，アメリカから野球，イギリスからサッカー，オーストリアからスキーが導入されて，学生や富裕層のあいだに広まっている。この時期が，日本におけるスポーツの発祥期である。

　スポーツの様子を伝えた当時のメディアは，主に新聞であった。最初のスポーツ記事を掲載したのは，横浜で外国人向けに発行されていた英字新聞 *Japan Weekly Mail* である。横浜の総領事館や貿易会社で働く欧米人たちが，自国から持ち込んだボート，クリケット，テニスなどを楽しむ様子が新聞に掲載されている。彼らは横浜クリケット・アンド・ローンテニス・クラブを作り，長崎・神戸などに居留する外国人同士で，競技会を開催していた。さらに，日本の大学生たちとスポーツ交流も行っていた。当時の新聞はこれらの様子を伝えている。

　大正時代になると，朝日新聞社と毎日新聞社が，全国高校野球大会の開催を支援したことから，全国的に高校野球が注目されるようになった。当時の二大新聞が高校野球大会を盛んに取りあげることによって，メディアとスポーツの密接な関係が始まったのである（第 4 章 3 参照）。

雑誌

　明治時代から大正時代にかけてスポーツが徐々に盛んになると，その様子を取りあげる雑誌も登場してきた。しかし，当時は現在のような各種のスポーツ雑誌があるわけではなく，『体育』，『教育会雑誌』，『教育雑誌』といった教育関係の雑誌のなかで，スポーツ記事が散見される程度であった。これらの雑誌では，府県の教育会が地域の様子を紹介していた。そのなかで，小・中学校での体操の様子は紹介されていたが，スポーツの様子を伝える記事はわずかしかなかった。

　ところが，明治時代末からの経済復興や，近代オリンピックの始まりに象徴される国際的なスポーツ振興を背景として，学生を中心にスポーツが盛んになってくる。1912（明治45）年，第 5 回オリンピック・ストックホルム大会に日本人選手が初めて参加したころから，政策としてスポーツ振興が行われるようになり，大正末から本格化した。1920（大正 9 ）年には「全国体育デー」や国際大会参加のための政府補助が実施され，明治神宮大会が開催されている。

　この時期からスポーツの専門雑誌が登場してくる。『アサヒスポーツ』，『体育と競技』，『運動年鑑』などである。これらは，国民的なスポーツの盛り上がりを

生き生きと伝え，活字を通してスポーツの振興に多大な貢献をした。

ラジオ

　世界初のラジオ放送はアメリカで1922年から始まったが，日本でも1925（大正14）年3月から開始された。2年後の1927年に大阪・甲子園球場で開催された中等学校野球大会が，また同年東京で開催された六大学野球の早慶戦がラジオ放送され，大きな話題となった。これによって全国的な野球人気に火がつく。1936（昭和11）年，オリンピック・ベルリン大会での日本人水泳選手の活躍がラジオ放送されると，国中が興奮した。ラジオ解説者・河西三省による「前畑ガンバレ，前畑ガンバレ」の連呼は日本中を沸かせ，スポーツの様子を肉声で伝えるラジオ放送の時代が本格的に始まった。

　以後，オリンピック大会での日本人選手の活躍に，国民的な関心が寄せられるようになる。新聞・雑誌にはない臨場感をもつ，ラジオ特有のスポーツ放送の登場は，国民とスポーツの距離を近づける媒介として大きな役割を果たした。

テレビ

　第二次世界大戦後，アメリカ軍占領下の民主体育政策において，スポーツは学校体育の教材として積極的に実施されるようになり，年を追うにしたがって確実に国民に浸透していった。1960年代になると，学校でスポーツを経験した子どもたちが，社会人となってからもスポーツを継続するようになり，実業団や地域のスポーツ・クラブの活動が盛んになっていった。

　1970年代になると，国民経済の復興とともに，交通機関の飛躍的発展など暮らしが格段に便利になった。しかし逆に運動不足やストレス障害が問題となり，国民の健康欲求はいっそう高まっていった。諸外国でも同様で，国際的な「みんなのスポーツ」運動が盛りあがっていった（第8章3を参照）。勝敗にこだわらず，スポーツをみんなで楽しく行おうというこの運動の特徴は，日本にも波及し，ボウリング，ゲートボール，ジョギング，スキーなどがブームとなった。

　アメリカでは1945年からテレビ放送が始まり，日本でも1953（昭和28）年2月から開始された。当初，テレビは大変高価だったため一般家庭で購入することはできず，人々が集まって視聴する「街頭テレビ」から始まった。放送開始当初から，ニュースやドラマと並んで，相撲，全国高校野球，プロボクシング世界タ

イトル戦が放映され，高い視聴率を取った。翌年にはプロレスリング，美容体操といった番組が放映され，人々は街頭テレビや，銭湯にあったテレビで熱狂した。1964（昭和39）年，東京オリンピック開催を契機に，テレビは全国的に普及する。以後テレビは，瞬間のプレーに感動や美をもたらすスポーツの特徴を引き立てる効果的な媒体として，存在価値を一機に高め，スポーツ・メディアの中心となっていった。

b　メディアによって変貌するスポーツ像

　スポーツの隆盛とともに競技力が発展し，それとともにそれを伝えるメディアの技術も発展してきた。しかし，メディアはスポーツをそのままの形で見る側に伝えているかといえばそうではない。メディア側に特有の価値観や基準によって，作られた形が人々に伝えられている。

　それでは，どのような価値観や基準によってスポーツ・メディアが作られるのか，社会性（集団を作り，そのなかで生活をしようとする性質）とメディアの属性（他のものにはなく同類に共通して見られる性質）の二面から眺めてみよう。

メディアの社会性

　メディアは，スポーツ界に存在する規則や道徳性といったものを重視している。道徳性とは，一般に社会秩序を保つために守るべき行為の基準のことである。メディアはスポーツを伝える際，何があっても審判の指示に忠実に従う態度をとる。たとえば，どんなスポーツにおいても，審判がくだしたアウト，セーフ，ゴール，オフサイド，ファウル，勝ち負け等の判断について，メディアは忠実に従う。意図的に審判の判定を覆すようなことはない。

　また，メディアは，好プレーや勝利のかげに存在する，選手たちの「忍耐強さ」や「純粋さ」を重視して伝えている。離島や雪国など練習環境に恵まれないなかでひたむきに練習に打ち込む姿，体の衰えと戦いながら妻や子どものために努力する高年齢のボクサーや力士等の姿，チームの勝利のために身を呈して果敢なプレーをする選手等である。

　今日では，ボクシング，レスリング，マラソン，サッカー，野球といった，過酷と思われるスポーツにも，女性選手の進出が著しい。ただし報道において

は，選手のルックスや年齢を意識した内容が目につく。多数の選手がプレーする集団競技でありながら，「かわいい」選手を中心に放映され，時には家庭や結婚についての話が加わることがある。話題性や競技の盛りあがりを期待してのことであろうが，男性選手ならばあまりないことが起こっている。

メディアの属性

スポーツ放送に際して，メディアには独自の属性が存在する。その属性とは，なんといっても視聴者の人気が最優先されることである。競技そのもののグレードや難易度よりも，より人気や話題を呼ぶスポーツ活動のほうが優先されるのである。たとえば，マイナーなスポーツ競技の世界選手権で入賞した選手よりも，メジャーなスポーツの試合のほうが大きく報道される。そこには，観る人が多いほうがメディアにとって大きな収益につながるといった経済原理が働いている。

また，効果的な映像を狙って，スケールの大きさやドラマ性を強調した演出がよく見られる。「今世紀最大のイベント」「幾重もの苦難を乗り越えての再起」といったタイトルに，視聴者は関心を持ちやすい。

視聴率を上げるために，国や地域といった，観る者のアイデンティティ意識を利用することもよく行われる。各種スポーツにおける「アメリカとロシアの因縁の対決」，「日韓戦」，「巨人・阪神戦」などである。

c　市場原理とスポーツの未来

スポーツ技術の高度化とメディアによる伝達技術の向上によって，スポーツは人々にとって人気の高い商品価値を持つものになり，それに伴ってマスコミュニケーション産業が誕生してきた。それはすなわち，利潤を追求する市場原理が成立するということでもある。

つまり，公正・中立なジャーナリズムといった考えかたを打ちだしながらも，一方で利潤を生むための考えかたを持つ微妙な立場に変わってくる。そのためスポーツは，当然のなりゆきとして，政府や自治体といった公的団体から離れざるを得なくなり，メディア市場に身を置くことになる。人気が落ちてきたスポーツ・イベントが芸能界と結びついて，再興を図ることはそのいい例である。

市場原理が導入され，お金をかけて人気の高い番組が作られることによって，

有料化の動きが自然に加速する。メディア企業が，人気の高いサッカー・ワールドカップ，テニスのウィンブルドン大会，Ｆ１レースなどを高額な値段で買うことによって，放送権料の高騰が起こるのである。有料の番組が誕生する。

　しかし，この現象が際限なく進めば，逆に，視聴者が観たいスポーツ・イベントを簡単に見ることができなくなるという現象が生じる。そのための対応として，イギリスではユニバーサル・アクセス権といった，それをさせない方策も採られるようになってきた。日本では，これらの問題に対する考えや方策も途に就いたばかりである。

　スポーツとメディアが深く結びついて発展してきたことの意味は，メディアの側からみると，スポーツの特徴をよく表している。第一に，メディアは国民の関心を優先して番組に取りあげることから，スポーツがメディアに多く登場することは，国民的な関心が年々高まっていることを裏づけている。第二に，特にスポーツがラジオの臨場感やテレビの映像効果によって，急激に人々の関心を惹きつけたことは，作品が形として残る絵画や彫刻などの芸術と違い，スポーツは場面場面に現れる瞬間的な動作が，見る人たちに感動を与えることを指している。

　スポーツとメディアの双方が発展的に存続するうえで重要なことは，特徴や内容をよく理解し，互いに尊重しモラルを守ることである。

　そのために，メディアを見る・聞く側の私たちの態度が重要となる。見る・聞く側がメディアとスポーツの関係をよく理解し，伝えられる内容について吟味し，自分の考えをもって向き合うことが大切になるのである。

4　環境問題とスポーツ

スポーツと環境との関係

　環境問題は一見，スポーツとは関係のないことのように思われる。だがスポーツ界においては1990年代から，スポーツと環境の共存に向けた取り組みが本格的に始まった。1994年以降，オリンピックでは夏季・冬季いずれの大会においても環境保全活動が実施されている。それはなぜだろうか？　オリンピックに

おける環境保全の歩みをたどりながら，私たちがスポーツを通して環境問題を考えることの意味を探ってみよう。

　現在，地球温暖化，オゾン層の破壊，森林の減少など，深刻化する環境破壊を食いとめるための環境保全への取り組みは，地球規模で行われている。こうした取り組みとスポーツも無関係ではない。

　スポーツ施設の建設，競技会の運営，スポーツ用品の使用など，スポーツを行うことは，環境に少なからぬ影響を及ぼす。逆に，雪を必要とするスキーやスノーボードのように，環境破壊に伴う温暖化によって実施が不可能になる種目もあることから，環境破壊もまたスポーツに大きな影響を与えるのである。「スポーツと環境」は，いまや切り離せない重要なテーマの一つとなっている。

　スポーツと環境の関係は，スキーをはじめとする冬季スポーツ施設の開発による森林伐採，またゴルフ場の芝生の維持・管理に起因する農薬汚染などに関する議論の中で注目されてきたが，スポーツ界が本格的にスポーツと環境の共存に向けて取り組むようになったのは1990年代以降であった。

スポーツ界の環境保全への取り組み

　スポーツ界が環境問題に目を向けたのは1970年代のことである。1972（昭和47）年に札幌で開催された冬季オリンピックの恵庭岳滑降コースは，環境保全団体からの要請を受け，大会終了後に植林を行って原野に復元させる約束のもとで設置された。大会後は約束通り，植林が実施されている。1976年の冬季オリンピック開催を予定していたアメリカのデンバーは，経済的な理由とともに，デンバーのオリンピックに向けた環境保全策を不十分なものとみなした環境保全団体からの抗議を受けて，オリンピックを返上することとなった。

　1980年代においても，オリンピックは開催のたびに，環境保全団体からの反対運動にあってきたが，商業主義にもとづく拡大路線をとるようになったため，スポーツと環境との共存は困難な状況であった。

「環境と開発に関するリオ宣言」と「地球への誓い」

　こうした状況を変える契機となったのが，1992年にブラジルのリオデジャネイロで開催された国連環境開発会議であった。この会議において，「持続可能な開発（Sustainable Development）」をキーワードとし，「環境保護は，開発過程の

不可分の部分とならなければならず，それから分離しては考えられないものである」ことを謳った「環境と開発に関するリオ宣言」が採択された。

持続可能な開発とは，「将来の世代が享受する経済的，社会的な利益を損なわない形で現在の世代が環境を利用していこうとする考え方」である。そしてこれに基づき，21世紀に向けて持続可能な開発を実現するために，各国政府および環境に関わる国際団体が実行すべき行動計画を示した「アジェンダ21（Agenda 21）」もリオデジャネイロの会議で採択されている。アジェンダ21は，各国政府や環境に関わる国際団体がまとめる環境保全マニュアルのモデルとなった。

環境保全に向けたこのような流れのなかで，オリンピックの最高決定機関である国際オリンピック委員会（IOC）の会長サマランチ（Juan Antonio Samaranch, 1920-2010）は，「スポーツ」「文化」に加えて，「環境」をオリンピック・ムーブメントの柱にすることを表明した。1992年のバルセロナ・オリンピックでは，IOCが，環境保全を約束する文書「地球への誓い（The Earth Pledge）」を作成し，IOC委員やオリンピック参加国の責任者がこれに署名することによって，IOCによる環境保全のための活動が開始された。

IOC パリ会議とオリンピック憲章の改定

1994年に IOC 創設100周年を記念してフランスのパリで開催された会議では，「スポーツと環境」がテーマの一つとして討議された。この会議では，スポーツを行う者も地球で暮らす人間として，環境保全の責任を負うことが確認された。また，環境保全をオリンピック憲章（Olympic Charter）の基本理念に組み入れていくこと，継続的に環境保全に関わる委員会を設置すること，そしてオリンピックをはじめとするスポーツ競技会ではより環境に配慮した施設建設や大会運営を求めていくことが決議された。

パリでの決議にのっとって，1995年，オリンピック憲章に「環境問題への責任ある関心を示すという条件のもとでオリンピック競技大会が開催されるよう配慮する」という文言が追加され，「地球への誓い」に続いて再度，環境保全に向けた IOC の意思が明文化された。そして同年，「IOC スポーツと環境委員会」もパリでの決議にしたがって設置された。この委員会は，環境の重要性をスポーツ界に周知する活動や，オリンピックやスポーツ競技会での環境保全に関する活動を行っている。また同委員会は，IOC の傘下にある各国の国内オリンピック

委員会（National Olympic Committee）に「スポーツと環境委員会」を設置し，スポーツ界での環境保全に努めるよう提唱した。これに基づいて日本オリンピック委員会（JOC）は2001（平成13）年に「スポーツ環境委員会」を設置し，環境保全活動（競技会やイベントにおけるポスターの貼布とパンフレットの配布などの啓発活動と，ゴミの分別，エネルギーや資源の節減などの実践活動）を開始した。

オリンピック・ムーブメンツ・アジェンダ21

　IOC は，アジェンダ21にのっとり，1999年にリオデジャネイロで開かれた「IOC スポーツと環境世界会議」において，「オリンピック・ムーブメンツ・アジェンダ21（Olympic Movement's Agenda 21）」を編纂し，採択した。

　これは，スポーツに関わるすべての人間や組織が，スポーツにおける，あるいはスポーツを通じた持続可能性に向けて取り組む方法を，社会経済貢献の改善，天然資源保全および管理，主導的グループの役割強化の観点から示したものである。これに基づいて，スポーツ界では環境保全活動が推進されている。

オリンピックにおける環境保全への取り組み

　1992年に IOC 委員らが「地球への誓い」に署名して以来，オリンピックでは夏季・冬季いずれの大会においても環境保全活動が実施されている（表9-4）。

　1998（平成10）年に長野で開催された冬季オリンピックを例にみていこう。長野冬季オリンピック大会組織委員会は，基本理念の一つとして「美しく豊かな自然との共存」を掲げ，さまざまな形で環境保全に取り組んだ。

　開会式では，地表に落ちて水分に触れると分解する「ハト風船」を用い，オリンピック村のレストランではリンゴの絞り粕を用いた紙食器を使用するなど，環境への配慮が具体的な形で示されている。

　競技施設に関しては，既存の施設をできるだけ活用し，環境の改変が必要な場合には，大会後に復元を図った。施設建設のために伐採された森林の再生には，その土地に最も適した樹木の苗をビニールポッドのなかで育てて植える幼苗植栽手法を採用した。ボブスレーやリュージュの会場となった長野市ボブスレー・リュージュパーク（愛称：スパイラル）では，コースの冷却にアンモニア間接冷却方法を採用し，アンモニアの使用量を海外のコースに比べて約70分の1に抑えた。バイアスロンでは，競技場建設予定地となっていた白馬が，天然記念物

であるオオタカの生息地であったことから建設地を野沢温泉に変更し，クロスカントリー競技場では，土壌や地下水に悪影響を及ぼすとされる硬雪剤を使用せず，雪の下に畳を敷いてコースを維持している。大会運営にはハイブリッド自動車と天然ガス自動車が使用され，地下資源の保護が図られた。

　オリンピックにおいてこうした環境保全活動が実施されていることは，IOCがオリンピック開催都市を選ぶ際に，立候補した都市の環境に対する配慮を重要な評価要素としていることと深く関係している。1980年代にオリンピックが商業主義に基づく拡大路線をとって成功を収めるようになって以来，多くの都市が都市の知名度向上や商業的成功を目的としてオリンピック招致を表明するように

表9-4　オリンピックにおける環境保全活動

開催地（開催年）	主な環境保全活動
リレハンメル冬季大会(1994)	・「環境に優しいオリンピック」をスローガンに掲げ，省エネルギー性や地域の自然をアピールするほか，景観保護にも配慮
アトランタ大会(1996)	・大会期間中，地元住民の自家用車の使用を避けるために，公共交通機関の利用を推奨
長野冬季大会(1998)	・「美しく豊かな自然との共存」を基本理念の一つに掲げ，既存の施設を活用するなど様々な形で環境保全に取り組む（本文参照）
シドニー大会(2000)	・「環境意識の向上」「方針と実践の改善」「良い手本を示すことによる証明と教育」「再生と建設」の四つの領域から環境保全に取り組む
ソルトレーク冬季大会(2002)	・環境保全と改善を目的として，「ゼロ・エミッション」「大気質プラン（クリーナーエア）」「廃棄物ゼロ」「エコワークス2002」「都市の緑化」など多くのプログラムを策定
アテネ大会(2004)	・「ゴミのポイ捨て廃止キャンペーン」の実施 ・環境意識の向上を唱える公共広告の掲示 ・マラソンコース添いにオリーブを植林
トリノ冬季大会(2006)	・大会期間中のCO_2の排出量を植林，エネルギー効率化事業，再生可能エネルギー事業などのプロジェクトで相殺するカーボンニュートラル計画（HECTOR計画）に取り組む ・廃棄ゴミをゼロにすることを目指した廃棄物処理計画の実施
北京大会(2008)	・「緑色奥林匹克（グリーンオリンピック）」をコンセプトの一つとして掲げ，競技場建設には環境に優しいグリーン建材の利用を義務化 ・天然ガスを用いた発電所の建設など温室効果ガスの削減に取り組む
バンクーバー冬季大会(2010)	・選手村や一部の競技場では廃熱の再利用が促進され，地域の電力とガスの消費量を大幅に削減 ・競技場建設の際には予定地の生態系に配慮
ロンドン大会(2012)	・競技場や競技関連施設が集中する予定のロンドン東部地区の土壌を，最新技術を用いた土壌洗浄装置を使用して浄化し，利用可能な土地に再生 ・木質資材の大半に森林認証材を採用するなどの「ロンドングリーン・ビルド2012」という取り組みを実施

（日本オリンピック委員会ホームページ　http://www.joc.or.jp/eco/olympicgames.html）

なったが，IOC は招致を表明した都市に対して環境保全を求めることによって，スポーツと環境の共存を図っているのである。

しかし，オリンピックのような大規模なスポーツ・イベント時においてのみ，環境保全活動が実施されるだけでは十分でない。日常のスポーツ活動においても３R 活動（reduce＝減らすこと，reuse＝再利用すること，recycle＝回収し形を変えて使えるようにすること）を基本にした環境保全を心がけていくことが，スポーツと環境の共存を図っていくうえで重要であろう。

5　アダプテッド・スポーツとパラリンピック

歴史的に，スポーツは健常者のスポーツと障害者のスポーツというように大別されてきた。たとえばわが国でも，1933（昭和 8）年，明治神宮体育大会に盲人競技を加え，盲人競技者の参加を認めてほしいと，盲学生体育連盟が明治神宮体育会副会長の平沼亮三に要望を出したことが新聞で取りあげられている。また，日本パラリンピック委員会（JPC）は1999（平成11）年 8 月20日に厚生労働省の許可を受けて発足したが，日本オリンピック委員会（JOC）は文部科学省の管轄のスポーツ機関であることからも両者は明確に分けられてきた。しかし，健常者のスポーツと障害者のスポーツのあいだにある壁を壊すことが，これからのスポーツのありかたであると考える。

アダプテッド・スポーツ

「アダプテッド・スポーツ」とは，障害の程度や発達状況などにルールや用具を適合（adapt）させ，障害者や高齢者，子ども，女性等が参加できるように工夫した運動，あるいは新しく創案された運動やスポーツ，レクリエーションをいう。このアダプテッド・スポーツという概念は，障害のある人がスポーツを楽しむために，当人とその周囲の人々や環境などを取りあげ，それらを統合したシステムづくりが大切であるという考えかたに基づいているといわれている。

アダプテッド・スポーツが身近な存在になってきた背景には，パラリンピックの開催があり，わが国でも1998（平成10）年に冬季パラリンピック・長野大会

が開催されたことで，アダプテッド・スポーツをスポーツとして理解する人が多くなった。さらに，長野県では，知的発達障害のある人の社会参加や自立を目的とした世界大会，スペシャルオリンピックス（冬季）が2005（平成17）年に開催されている。その大会では，心温まる様子をいくつも見ることができた。たとえば，堂々として誇らしげな選手の表情，スピードスケートで転倒してしまった選手をゴールまで向かわせようと選手のすぐ傍らで声援をしている人，会場に飾られていたメッセージボードや思いのこもった絵やオブジェなどである。

　テレビや新聞などのメディアでアダプテッド・スポーツが多く取り上げられ，2020年のオリンピック・パラリンピック東京大会が決定してからは，アダプテッド・スポーツに関することを目にしない時がないほどである。さらに，アダプテッド・スポーツが題材とされる人気漫画も登場している。人気の漫画のタイトルや有名なスポーツ選手の名前など，「○○世代」と呼称する時がある。スポーツに関係して，このように呼ばれる理由には，競技人口の増加，競技レベルの向上など，さまざまなことが考えられるなかで，これらの共通点として挙げられることは，その世代に多くの人たちが注目しているということである。これからのアダプテッド・スポーツは，社会的にもスポーツ的にも注目するべきことであると考える。

　アダプテッド・スポーツは，スポーツとして認識，理解されただけでなく，アダプテッド・スポーツという言葉自体が一般的に浸透していった。2005（平成17）年に日本体育学会の専門分科会として「アダプテッド・スポーツ科学専門分科会」が認められたことは，体育・スポーツ界でアダプテッド・スポーツが浸透した証拠といえる。

パラリンピック

　「パラリンピック（Paralympic）」とは，「もう一つの（parallel）＋オリンピック（Olympic）」という意味である。4年に一度，夏季と冬季のオリンピック競技大会の後を受けて，その開催都市でパラリンピックは行われている。シンボルカラーは赤，青，緑で，赤色が心，青色が精神，緑色が身体を表している。

　パラリンピックはスポーツというよりも，リハビリテーションの一端に位置づけられてきた経緯がある。1948（昭和23）年にルートヴィヒ・グッドマン博士（Ludwig Guttman, 1899-1980）がイギリスのストークマンデビル病院で，リハビリ

テーションを意図しての競技会を開催したことに始まる。この競技会は「ストークマンデビルゲーム」として知られ，1960年にオリンピック・ローマ大会の後，同じ競技施設を使用して開催されたのが第1回のパラリンピック・ローマ大会であった。その後，オリンピック大会の開催年に，同じ開催地でパラリンピック大会が行われている。

2010年のパラリンピック・バンクーバー大会には，イラクやアフガニスタンでの戦争で被弾して脚を失ったアメリカの傷病兵の選手が参加している。ここに，パラリンピックがオリンピックに次ぐもう一つの平和の祭典とは成り得ていないことが指摘されている。

オリンピック・長野大会の後，パラリンピック・長野大会が1998（平成10）年3月に催された。この大会で，日本選手は金メダル12個を含む41個のメダルを獲得し，この活躍が，自国開催と重なったことで，国民の障害者スポーツへの理解・関心を高めたと考えられる。

パラリンピック・ロンドン大会（2012）は，前大会よりもチケットの売り上げが100万枚以上上回る280万枚を記録，競技場に8万人の観客を集め，盛り上が

表9-5　パラリンピック開催年と開催都市

夏季大会

第1回	(1960)	ローマ（イタリア）
第2回	(1964)	東京（日本）
第3回	(1968)	テルアビブ（イスラエル）
第4回	(1972)	ハイデルベルク（西ドイツ）
第5回	(1976)	トロント（カナダ）
第6回	(1980)	アーネム（オランダ）
第7回	(1984)	ニューヨーク（アメリカ）／アイルズベリー（イギリス）
第8回	(1988)	ソウル（韓国）
第9回	(1992)	バルセロナ（スペイン）
第10回	(1996)	アトランタ（アメリカ）
第11回	(2000)	シドニー（オーストラリア）
第12回	(2004)	アテネ（ギリシャ）
第13回	(2008)	北京（中国）
第14回	(2012)	ロンドン（イギリス）
第15回	(2016)	リオデジャネイロ（ブラジル）
第16回	(2020)	東京（日本）
第17回	(2024)	パリ（フランス）
第18回	(2028)	ロサンゼルス（アメリカ）

冬季大会

第1回	(1976)	エンシェルツヴィーク（スウェーデン）
第2回	(1980)	ヤイロ（ノルウェー）
第3回	(1984)	インスブルック（オーストリア）
第4回	(1988)	インスブルック（オーストリア）
第5回	(1992)	アルベールビル（フランス）
第6回	(1994)	リレハンメル（ノルウェー）
第7回	(1998)	長野（日本）
第8回	(2002)	ソルトレークシティー（アメリカ）
第9回	(2006)	トリノ（イタリア）
第10回	(2000)	バンクーバー（カナダ）
第11回	(2014)	ソチ（ロシア）
第12回	(2018)	平昌（大韓民国）
第13回	(2022)	北京（中国）

りをみせた。2012年のパラリンピック・ロンドン大会は，パラリンピックが「障がい者スポーツの祭典」から，オリンピック同様「スポーツの祭典」となったと評されている。

その成功の背景には，「障がい者に対する偏見」，「障がい者スポーツへの無関心」という二つの課題があったという。課題を克服するための一要因に，選手たちを「スーパーヒューマンズ」と呼び，鍛えあげられた肉体美を強調することをメディアが実践している。こうしたメディアの動向は，古代オリンピックで「美しいからだにこそ善良な精神が宿る」と信じられていたことに関係していたようにも思える。近代オリンピックの提唱者であるピエール・ド・クーベルタン男爵は，スポーツ教育の理想の形として「古代オリンピックの近代における復活」を思い描いていた。以上のことから，パラリンピック・ロンドン大会（2012）での成功は，パラリンピックをオリンピック化したことにあると考える。

障害者スポーツの知識や理解がないと，「障がい者に対する偏見」や「障がい者スポーツへの無関心」につながりかねない。障害者が行っているスポーツを健常者が行うことに抵抗を持つ人や，行いたいと述べることが失礼にあたると思っている人は少なくないと思われる。実際には，障害者との混合チームや健常者のみのチームによる車椅子バスケットボールやローリングバレーなどが存在する。障害者スポーツの簡単な知識や理解だけで，健常者と障害者がともにスポーツを楽しめるというところに，障害の有無を越えたスポーツの特質が生かされていると考える。アダプテッド・スポーツの知識や理解を広めること，深めることが今後の課題といえよう。

スポーツを実践している人でも，練習や試合で経験したこと以外のスポーツの情報は，ほとんどメディアを通して得ている。オリンピックとパラリンピックという大イベントが2020年，東京に来る今だからこそ，メディアのありかたや使いかたを再確認したうえで，オリンピックとパラリンピックを迎え，アダプテッド・スポーツを考える必要性があるといえよう。多くの民族が参加する世界大会での報道は，ナショナリズムやジェンダー・イデオロギー，人種的ステレオタイプを助長する，と多くのメディア研究者が指摘している。日本人にとって2020年のオリンピックとパラリンピックは，その後のスポーツ（アダプテッド・スポーツを含む）との向き合いかたや位置づけが感覚として残ることであり，その重要なところにメディアがあるということを，課題として挙げたい。

引用・参考文献

1章　スポーツの起源
＊出典表記のない図版：Wikimedia Commons より.

稲垣正浩（他）. 『図説 スポーツの歴史──「世界スポーツ史」へのアプローチ』. 大修館書店, 1996年.

木村吉次（編）. 『体育・スポーツ史概論』. 市村出版, 2001年.

寒川恒夫（編）. 『教養としてのスポーツ人類学』. 大修館書店, 2004年.

Heyd, Thomas, and John Clegg. *Aesthetics and Rock Art*. Ashgate Pub Ltd., 2005.

野村直樹. 『やさしいベイトソン──コミュニケーション理論を学ぼう』. 金剛出版, 2008年.

2章2　中世のスポーツ
東京教育大学体育学部体育史研究室. 『図説 世界体育史』. 新思潮社, 1964年.

浅見俊雄・宮下充正・渡辺融（編）. 『現代体育・スポーツ体系 第2巻 体育・スポーツの歴史』. 講談社, 1984年.

寒川恒夫（編）. 『図説スポーツ史』. 朝倉書店, 1991年.

楠戸一彦. 『ドイツ中世後期のスポーツ』. 不昧堂出版, 1998年.

2章3　近代スポーツの誕生
岸野雄三（編）. 『体育史講義』. 大修館書店, 1984年.

寒川恒夫（編）. 『図説スポーツ史』. 朝倉書店, 1991年.

稲垣正浩（他）. 『スポーツ史講義』. 大修館書店, 1995年.

3章1・2　さまざまな種目──サッカー／水泳／近代イギリス，アメリカ
多田一郎. 『能島流游泳術』. 多田一郎, 1903年.

石川芳雄. 『日本水泳史』. 米山弘, 1960年.

東京教育大学体育学部体育史研究室. 『図説 世界体育史』. 新思潮社, 1964年.

佐竹弘靖. 『スポーツ文化論──水とからだとスポーツ文化』. 文化書房博文社, 2003年.

山田謙夫（監修）. 『観海流の伝承とあゆみ』. 伊勢新聞社, 2008年.

水谷豊. 『バスケットボール物語』. 大修館書店, 2011年.

星野敏男, 金子和正. 『野外教育入門シリーズ 第3巻 水辺の野外教育』. 杏林書院, 2012年.

Diem, Carl. *Weltgeschichte des Sports und der Leibeserziehung*. Cotta, 1960.

Umminger, Walter. *Sport Chronik*. Sportverlag Berlin, 2000.

3章3　ニュースポーツ
稲垣正浩. 『スポーツの後近代』. 三省堂, 1995年.

清水良隆, 紺野晃（編）. 『ニュー・スポーツ百科 新訂版』. 大修館, 1997年.

仲野隆士. 「ニュースポーツ」. 田口貞善（編）『スポーツの百科事典』, 571-574頁. 丸善, 2007年.

一般社団法人日本セパタクロー協会（http://jstaf.jp）. 参照日2018年10月24日.

一般社団法人日本フライングディスク協会（https://www.jfda.or.jp/introduction/）. 参照日2018年10月24日.

公益社団法人日本グラウンド・ゴルフ協会（http://www.groundgolf.or.jp）. 参照日2018年10月24日.

公益社団法人日本ハング・パラグライディング連盟 (https://jhf.hangpara.or.jp/index.html). 参照日2018年10月24日.

認定NPO法人ローンボウルズ日本（http://bowls.jp）. 参照日2018年10月24日.

引用・参考文献 | 231

4章1・2・3 欧米から日本へ──開国～大正・昭和
歴史写真会『歴史写真』1927年10月号.
日本体育協会（編）.『日本スポーツ百年』. 日本体育協会，1970年.
岸野雄三（他編）.『近代体育スポーツ年表』. 大修館書店，1973年.
棚田真輔.『神戸スポーツ草創史』. 道和書院，1981年.
成田十次郎（編）.『スポーツと教育の歴史』. 不昧堂出版，1988年.
レルヒの会.『スキー発祥の思い出アルバム』. ベースボールマガジン社，1988年.
田中守（他）.『武道を知る』. 不昧堂出版，2000年.
木村吉次（編）.『体育・スポーツ史概論』. 市村出版，2001年.
福永哲夫（他）.『体育・スポーツ科学概論──体育・スポーツの新たな価値を創造する』. 大修館書店，
　　2011年.

4章4　日本の武道
岸野雄三，竹之下休蔵.『近代日本学校体育史』. 東洋館出版，1959年. リプリント：日本図書センター，
　　1983年.
岩井忠熊.『明治国家主義思想史研究』. 青木書店，1972年.
入江克己.『日本近代体育の思想構造』. 明石書店，1988年.
中林信二.『武道のすすめ』. 島津書房，1994年.
中村民雄.『剣道事典』. 島津書房，1994年.
一般財団法人全日本剣道連盟.『剣道の歴史』. 全日本剣道連盟，2003年.
公益財団法人日本武道館.『日本の武道』. 日本武道館，2007年.
藤堂良明.『柔道の歴史と文化』. 不昧堂出版，2007年.
寒川恒夫.『日本の武道と東洋思想』. 平凡社，2014年.
矢野裕介.「大日本帝国剣道形の増補加註に関する新史料の発見とその意義」.『武道学研究』第47巻別冊，
　　2014年，20頁.

5章1～6　体操・体育からスポーツ教育へ
体育原理専門分科会（編）.『体育の概念』. 不昧堂出版，1995年.
高橋幸一.『スポーツ学のルーツ──古代ギリシャ・ローマのスポーツ思想』. 明和出版，2003年.
友添秀則，岡出美則.『教養としての体育原理』. 大修館書店，2005年.
福永哲夫（他）.『体育・スポーツ科学概論──体育・スポーツの新たな価値を創造する』. 大修館書店，
　　2011年.

5章7　トゥルネンとスポーツ
グットマン，A..『スポーツと帝国』. 谷川稔，石井昌幸，池田恵子，石井芳枝（訳）. 昭和堂，1997年.
成田十次郎.『近代ドイツ・スポーツ史Ⅰ 学校・社会体育の成立過程』. 不昧堂出版，1977年.
成田十次郎.『近代ドイツ・スポーツ史Ⅱ 社会学校体操制度の成立』. 不昧堂出版，1991年.
成田十次郎.『近代ドイツ・スポーツ史Ⅲ ドイツ体育連盟の発展』. 不昧堂出版，2002年.
成田十次郎.『近代ドイツ・スポーツ史Ⅳ 近代体育の改革と変容・停滞』. 不昧堂出版，2013年.
小原淳.『フォルクと帝国創設──19世紀ドイツにおけるトゥルネン運動の史的考察』. 彩流社，2011年.
Diem, Carl. *Weltgeschichte des Sports und der Leibeserziehung*. Cotta, 1960.
Umminger, Walter. *Sport Chronik*. Sportverlag Berlin, 2000.

6章1・2・3　スポーツの技術，テニス，フットボール
岸野雄三，多和健雄.『スポーツの技術史』. 大修館書店，1972年.
ジュルマン，オルドジッフ.『世界サッカー史─歴史・スター・戦術』. 大竹国弘（訳）. ベースボールマ

ガジン社，1977年．

日本庭球協会．『テニス500年』．講談社，1978年．

中村敏雄．『スポーツの風土』．大修館書店，1981年．

岸野雄三（編）．『体育史講義』．大修館書店，1984年．

寒川恒夫（編）．『図説スポーツ史』．朝倉書店，1991年．

ギルマイスター，ハイナー．『テニスの文化史』．稲垣正浩（他訳）．大修館書店，1993年．

稲垣正浩（他）．『スポーツ史講義』．大修館書店，1995年．

表孟宏．『テニスの源流を求めて』．大修館書店，1997年．

ヴァール，アルフレッド．『サッカーの歴史』．大住良之（監修），遠藤ゆかり（訳）．創元社，2002年．

Myers, Arthur Wallis. *The complete lawn tennis player*. G. W. Jacobs, 1908.

Tingay, Lance. *100 years of Wimbledon*. Guinness Superlatives Ltd., 1977.

Dunkley, Christopher. *Tennis Nostalgia*. Open Door Ltd., 1998.

6章4　冬季スポーツ

福岡孝行．『スキー発達史』．実業之日本社，1971年．

新井博．『レルヒ 知られざる生涯』．道和書院，2011年．

7章1　近代の戦争と体育・スポーツ

Eichel, Wolfgang（hrsg）*Illustrierte Geschichte der Körperkultur*. Sportverlag Berlin, 1984.

Ille, G. und Köhler, G. *Der Wandervogel. Es begann in Steglitz*. Stapp Verlag, 1987.

木下秀明．「近代社会」．水野忠文（他）『体育史概説』，237-303頁．杏林書院，1985年．

大場一義．「偕行社記事にみられる『スポーツ論争』について——大正期陸軍体育の一考察」．『日本体育
　学会第17回大会抄録』，『体育学研究』11（5），26頁，1967年．

ラカー，W．『ドイツ青年運動——ワンダーフォーゲルからナチズムへ』．西村稔（訳）．人文書院，1985年．

上山安敏．『世紀末ドイツの若者』．三省堂，1986年．

山田理恵．『俘虜生活とスポーツ——第一次大戦下の日本におけるドイツ兵俘虜の場合』．不昧堂出版，
　1998年．

山田理恵．「日本における Karl Fischer の俘虜生活と身体文化観——第一次世界大戦時のドイツ兵俘虜と
　して」．『中京大学体育研究所紀要』19，13-23頁，2005年．

山本徳郎．「ナチズムの体育」．梅根悟（監修）『世界教育史大系31 体育史』，286-305頁．講談社，1975年．

山本徳郎．「ドイツ体育のナチズム化に関する一考察——ワイマール時代の体育思想史的検討」．『文化女
　子大学研究紀要』9，1-10頁，1978年．

7章2　日本の戦争と体育・スポーツ

近世名士写真其2〔1934-35年〕．『近世名士写真頒布会』．1935年．

岸野雄三，竹之下休蔵．『近代日本学校体育史』．東洋館出版，1959年．日本図書センター，1983

東京教育大学体育学部体育史研究室．『図説 世界体育史』．新思潮社，1964年．

今村嘉雄．『日本体育史』．不昧堂出版，1970年．

木下秀明．『スポーツの近代日本史』．杏林書院，1970年．

木下秀明．『兵式体操からみた軍と教育』．杏林書院，1982年．

能勢修一．『明治期学校体育の研究——学校体操の確立過程』．不昧堂出版，1995年．

7章3　オリンピック・ムーブメントと世界平和

清水重勇．『スポーツと近代教育』．紫峰図書，1999年．

日本オリンピックアカデミー．『ポケット版オリンピック事典』．楽，2008年．

バリー，ジム（他）．『オリンピックのすべて』．舛本直文（訳）．大修館書店，2008年．

阿部生雄．「嘉納治五郎とピエール・ド・クーベルタン——「精力善用・自他共栄」とオリンピズム」．『筑波大学体育科学系紀要』32，2009年．

真田久．『19世紀のオリンピア競技祭』．明和出版，2011年．

生誕150周年記念出版委員会（編）．『気概と行動の教育者 嘉納治五郎』．筑波大学出版会，2011年．

橋場弦・村田奈々子（編著）．『学問としてのオリンピック』．山川出版社，2016年．

小路田泰直・井上洋一・石坂友司（編著）．『「ニッポン」のオリンピック——日本はオリンピズムとどう向き合ってきたのか』．青弓社，2018年．

Navacelle, Geoffroy de. *Pierre de Coubertin: sa vie par l'image*. Weidmann, 1986.

Spathari, Elsi. *The Olympic spirit*. Adam Editions, 1992.

Umminger, Walter. *Sport Chronik*. Sportverlag Berlin, 2000.

8章1　日本のスポーツ振興政策とスポーツ基本法

川口頼好，西田剛．『逐条解説 スポーツ振興法』．柏林書房，1961年．

小笠原正（監修）．『導入対話によるスポーツ法学 第2版』．不磨書房，2007年．

諏訪伸夫（他編）．『スポーツ政策の現代的課題』．日本評論社，2008年．

菊幸一（他編）．『スポーツ政策論』．成文堂，2011年．

後藤雅貴．「スポーツ基本法の制定」．『立法と調査』320号，49-56頁，2011年．

澤田大祐．「スポーツ政策の現状と課題——「スポーツ基本法」の成立をめぐって」．『調査と情報』722号，1-12頁，2011年．

日本スポーツ法学会（編）．『詳解スポーツ基本法』．成文堂，2011年．

吉田勝光，吉田隆之．『文化条例政策とスポーツ条例政策』．成文堂，2017年．

吉田勝光．「現代のスポーツ概念に関する一考察」．『ベースボーロジー』第22号，35-51頁．

8章2　日本の学校教育とスポーツ

今村嘉雄，宮畑虎彦（他編）．『新修体育大辞典 第4版』．不昧堂出版，1986年．

海後宗臣（監修・編）．「教育改革」．『戦後日本の教育改革 第1巻』．東京大学出版会，1975年．

木下秀明（監修）．『戦後体育基本資料集 第27巻』．大空社，1996年．

丹下保夫先生遺稿集刊行会．『戦後における学校体育の研究——丹下保夫先生遺稿集』．宮脇道生，1987年．

中村敏雄（編）．『戦後体育実践論 第1巻 民主体育の探究』．創文企画，1997年．

日本近代教育史事典編集委員会．『日本近代教育史事典』．平凡社，1971年．

8章3　「みんなのスポーツ」から「生涯スポーツ」へ

福永哲夫（他）．『体育・スポーツ科学概論——体育・スポーツの新たな価値を創造する』．大修館書店，2011年．

川西正志（他）．『生涯スポーツ実践論——生涯スポーツを学ぶ人たちに 改訂2版』．市村出版，2008年．

諏訪伸夫（他）．『スポーツ政策の現代的課題』．日本評論社，2008年．

マッキントッシュ，ピーター．『現代社会とスポーツ』．寺島善一（他訳）．大修館書店，1991年．

福岡孝純，谷本都栄．「ドイツにおけるスポーツ・フォア・オール施策とスポーツ施設整備計画——ゴールデン・プランからゴールデン・プログラムへ」．『帝京経済学研究』42（1），57-61頁．

8章4　スポーツ産業の歴史的発展

渡辺保．『現代スポーツ産業論』．同友館，2004年．

山下秋二（他）．『図説スポーツマネジメント』．大修館書店，2005年．

一般社団法人日本体育学会（監修）．『最新スポーツ科学事典』．平凡社，2006年．

原田宗彦（編）．『スポーツ産業論 第5版』．杏林書院，2011年．

通産省産業政策局．『スポーツビジョン21』．一般財団法人通商産業調査会，1990年．

原田宗彦（編）.『スポーツ産業論 第 4 版』. 杏林書院, 2007年.

9章1　スポーツ倫理とドーピング
日本体育学会体育原理専門分科会（編）.『スポーツの倫理』. 不昧堂出版, 1992年.
友添秀則, 近藤良享.『スポーツ倫理を問う』. 大修館書店, 2000 年.
近藤良享.『スポーツ倫理の探求』. 大修館書店, 2004 年.

9章2　女性スポーツの現在・過去・未来
田原淳子.「女性スポーツアスリートとプロスポーツ」. 川西正志, 野川春夫（編）『生涯スポーツ実践論
　改訂 2 版』. 市村出版, 2006年.
飯田貴子, 井谷惠子（編著）.『スポーツ・ジェンダー学への招待』. 明石書店, 2004年.
井谷惠子（他編）.『女性スポーツ白書』. 大修館書店, 2001年.
日本スポーツとジェンダー学会（編）.『データでみるスポーツ・ジェンダー』. 八千代出版, 2016年.
井上洋一.「女性スポーツの平等機会と Title IX」.『日本スポーツ法学会年報』第10号, 2003年.
来田享子.「スポーツと「性別」の境界――オリンピックにおける性カテゴリーの扱い」.『スポーツ社会
　学研究』第18巻第 2 号, 2010年.
来田享子.「近代スポーツの発展とジェンダー」. 飯田貴子, 井谷惠子（編著）『スポーツ・ジェンダー学
　への招待』. 明石書店, 2004年.
飯田貴子, 熊安貴美江, 来田享子（編著）.『よくわかるスポーツとジェンダー』. ミネルヴァ書房, 2018年.
笹川スポーツ財団.『スポーツライフデータ2016――スポーツライフに関する調査報告書』. 2016年.
小笠原正.「文化政策からのジェンダーとスポーツ」.『スポーツ法学会年報』第10号, 2003年.

9章3　スポーツとメディア
吉見俊哉（編）.『一九三〇年代のメディアと身体』. 青弓社, 2002年.
井上俊, 亀山佳明（編）.『スポーツ文化を学ぶ人のために』. 世界思想社, 2006年.
菊幸一, 清水諭, 仲沢眞, 松村和則（編）.『現代スポーツのパースペクティブ』. 大修館書店, 2006年.

9章4　環境問題とスポーツ
チェルナシェンコ, D..『オリンピックは変わるか』. 小椋博・松村和則（編訳）, 道和書院, 1999年.
林英彰.「スポーツと環境」. 友添秀則, 岡出美則（編）『教養としての体育原理』. 大修館書店, 2005年.
水野正人.「オリンピックと環境保全」. 近藤良享（編著）『スポーツ倫理の探求』. 大修館書店, 2004年.
公益財団法人日本オリンピック委員会ウェブサイト（http：//www.joc.or.jp/eco//olympicgames.
　html）

9章5　アダプテット・スポーツとパラリンピック
読売新聞1933年 2 月23日（朝刊）
矢部京之助, 草野勝彦, 中田英雄.『アダプテッド・スポーツの科学――障害者・高齢者のスポーツ実践
　のための理論』. 市村出版, 2004年.
藤田紀昭.『障害者スポーツの世界』. 角川学芸出版, 2008年.
日本障害者スポーツ協会.『障害者スポーツの歴史と現状』. 財団法人日本障害者スポーツ協会, 2011年.
トンプソン, リー.「メディアのスポーツ物語」.『教養としてのスポーツ科学 改訂版――アクティヴ・ラ
　イフの創出をめざして』. 大修館書店, 2011年.
井上俊, 菊幸一.『やわらかアカデミズム・〈わかる〉シリーズ よくわかるスポーツ文化論』. ミネルヴァ
　書房, 2012年.

執筆分担

序　なぜスポーツ史を学ぶのか（新井博）

1 章　スポーツの起源（新井博）

2 章　時代と社会との関わり
　　　　　1　古代（新井博）
　　　　　2　中世（楠戸一彦）
　　　　　3　近代スポーツの誕生（新井博）

3 章　さまざまな種目 誕生と変容
　　　　　1　古代から行われてきたスポーツ
　　　　　　　　　a　サッカー（新井博）
　　　　　　　　　b　水泳（山脇あゆみ）
　　　　　2　近代に誕生したスポーツ（新井博）
　　　　　3　ニュースポーツ（榎本雅之）

4 章　欧米から日本へ，日本から世界へ
　　　　　1〜3　開国 〜 昭和初期（新井博）
　　　　　4　日本の武道（田端真弓）

5 章　体操・体育からスポーツ教育へ
　　　　　1〜6　先史時代における体育 〜 近代体育改革（新井博）
　　　　　7　トゥルネンとスポーツ（都筑真）

6 章　スポーツの技術，戦術，ルールの変遷
　　　　　1〜3　技術発展の3段階／テニス／フットボール（後藤光将）
　　　　　4　冬季スポーツ（新井博）

7 章　スポーツと世界平和
　　　　　1　近代の戦争と体育・スポーツ（山田理恵）
　　　　　2　日本の戦争と体育・スポーツ（清原泰治）
　　　　　3　オリンピック・ムーブメントと世界平和（和田浩一）

8 章　現代のスポーツと政治・経済・社会
　　　　　1　日本のスポーツ振興政策とスポーツ基本法（吉田勝光）
　　　　　2　日本の学校教育とスポーツ（藤坂由美子）
　　　　　3　「みんなのスポーツ」から「生涯スポーツ」へ（新井博）
　　　　　4　スポーツ産業の歴史的発展（新井博）

9 章　現代スポーツの課題
　　　　　1　スポーツ倫理とドーピング（新井博）
　　　　　2　女性スポーツの現在・過去・未来（井上洋一）
　　　　　3　スポーツとメディア（新井博）
　　　　　4　環境問題とスポーツ（都筑真）
　　　　　5　アダプテッド・スポーツとパラリンピック（及川佑介）

著者紹介 (執筆分担は前ページ参照)

編・著者

新井 博　　　日本福祉大学スポーツ科学部教授。スポーツ史

執筆者 (50音順)

井上洋一　　　大阪学院大学経済学部教授。スポーツ法学
榎本雅之　　　滋賀大学経済学部教授。アイルランドスポーツ史
及川佑介　　　東京女子体育大学体育学部准教授。バスケットボール史
清原泰治　　　高知県立大学教授。日本近現代スポーツ史
楠戸一彦　　　広島大学名誉教授。ドイツ中世スポーツ史
後藤光将　　　明治大学政治経済学部教授。日本近代スポーツ史，テニス史
田端真弓　　　長崎大学教育学部助教。幕末明治期体育史
都筑真　　　　日本女子体育大学体育学部准教授。ドイツスポーツ史，厚生運動史
藤坂由美子　　東京女子体育大学体育学部准教授。日本体育史
山田理恵　　　鹿屋体育大学教授。大学院スポーツ国際開発学共同専攻長。スポーツ文
　　　　　　　化史
山脇あゆみ　　水泳史，野外教育
吉田勝光　　　桐蔭横浜大学名誉教授。スポーツ政策，スポーツ法学
和田浩一　　　アサンプション国際小学校教諭。オリンピック史，フランス体育・スポ
　　　　　　　ーツ史

新版 スポーツの歴史と文化

2019年4月1日　初版第1刷発行
2024年4月5日　初版第7刷発行

編著者＝新井 博
発行者＝片桐文子
発行所＝株式会社 道和書院
　　　　東京都小金井市前原町2-12-13（〒184-0013）
　　　　電話 042-316-7866
　　　　FAX 042-382-7279
　　　　http://www.douwashoin.com/
装　幀＝高木達樹
印　刷＝大盛印刷株式会社

ISBN 978-4-8105-2135-1 C3075　　　　　Printed in Japan
定価はカバー等に表示してあります　　　　Douwashoin Co.,Ltd

道和書院

体育の学とはなにか

林 洋輔（著）

哲学者が問う，学問の未来。「身体教育」を超え，人間の身体活動すべてを射程におさめる総合科学。人文・社会・医科学に及ぶ全16分野を眺望し，目指すべき未来を探る。学会賞受賞論文を基にした書き下ろし大著。　　　　　　　　　　　　　　　　　　　　3,800円

健康論　大学生のためのヘルスプロモーション

電気通信大学 健康・スポーツ科学部会（編）

安藤創一，大河原一憲，岡田英孝，小熊妙子，狩野 豊，黒谷佳代，
栃木 衛，深澤浩洋，星野太佑（著）

パンデミックで加速する社会構造の大変革。その中で私達が心身ともに健やかに生きるためには。Well-beingの視点から新たな生命観，健康に対する考え方を提示する。『大学生のための「健康」論』を全面改訂した新版。　　　　　　　　　　　　　　　　　　2,200円

キャンプセラピーの実践　発達障碍児の自己形成支援

坂本昭裕（著）

臨床心理士で野外教育専門家によるキャンプを活用した発達支援の試み。ADHD・ASD児を含む小グループでMTBや登山など冒険プログラムを体験。自己像や対人スキルの変化を統計的・質的研究から明らかにする。　　　　　　　　　　　　　　　　　　　3,000円

レルヒ 日本にスキーを伝えた将校〈増補新版〉

新井 博（著）

朝日新聞・天声人語で紹介された評伝，待望の新版。明治末期，日本軍の要請で体系的なスキー講習を行ったオーストリア・ハンガリー帝国の参謀将校レルヒ。その波乱万丈の生涯に，レルヒ後の日本スキーの発展を増補。　　　　　　　　　　　　　　　　　　2,000円

「記録の神様」山内以九士と野球の青春

室 靖治（著）

奇人・変人・記録の虫。野球の記録に生涯を賭けた男の決定版評伝。精確無比のスコアカード，米大リーグ関係者にも絶賛された打率早見表などの偉業で野球殿堂入りを果たした人物の生涯と，日本野球の知られざる歴史。　　　　　　　　　　　　　　　　　　　2,000円

サッカーピラミッドの底辺から　少年サッカークラブのリアル

後藤貴浩（著）

「サッカーだけで飯は食えない」。厳しい競争と経済のもと苦闘する指導者たち。日本サッカーを底から支える彼らの生き方と運営の実践・哲学を，社会学者が丹念に追う。経済原理では見えてこない，もう一つの未来。　　　　　　　　　　　　　　　　　　　　2,200円

価格は本体価格・消費税別